大人の折り紙

遊ぶ・楽しむ・考える

阿部 恒
Abe Hisashi

瑞雲舎

目　次

紙形別の目次

正方形の紙で折る

難易度

★☆☆ 易しい
★★☆ 普通
★★★ 難しい

折り図の基本

紙の表裏

表

裏

記号の種類

折るまたは開く

折ってもどす（折り筋をつける）

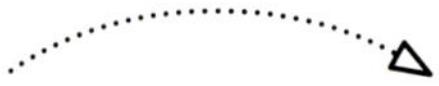

裏側に折る（山折り）

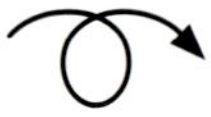

裏返す

切り離す

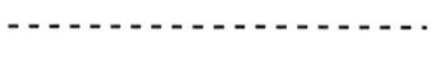

谷折り線

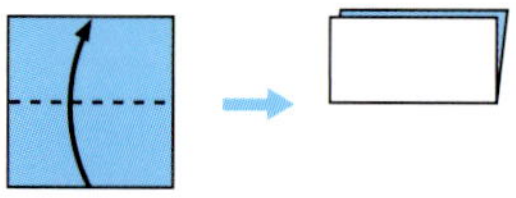

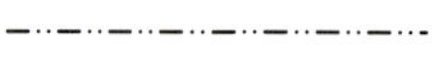

山折り線

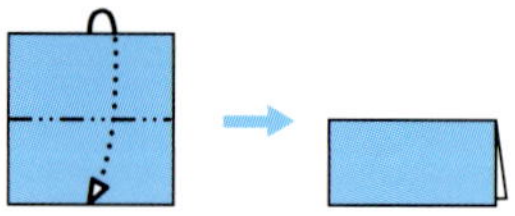

既につけた折り筋（折り目）

中割り折り

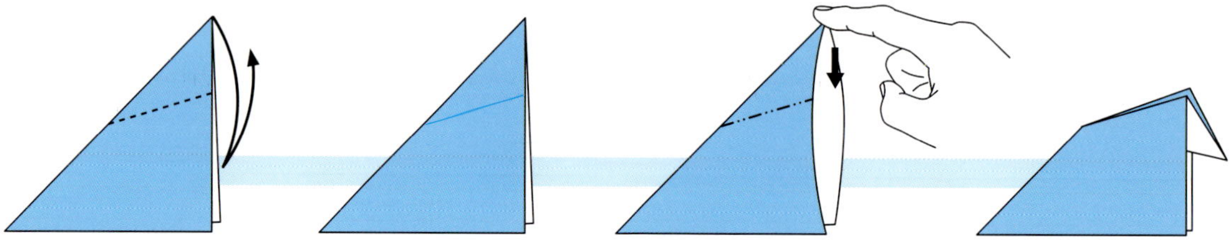

折り筋をつけます。

なかに押しこみます。

形をととのえます。

谷折り・山折りのいろいろな例

カドとカドを合わせて折る

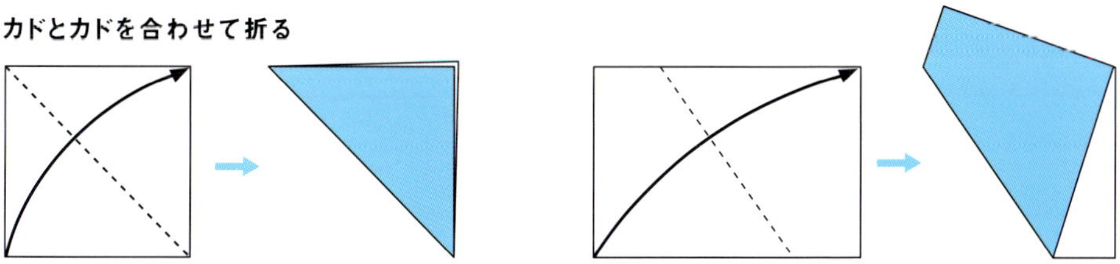

辺と辺を合わせて折る

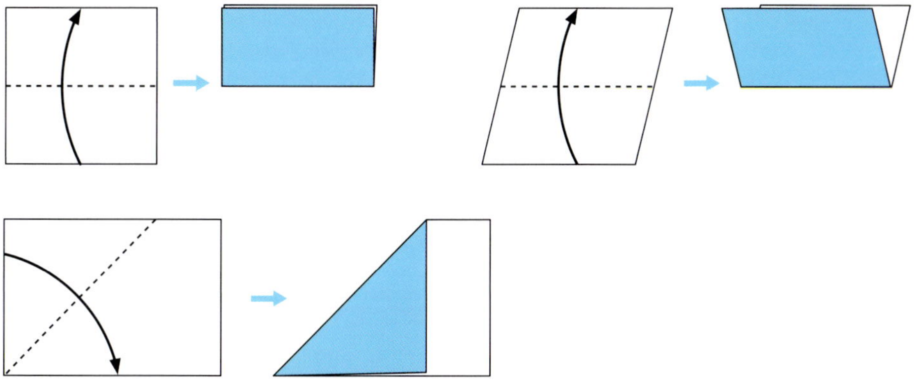

線と線を合わせて折る

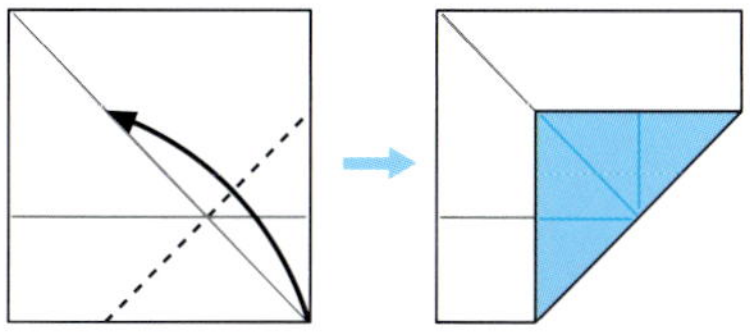

辺と線を合わせて折る

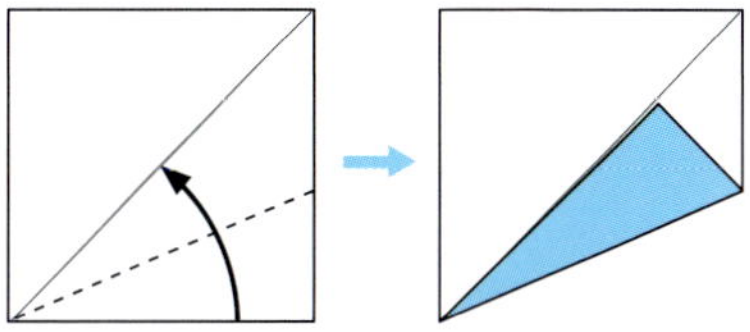

二点を結ぶ線で折る

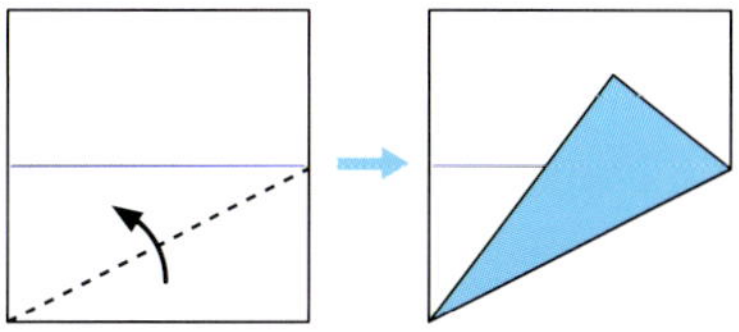

一点を軸にして折る

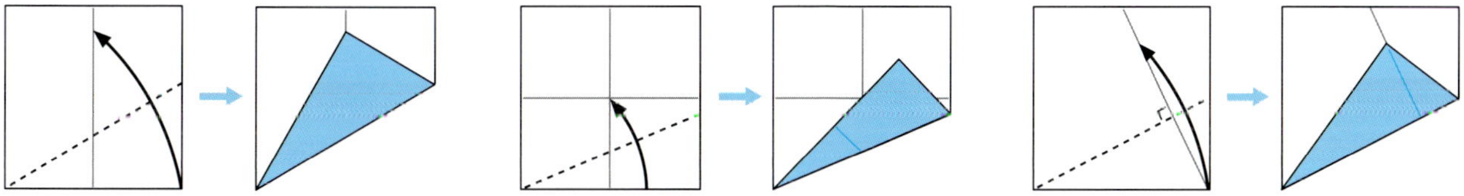

折って楽しむ

どうぐ

宝船【伝承作品】

市販の折り紙はもちろんですが、和紙を正方形に切って使うと感じがでます。
折り紙の宝船に感動した、あの『不思議の国のアリス』の作者ルイス・キャロルは、
知人への手紙のなかでそのことにふれています。是非後世に伝えてゆきたい作品です。

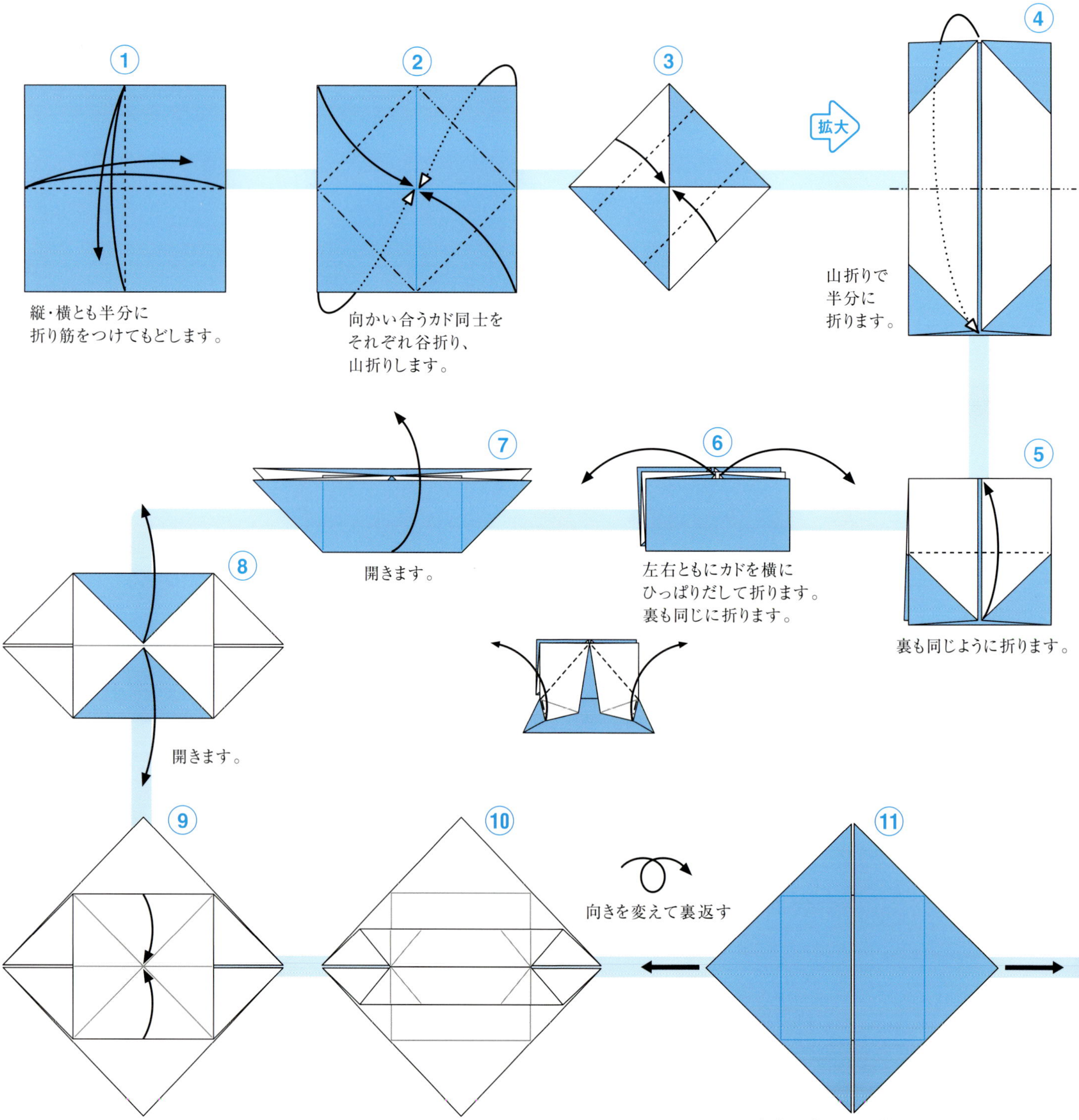

1 縦・横とも半分に折り筋をつけてもどします。

2 向かい合うカド同士をそれぞれ谷折り、山折りします。

4 山折りで半分に折ります。

5 裏も同じように折ります。

6 左右ともにカドを横にひっぱりだして折ります。裏も同じに折ります。

7 開きます。

8 開きます。

9 谷折りします。

11 左右に少しひっぱりながら、まんなかを開きます。

12

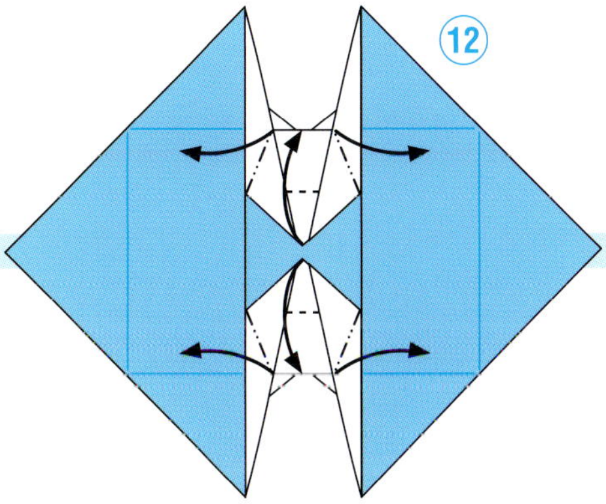

13

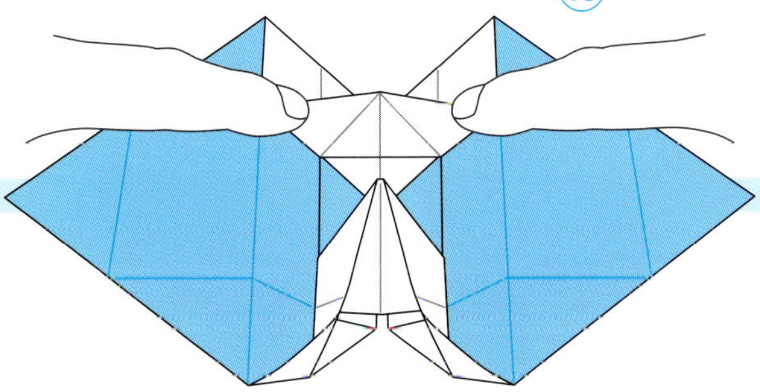

手前も同じに折ります。

14

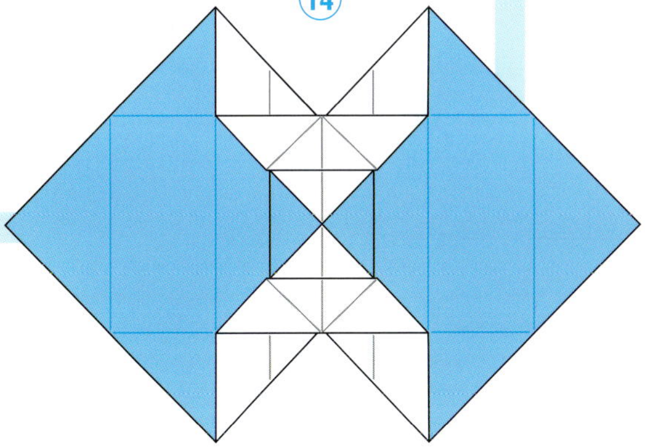

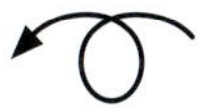

裏返す

15

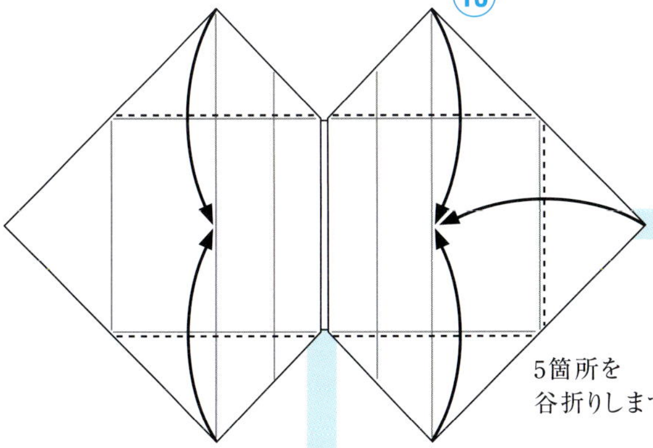

5箇所を
谷折りします。

16

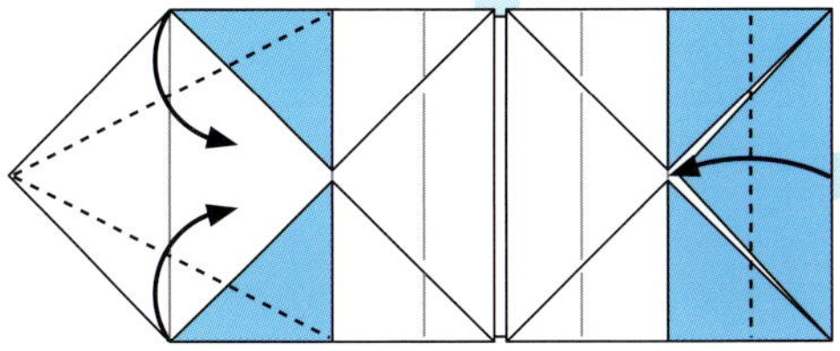

17

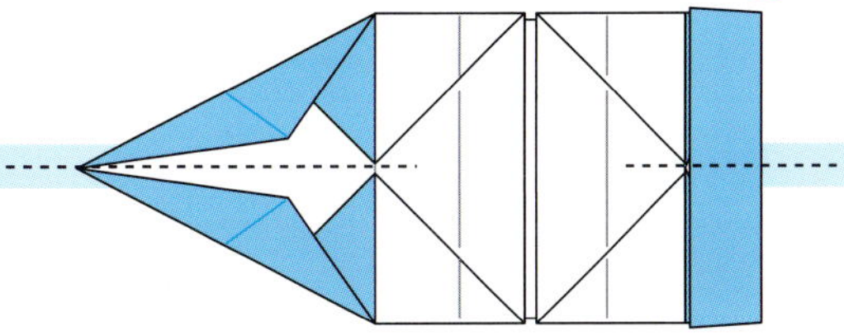

まんなかを除いて、谷折りします。

18

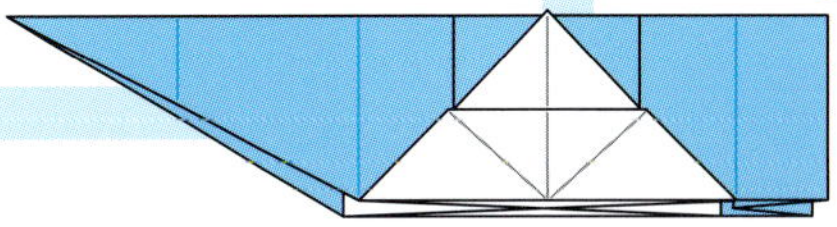

19

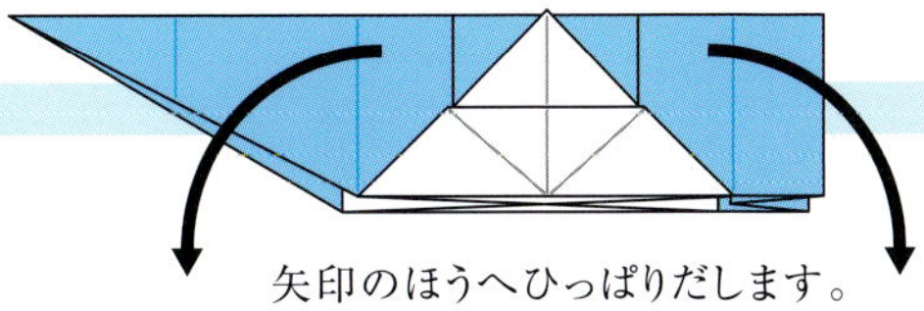

矢印のほうへひっぱりだします。

20

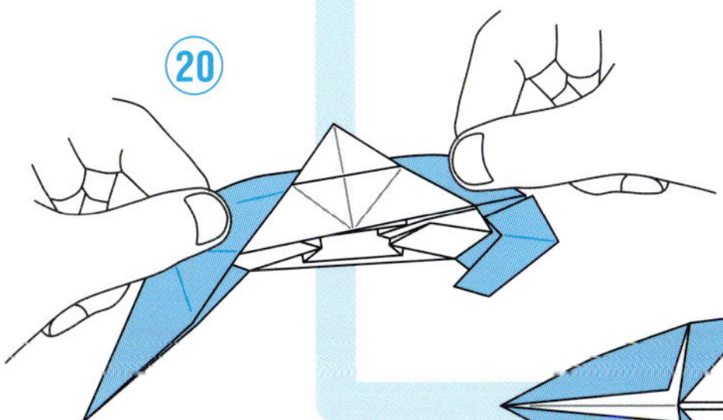

21

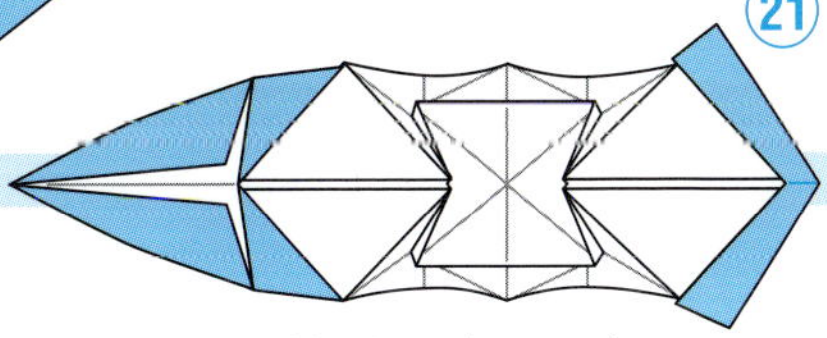

上から見ると、こうなるように
形をととのえます。

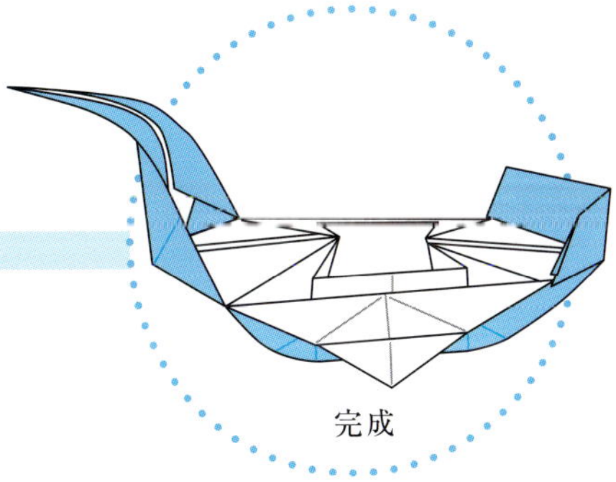

完成

ゴンドラ

菱形の紙を使用します。折り方は基本的には宝船と同じですが、紙の形が違うだけでまるで別の作品ができあがります。菱形は長方形の紙から簡単に作ることができるので、覚えておくと役にたちます。

〈菱形の紙の作り方〉 長方形の紙で作ります。

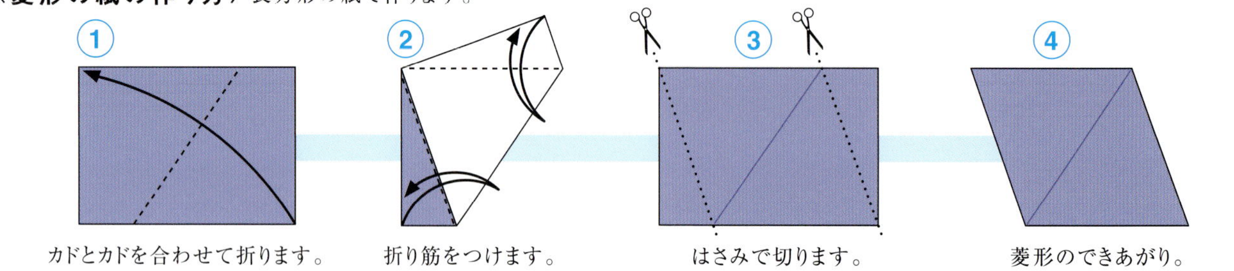
1
カドとカドを合わせて折ります。
2
折り筋をつけます。
3
はさみで切ります。
4
菱形のできあがり。

ゴンドラ（折り方は宝船とほとんど同じです。わかりにくいところは宝船の折り図も参考にしてください。）

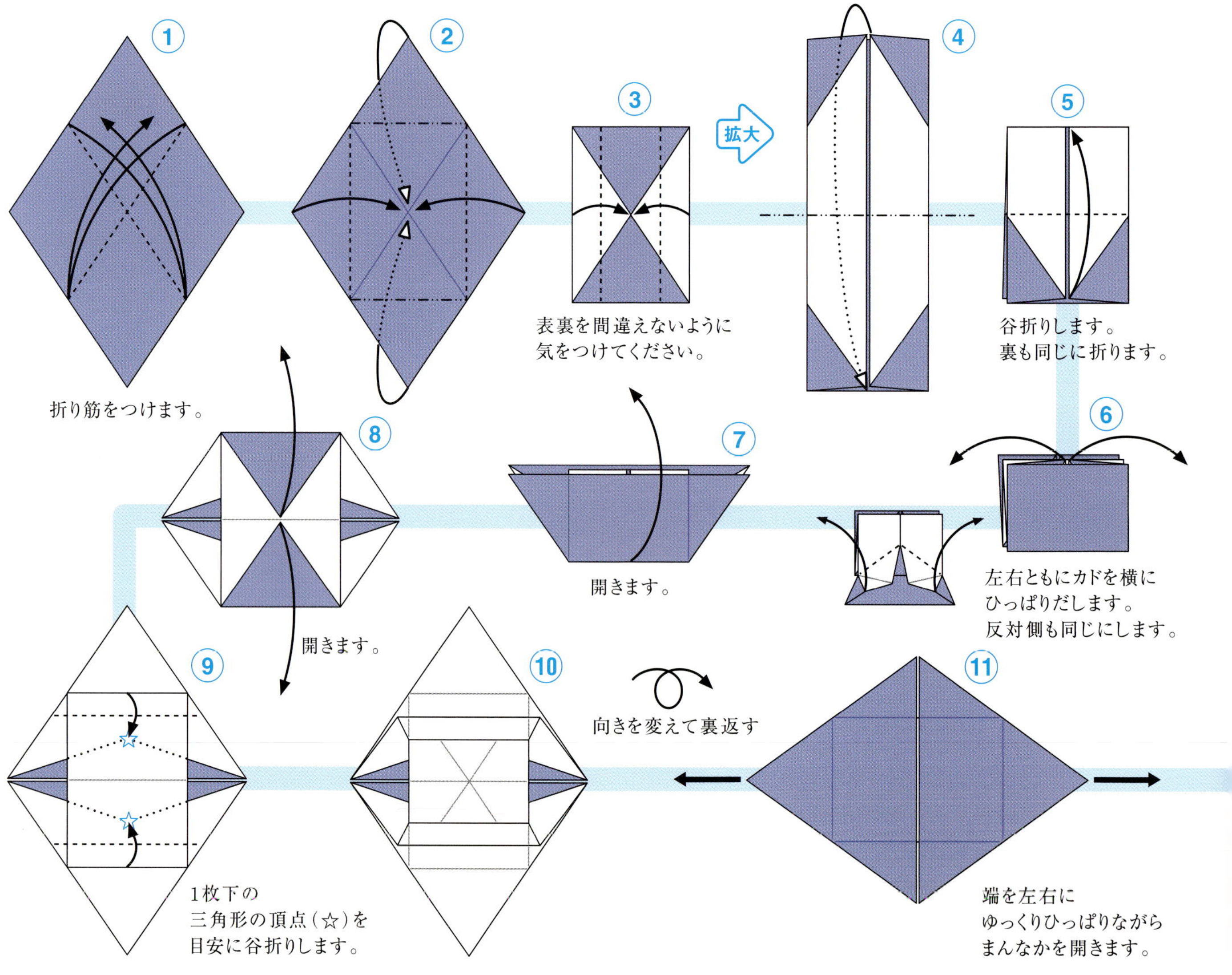
1
折り筋をつけます。
2
3
表裏を間違えないように
気をつけてください。
拡大
4
5
谷折りします。
裏も同じに折ります。
6
左右ともにカドを横に
ひっぱりだします。
反対側も同じにします。
7
開きます。
8
開きます。
9
1枚下の
三角形の頂点（☆）を
目安に谷折りします。
10
向きを変えて裏返す
11
端を左右に
ゆっくりひっぱりながら
まんなかを開きます。

12

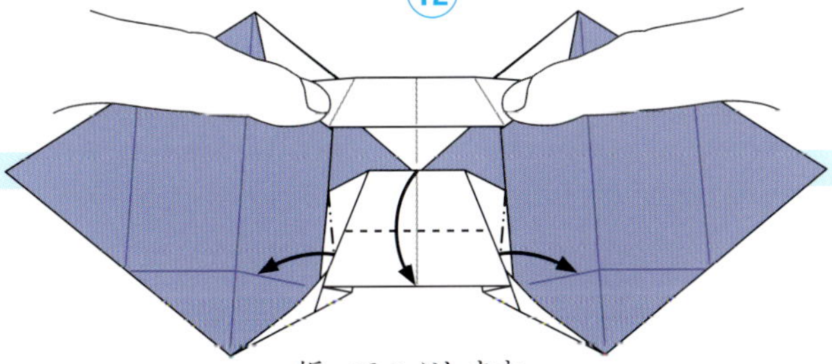

折ってつぶします。

13

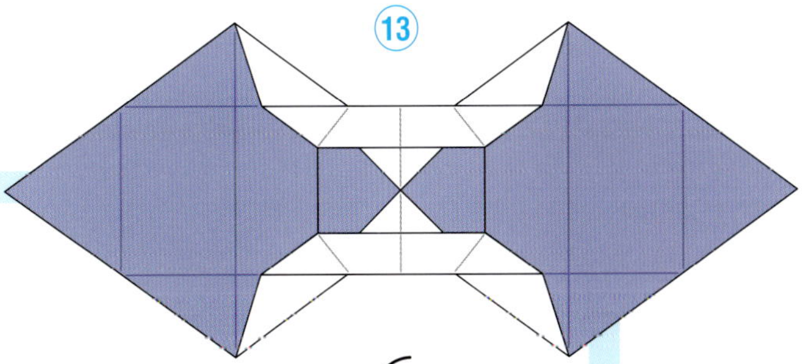

裏返す

14

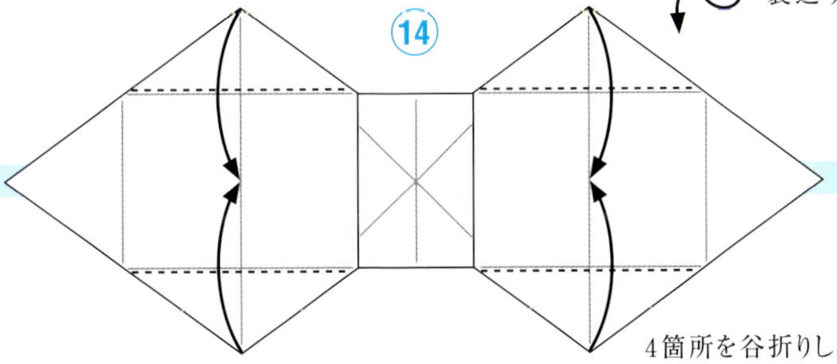

4箇所を谷折りします。

15

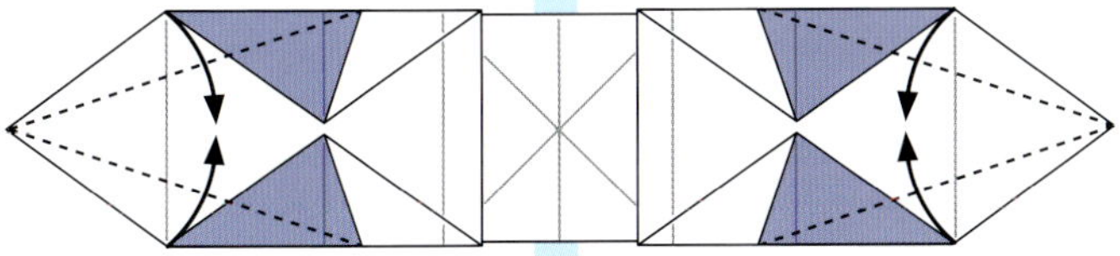

16

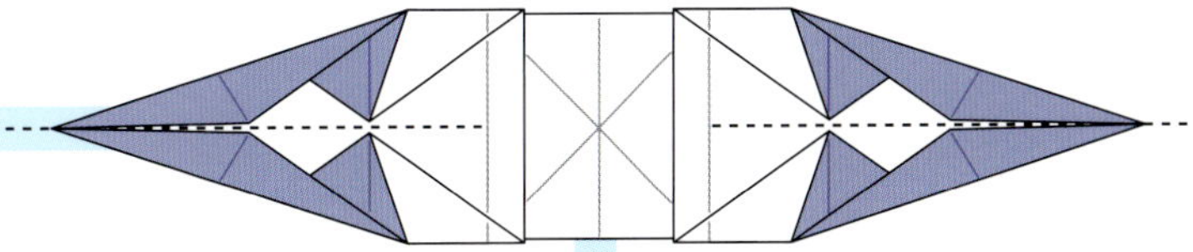

まんなかだけのぞいて谷折りします。

17

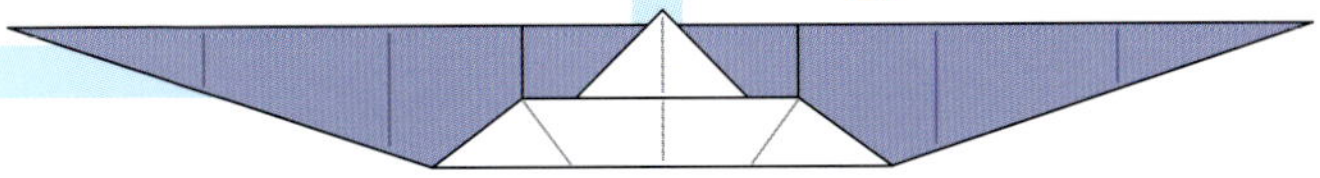

18

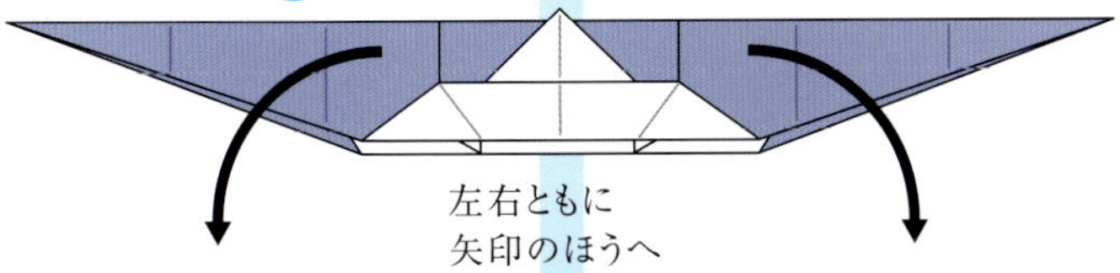

左右ともに
矢印のほうへ
ひっぱりだします。

19

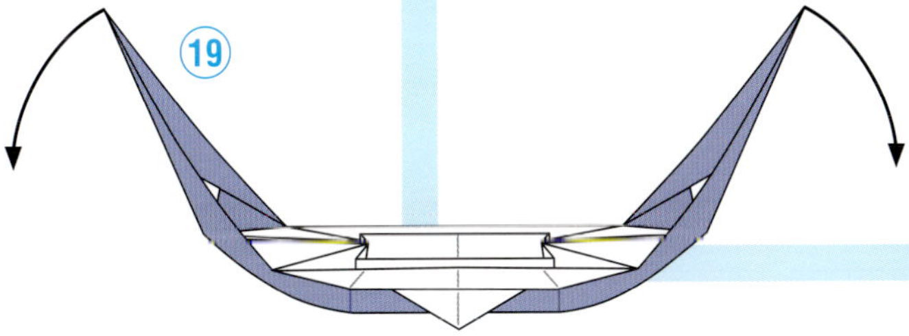

上下を逆にして、
両端を軽く倒して形をととのえます。

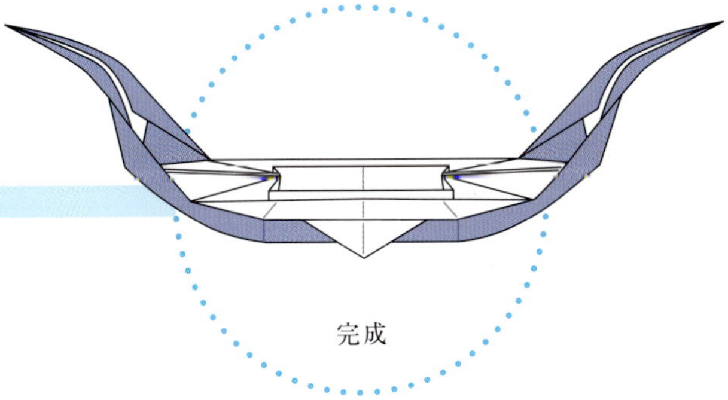

完成

折って楽しむ

ティラノサウルス

正方形の紙を使用します。小さなこどもたちに、包装紙や新聞紙で大きなティラノサウルスを折ってみせると、きっと喜ばれるでしょう。

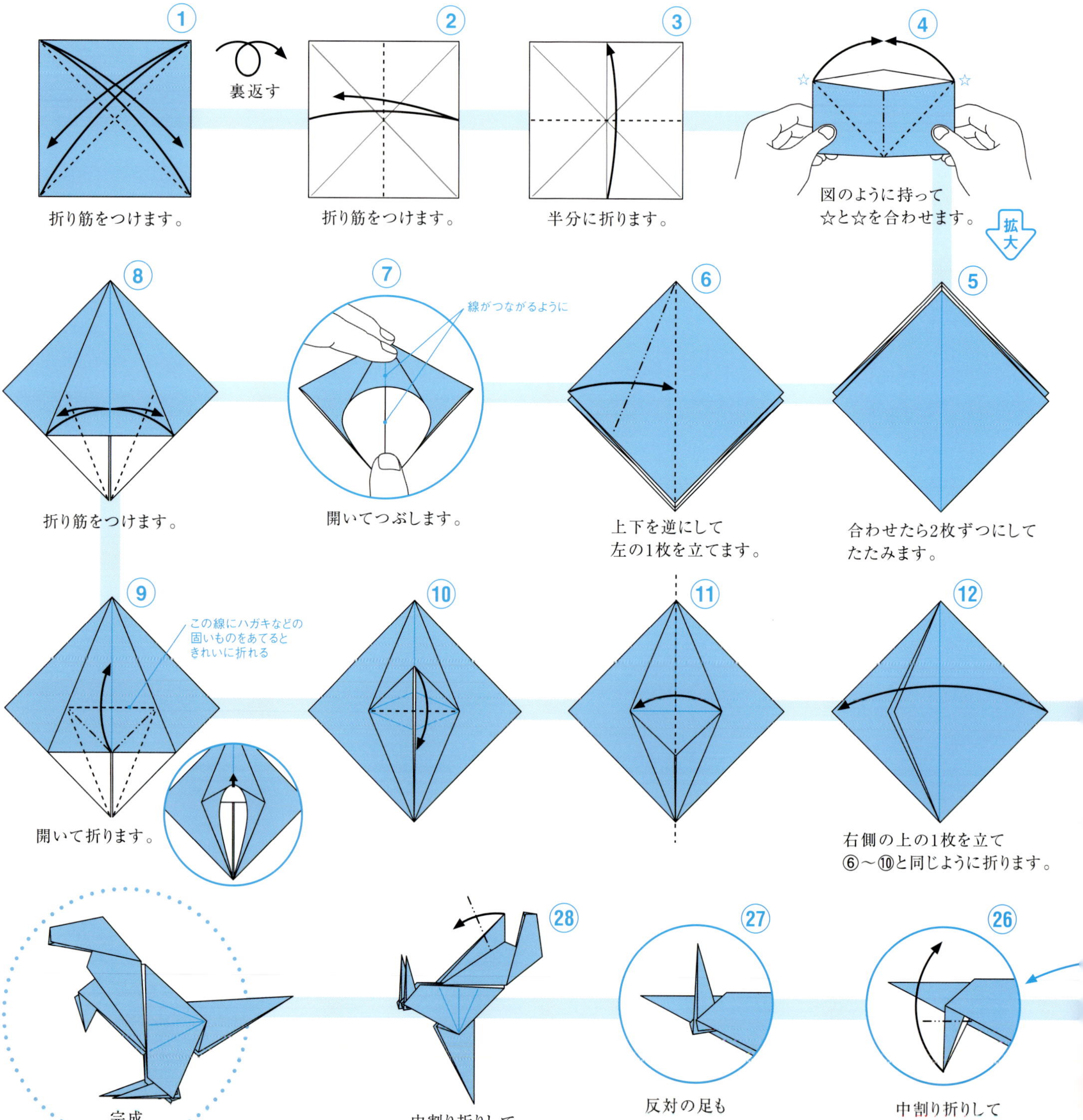

裏返す
拡大
線がつながるように
この線にハガキなどの固いものをあてるときれいに折れる

1 折り筋をつけます。

2 折り筋をつけます。

3 半分に折ります。

4 図のように持って☆と☆を合わせます。

5 合わせたら2枚ずつにしてたたみます。

6 上下を逆にして左の1枚を立てます。

7 開いてつぶします。

8 折り筋をつけます。

9 開いて折ります。

10

11

12 右側の上の1枚を立て⑥～⑩と同じように折ります。

26 中割り折りして足を作ります。

27 反対の足も同じように折ります。

28 中割り折りして手を作ります。

完成

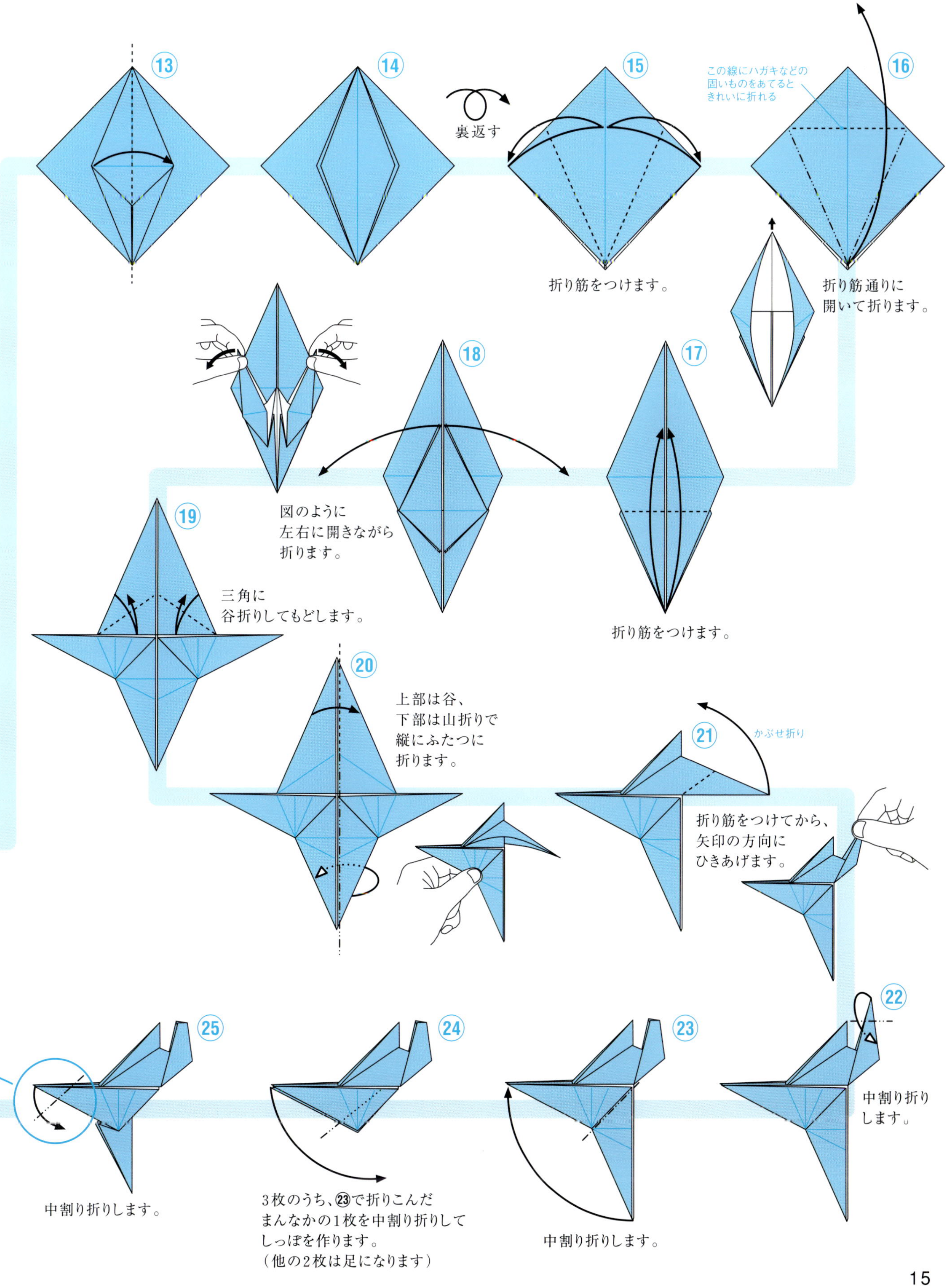

13
14
裏返す
15
折り筋をつけます。
16
この線にハガキなどの
固いものをあてると
きれいに折れる
折り筋通りに
開いて折ります。
17
折り筋をつけます。
18
図のように
左右に開きながら
折ります。
19
三角に
谷折りしてもどします。
20
上部は谷、
下部は山折りで
縦にふたつに
折ります。
21
かぶせ折り
折り筋をつけてから、
矢印の方向に
ひきあげます。
22
中割り折り
します。
23
中割り折りします。
24
3枚のうち、㉓で折りこんだ
まんなかの1枚を中割り折りして
しっぽを作ります。
（他の2枚は足になります）
25
中割り折りします。

豆本

市販の折り紙（正方形）は半分に切って使います。
包装紙などを用いる場合は、長い辺が短い辺の2倍（2:1）になるように切ります。
表裏の区別がはっきりしていて、一方が白地のものが使いやすい。
シールを貼ったり、絵本にしたり、工夫して楽しんでください。

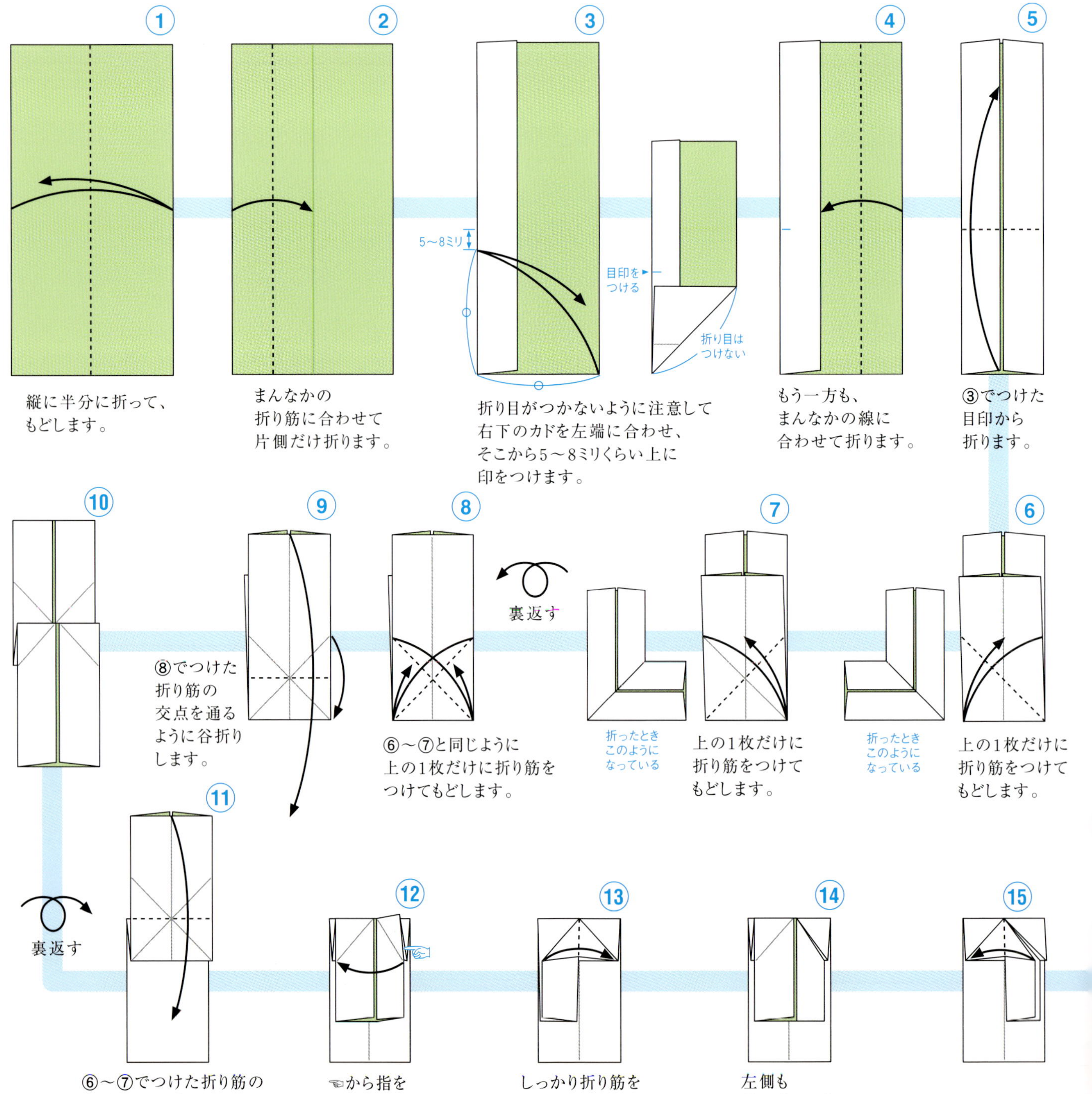
5～8ミリ
目印をつける
折り目はつけない
折ったときこのようになっている
折ったときこのようになっている
裏返す
裏返す

① 縦に半分に折って、もどします。

② まんなかの折り筋に合わせて片側だけ折ります。

③ 折り目がつかないように注意して右下のカドを左端に合わせ、そこから5～8ミリくらい上に印をつけます。

④ もう一方も、まんなかの線に合わせて折ります。

⑤ ③でつけた目印から折ります。

⑥ 上の1枚だけに折り筋をつけてもどします。

⑦ 上の1枚だけに折り筋をつけてもどします。

⑧ ⑥～⑦と同じように上の1枚だけに折り筋をつけてもどします。

⑨ ⑧でつけた折り筋の交点を通るように谷折りします。

⑩

⑪ ⑥～⑦でつけた折り筋の交点を通るように谷折りします。

⑫ ☜から指を入れて右半分を左側に倒します。

⑬ しっかり折り筋をつけてからもどします。

⑭ 左側も⑫～⑬のように折ります。

⑮

16

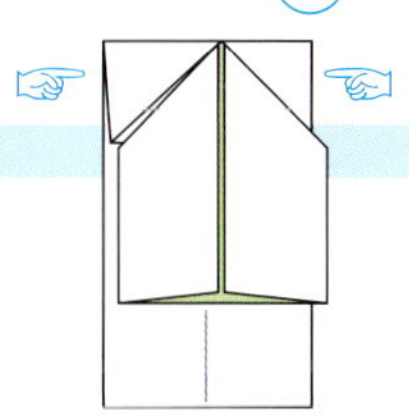

上の1枚が三角屋根のようになりました。裏側の☜2箇所も⑫〜⑮と同じように折ります。

17

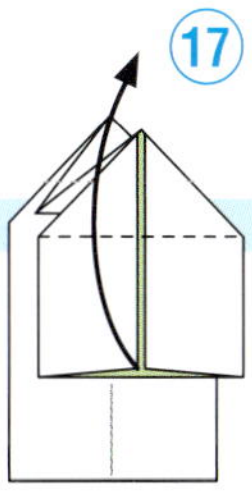

上の1枚を谷折りします。

18

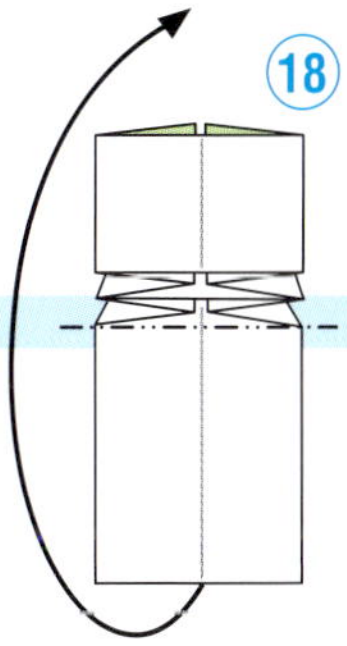

うしろの長いほうを反対側に山折りします。

19

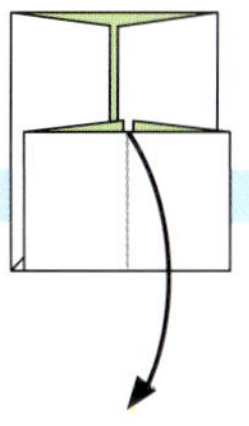

開きます。

20

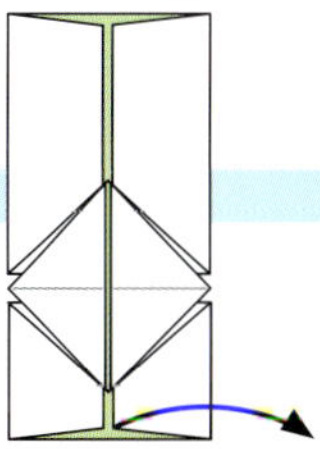

右側を開いてつぶします。

21

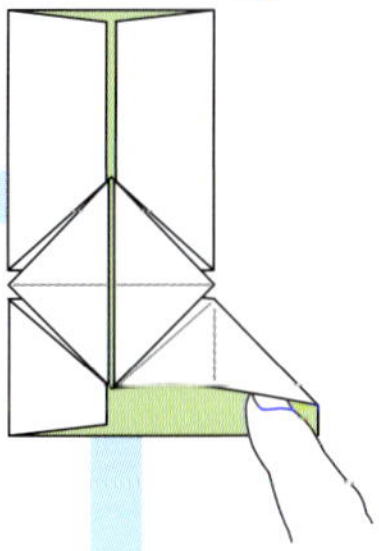

22

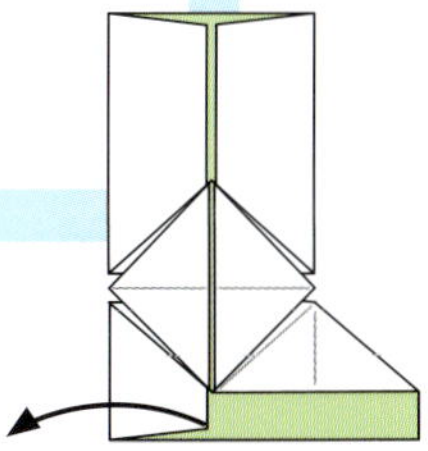

左側も同じように開きます。

23

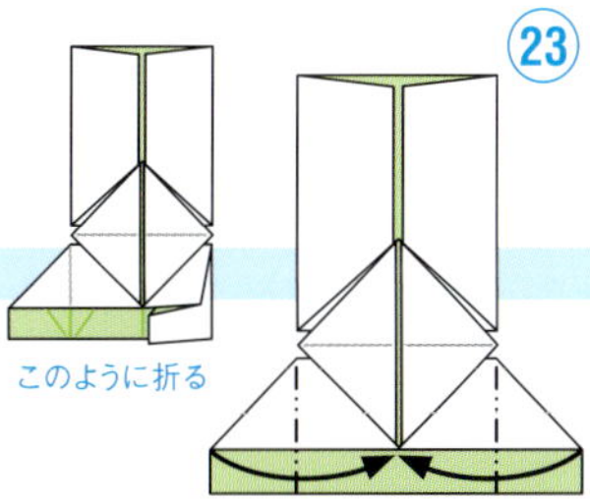

両側を中割り折りします。

24

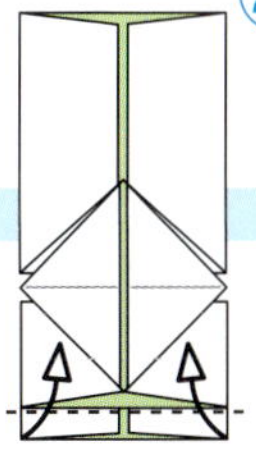

ポケットの中にさしこみます。

25

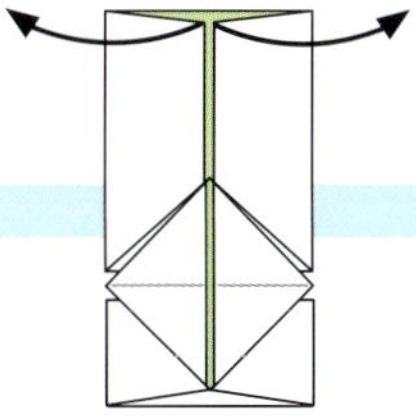

上の部分を㉑〜㉓と同じように開いてつぶします。

26

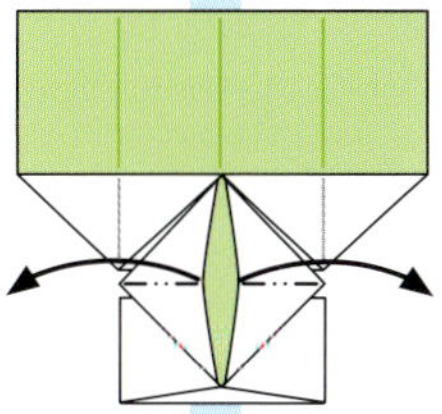

図のように両側に開きながら起こします。

27

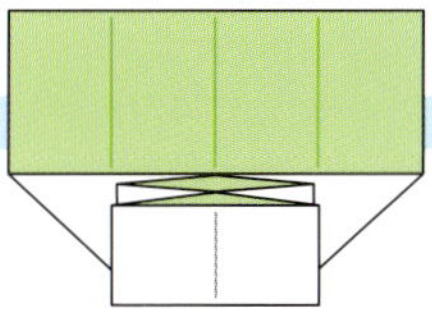

図のようにたたみます。

28

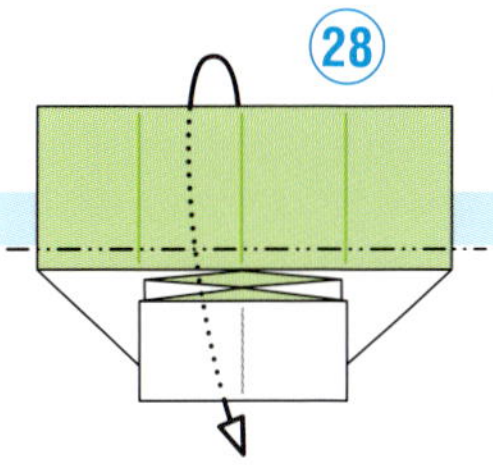

折り目から少し上を山折りします。

29

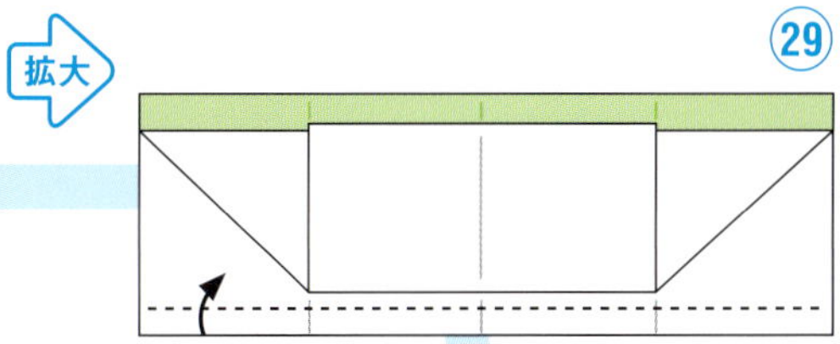

下を谷折りします。これが表紙になります。上下を逆にします。

30

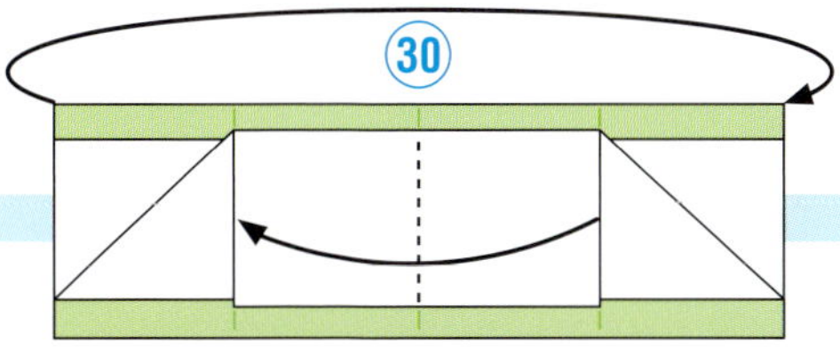

ページの部分を谷折りして片側にまとめ、表紙は反対側にまとめます。

31

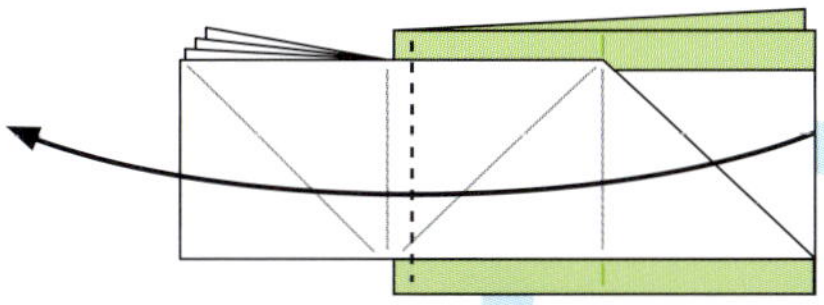

表紙の少し内側を谷折りします。裏も同じに折ります。このズレが本の厚みになります。

32

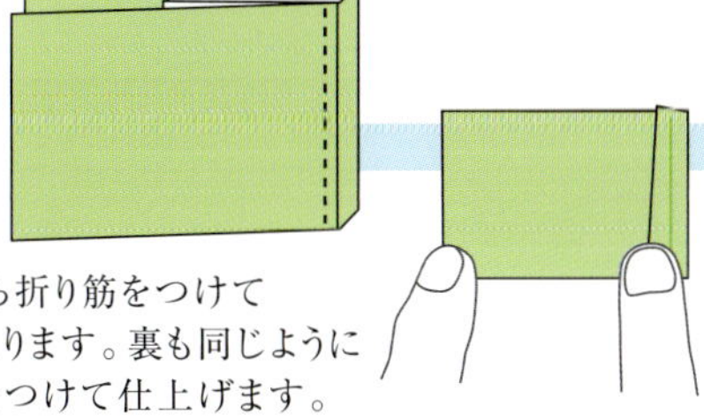

外側から折り筋をつけて背をつくります。裏も同じように折り筋をつけて仕上げます。

33

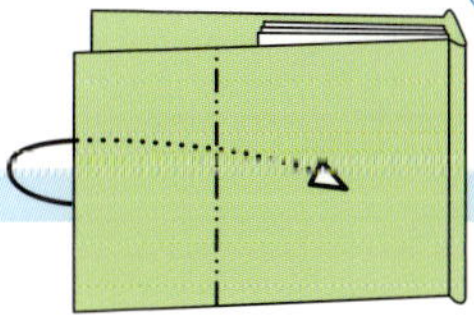

中のページより少し外側を山折りで内側に折ります。裏も同じように折ります。

完成

本箱

市販の折り紙（正方形）は半分に切って使います。
包装紙などを使う場合は、長い辺が短い辺の2倍（2:1）になるように切ります。
少し厚手の紙を使うと丈夫な本箱ができ、小物入れにもなります。

①

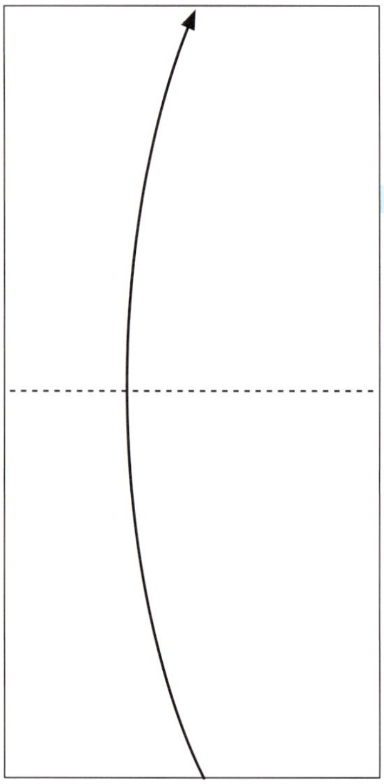

半分に折ります。

②

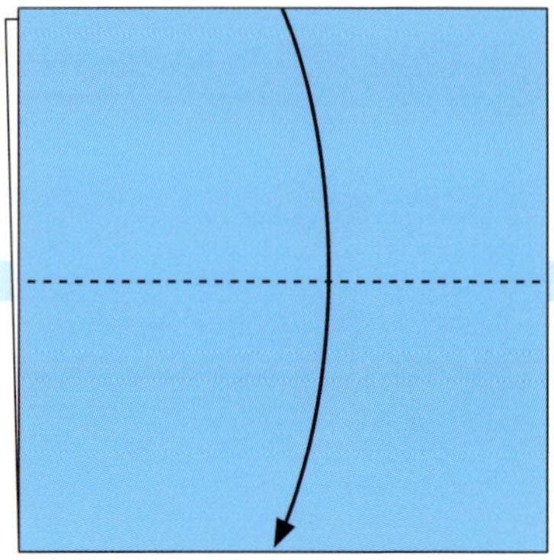

裏も同じように折ります。

③

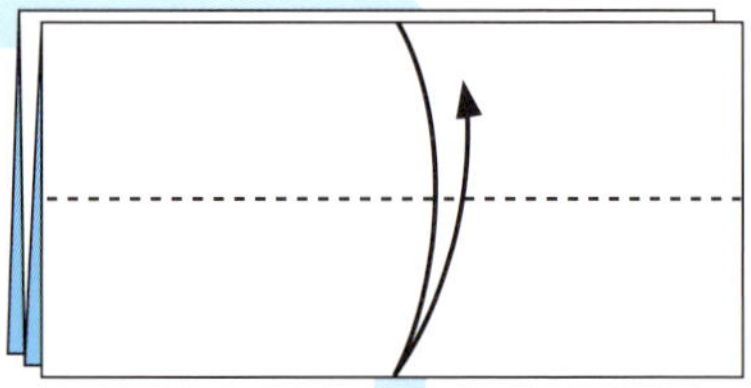

半分に折り、折り筋をつけてもどします。
裏も同じにします。

④

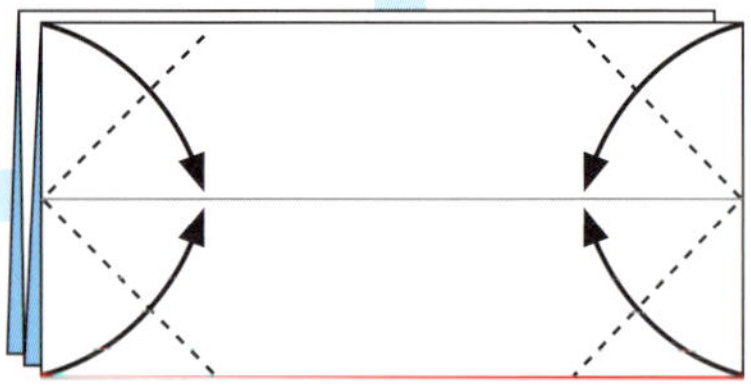

4つのカドをまんなかの線に
合わせて折ります。
下のほうは1枚だけ折ります。

⑤

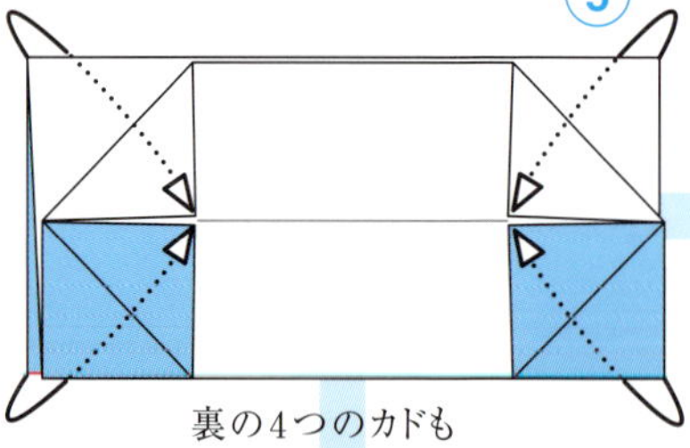

裏の4つのカドも
④と同じに折ります。

⑥

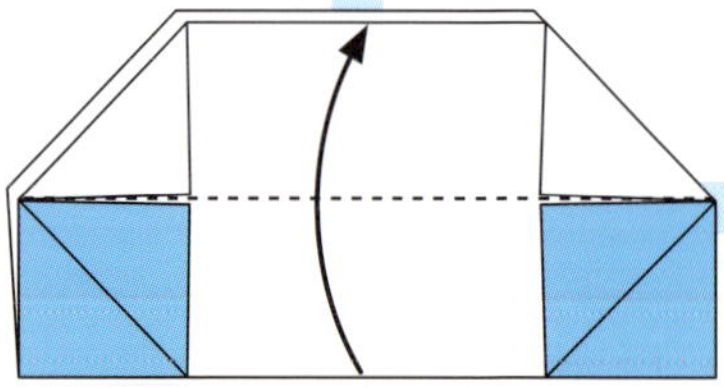

上の1枚を谷折り線で折ります。
裏も同じに折ります。

⑦

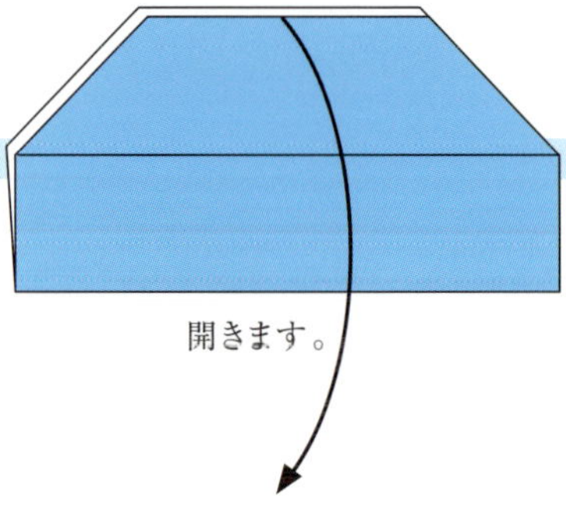

開きます。

8

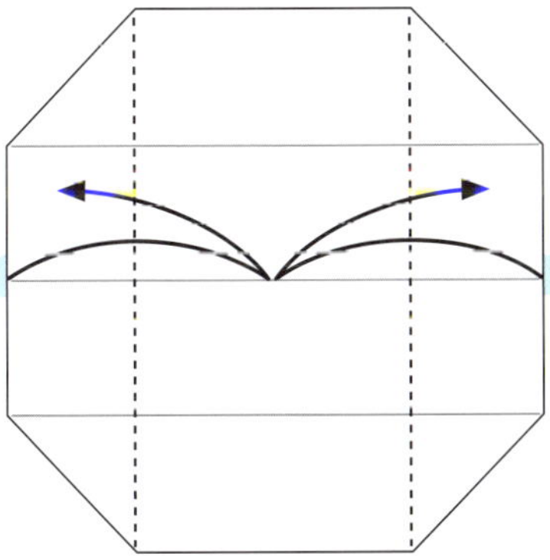

折り筋をつけます。

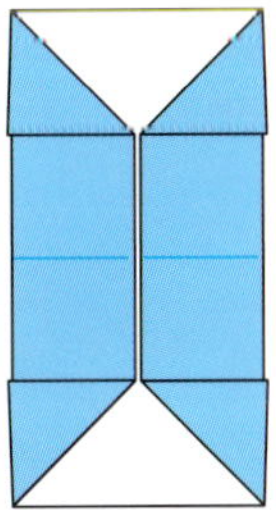
折ったとき
このように
なっている

裏返す

9

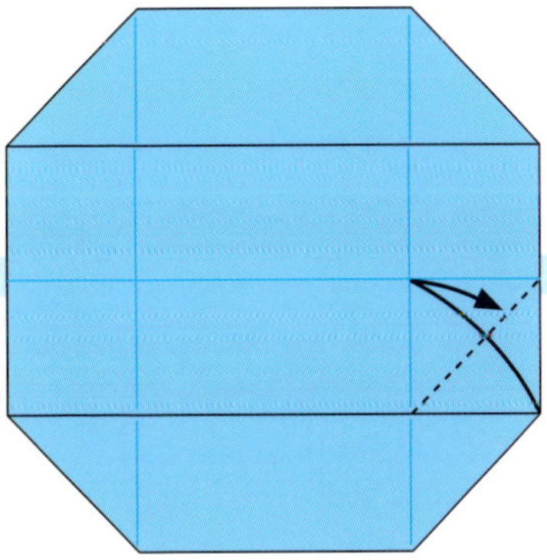

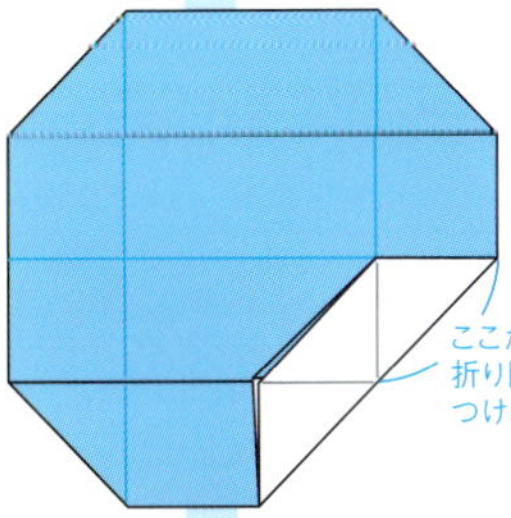
ここだけ
折り目を
つける

10

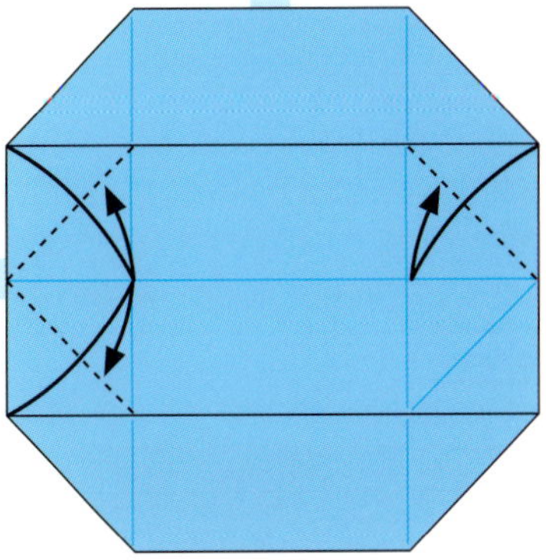

他の3箇所も同じように
折り筋をつけます。

11

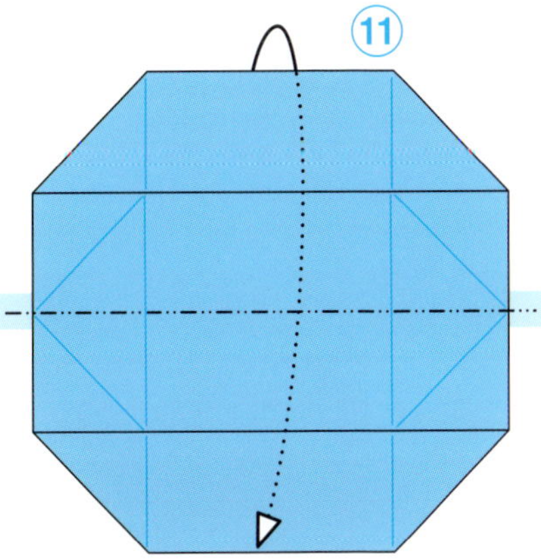

まんなかの山折り線をつまんで
ふたつに折ります。

12

両側のポケットのように
なっているところを
持ちあげて立体にします。

13

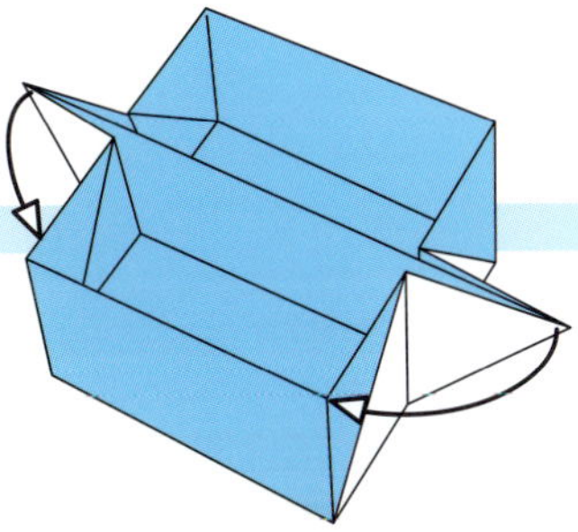

両側にでっぱっている
三角形の
部分を折って差しこみます。

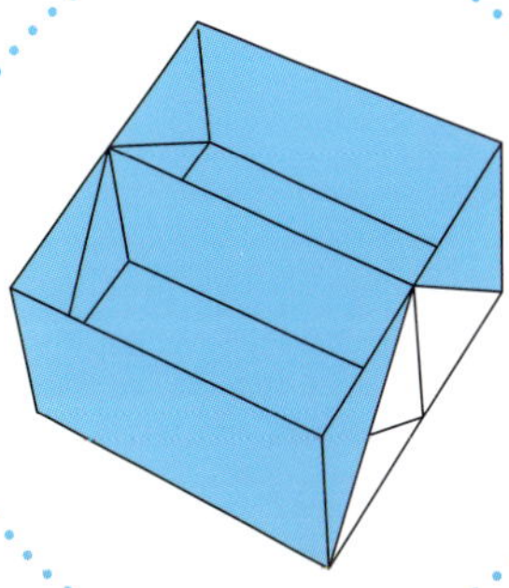

完成

折って
楽しむ

ツイストローズ

©Emiko Suzuki

使用《しよう》する紙《かみ》は正方形《せいほうけい》です。特《とく》に難《むずか》しい折《お》り方《かた》はなく、紙《かみ》を巻《ま》くことでバラの形《かたち》を作《つく》ります。この作品《さくひん》は折《お》り紙作家《がみさっか》鈴木恵美子《すずきえみこ》さんによって、ご自身《じしん》がおすまいの茨城県《いばらきけん》のシンボルマーク（うずまき状《じょう》のバラ）をイメージして作《つく》られたものです。

折る前に次の道具を手作りしておきましょう。用意するのは、つまようじ4本と輪ゴム1つです。
つまようじ4本を輪ゴムで束ねます。
ゆるまないように上のほうをきつく巻いてください。あとでバラの花を巻くときに使います。

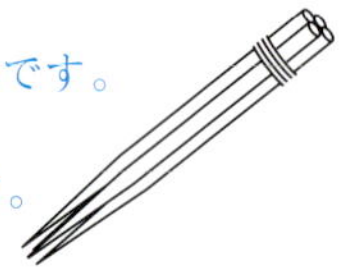

①

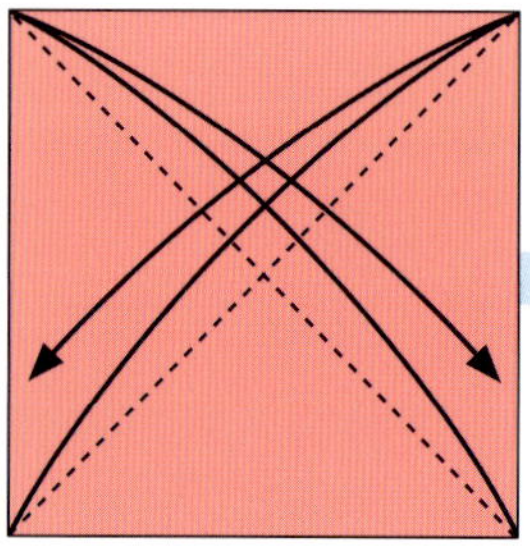

ななめの折り筋を
2本つけます。

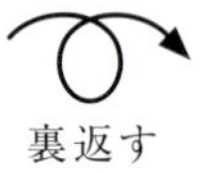

②

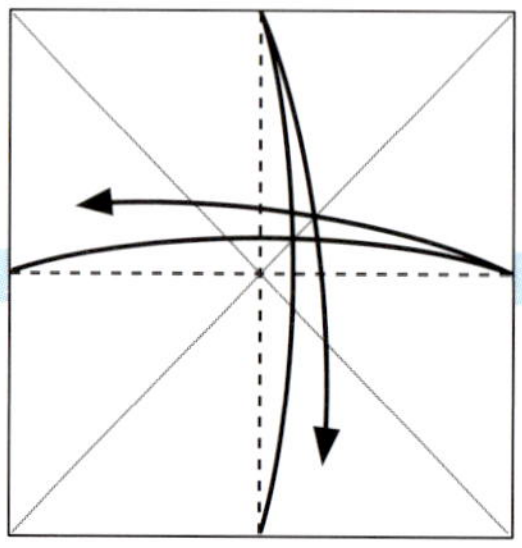

縦・横に折り筋を
しっかりとつけます。

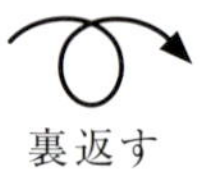

③

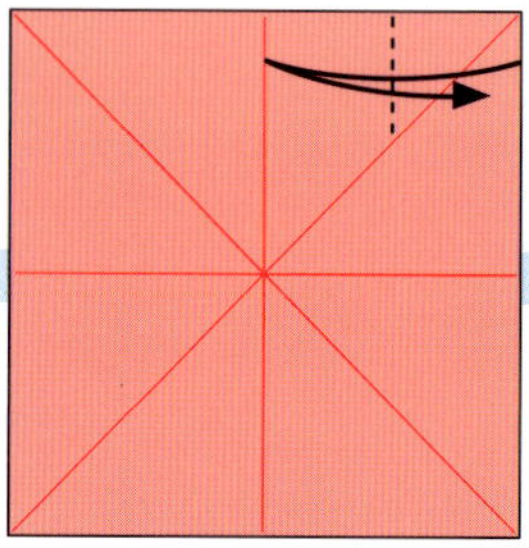

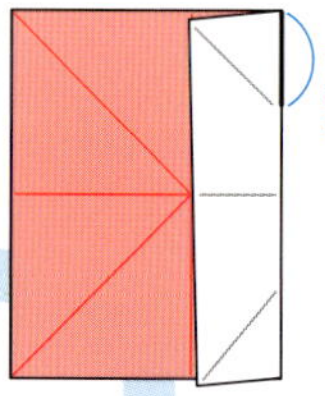

右側のふちをまんなかの線に
合わせて図の位置にだけ
折り筋をつけます。

④

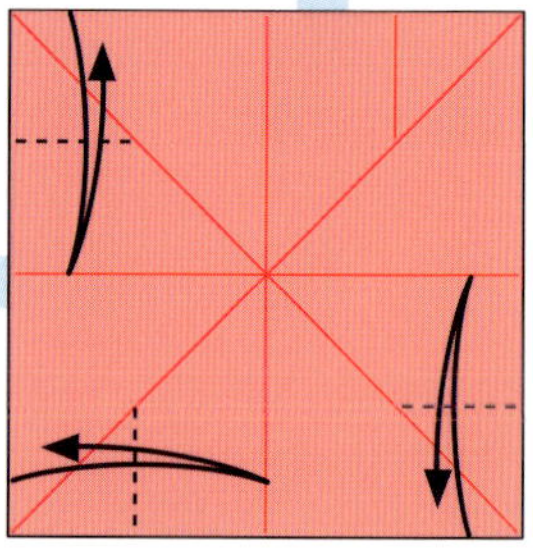

他の3箇所も
③と同じに折り筋をつけます。

⑤

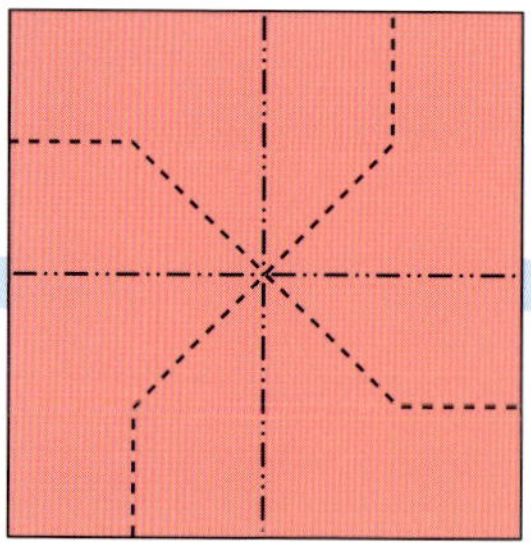

図のように折り筋を
しっかりつけて⑥になるように
山折りします。

⑥

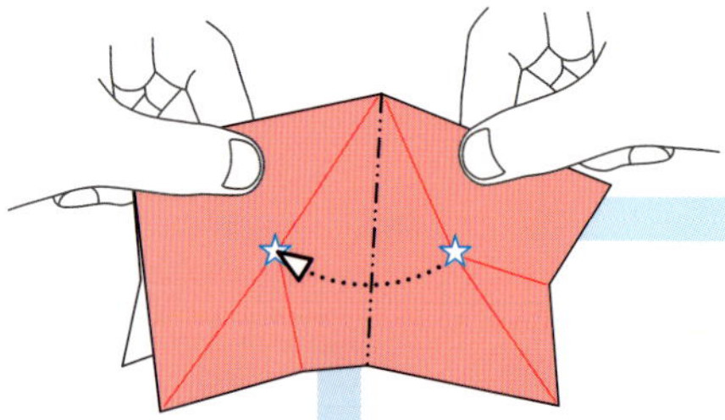

図のようにもって
折り筋通りに
☆と☆を合わせます。

⑦

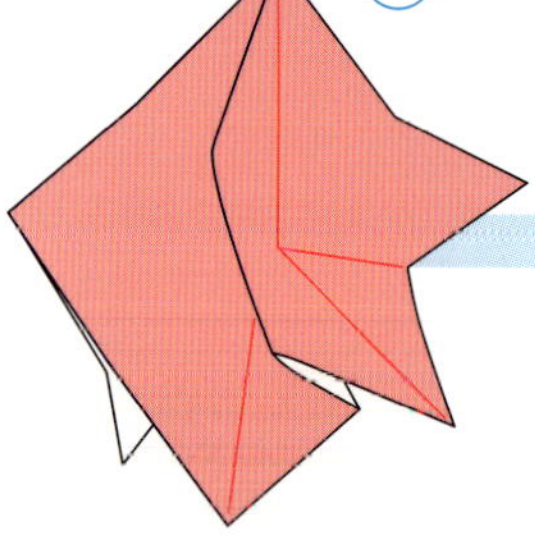

上が十文字になります。

⑧

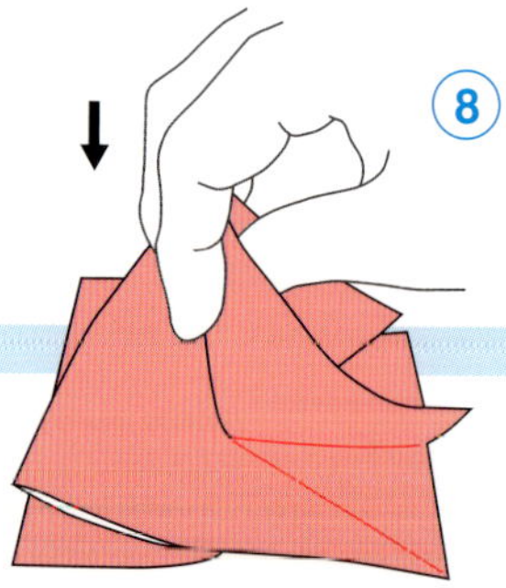

4本の指を十文字に入れ
軽く押すようにします。

⑨

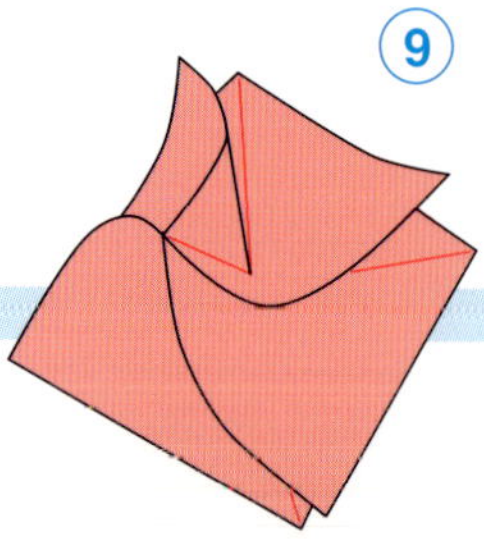

このように半ひねりの
状態になります。

⑩

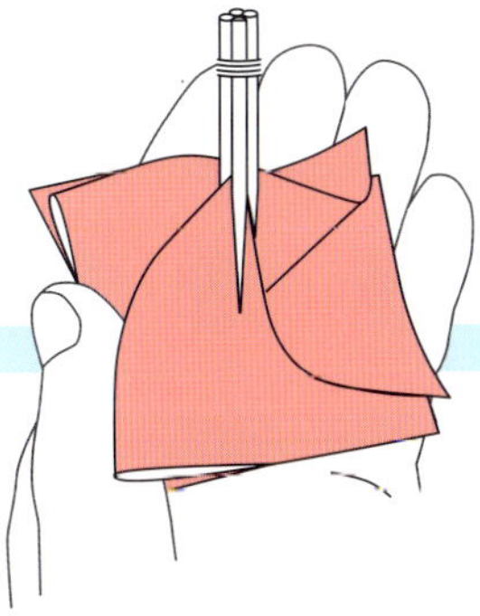

ようじの先をまんなかの十文字の上から
くぼみにそって1本づつ下まで差しこみ、
紙をはさんで手のひらにのせ、
おやゆびを軽くのせます。

⑪

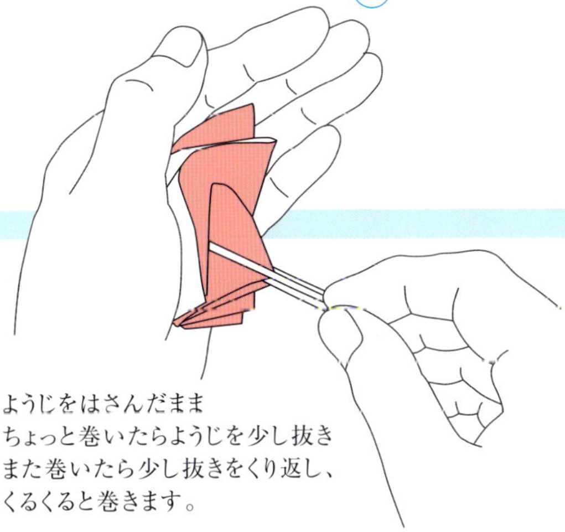

ようじをはさんだまま
ちょっと巻いたらようじを少し抜き
また巻いたら少し抜きをくり返し、
くるくると巻きます。

⑫

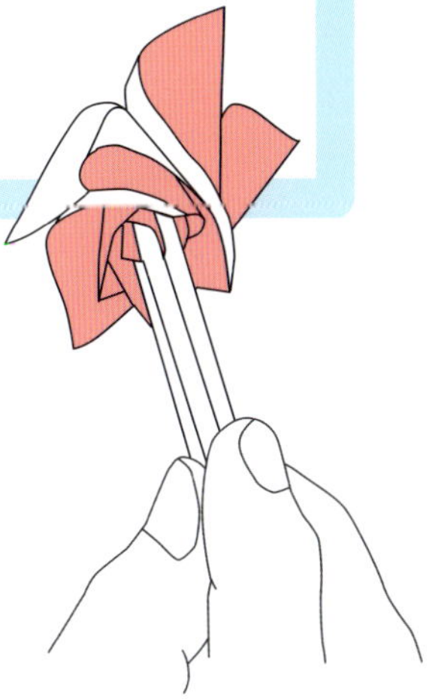

⑬

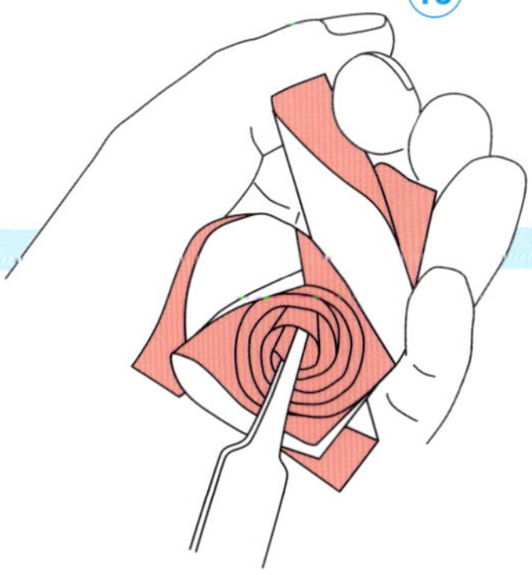

しっかりと巻いたら
ようじを抜きピンセットではさみ、
まんなかのとびでている部分を
下にさらに巻きながらギュッと垂直に
押しこむようにします。

⑭

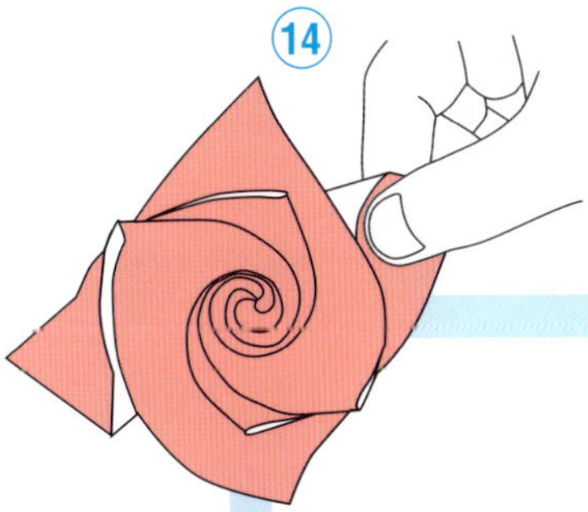

4箇所の外側の花びらに
おやゆびを入れて折り筋を
なでて消すようにしながら
ひらかせます。

⑮

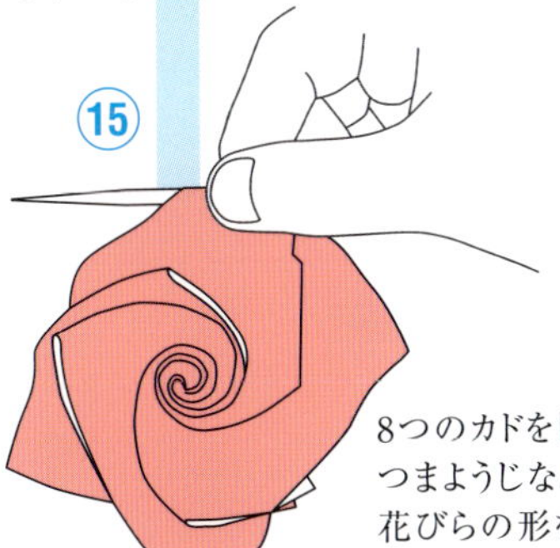

8つのカドを図のように
つまようじなどでカールさせ
花びらの形をととのえます。

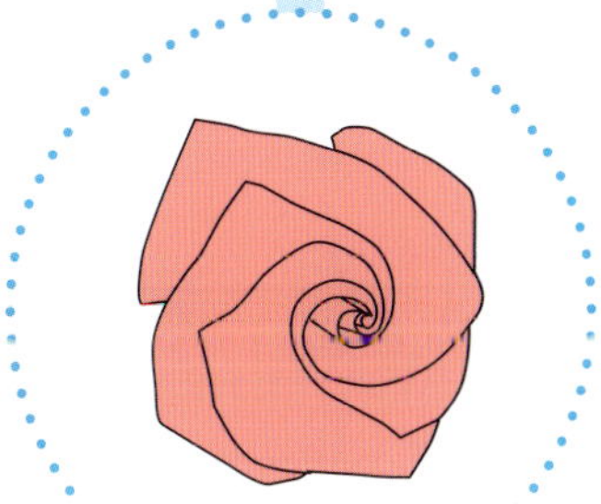

完成

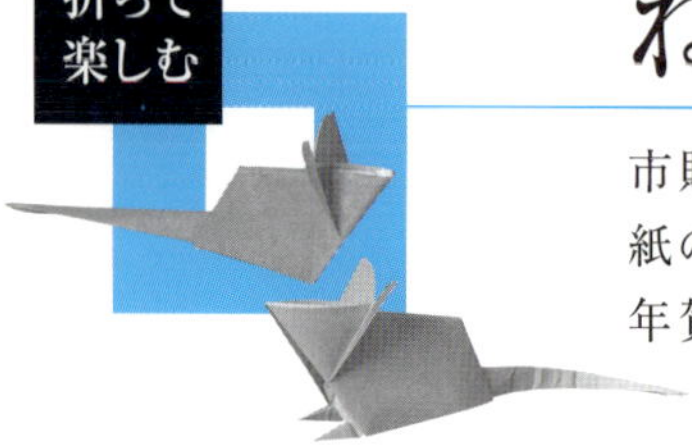

ねずみ

市販の折り紙など正方形の用紙で折ります。
紙の大きさを変えてねずみの家族を折ったり、ねずみ年には小さなねずみを
年賀状に貼るのもよいかもしれません。

Ⓐやさしいねずみ

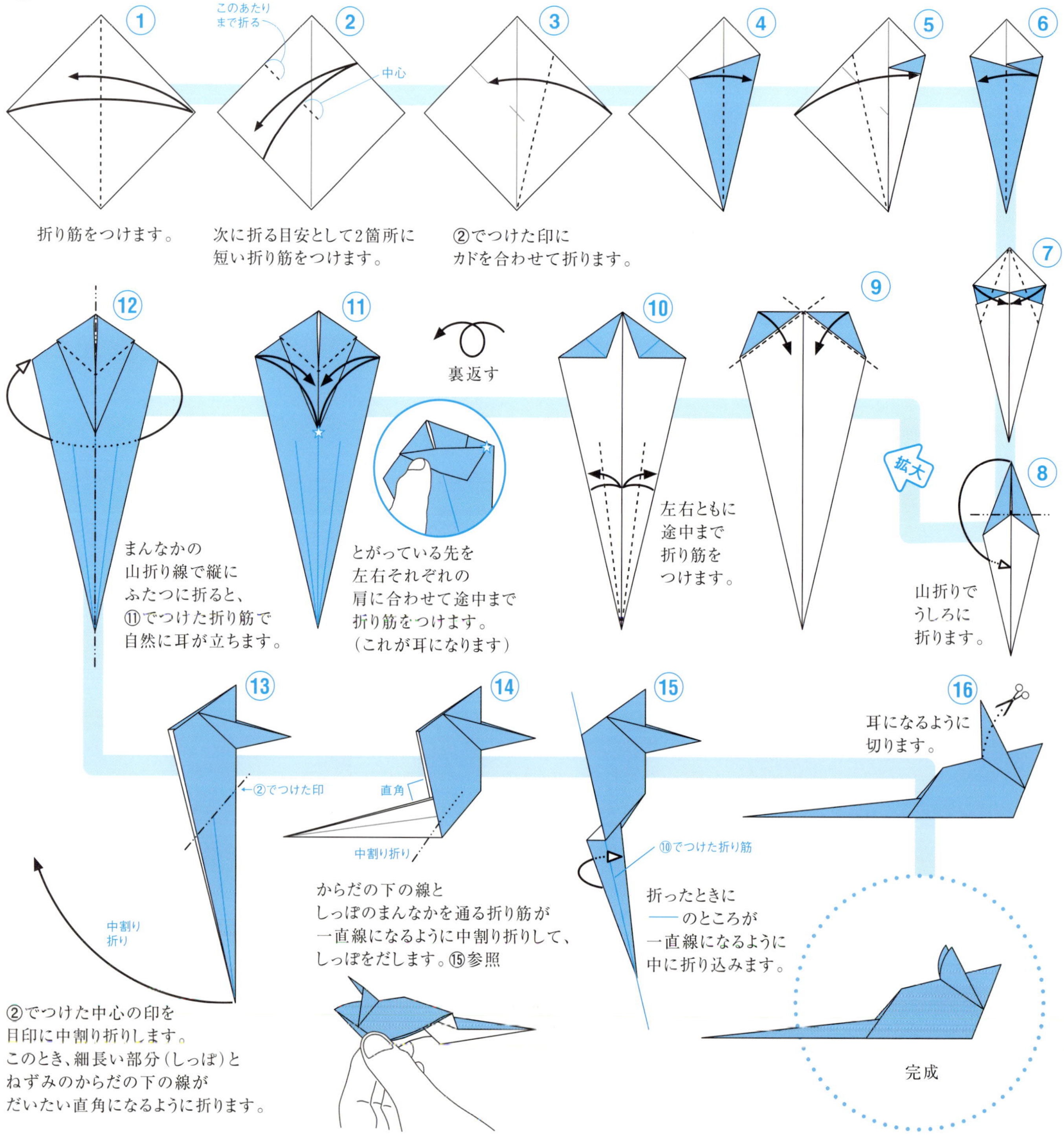
1
折り筋をつけます。
2
このあたりまで折る
中心
次に折る目安として2箇所に短い折り筋をつけます。
3
②でつけた印にカドを合わせて折ります。
4
5
6
7
8
山折りでうしろに折ります。
拡大
9
10
左右ともに途中まで折り筋をつけます。
裏返す
11
とがっている先を左右それぞれの肩に合わせて途中まで折り筋をつけます。（これが耳になります）
12
まんなかの山折り線で縦にふたつに折ると、⑪でつけた折り筋で自然に耳が立ちます。
13
←②でつけた印
中割り折り
②でつけた中心の印を目印に中割り折りします。このとき、細長い部分（しっぽ）とねずみのからだの下の線がだいたい直角になるように折ります。
14
直角
中割り折り
からだの下の線としっぽのまんなかを通る折り筋が一直線になるように中割り折りして、しっぽをだします。⑮参照
15
⑩でつけた折り筋
折ったときに——のところが一直線になるように中に折り込みます。
16
耳になるように切ります。
完成

Ⓑちょっとむずかしいねずみ

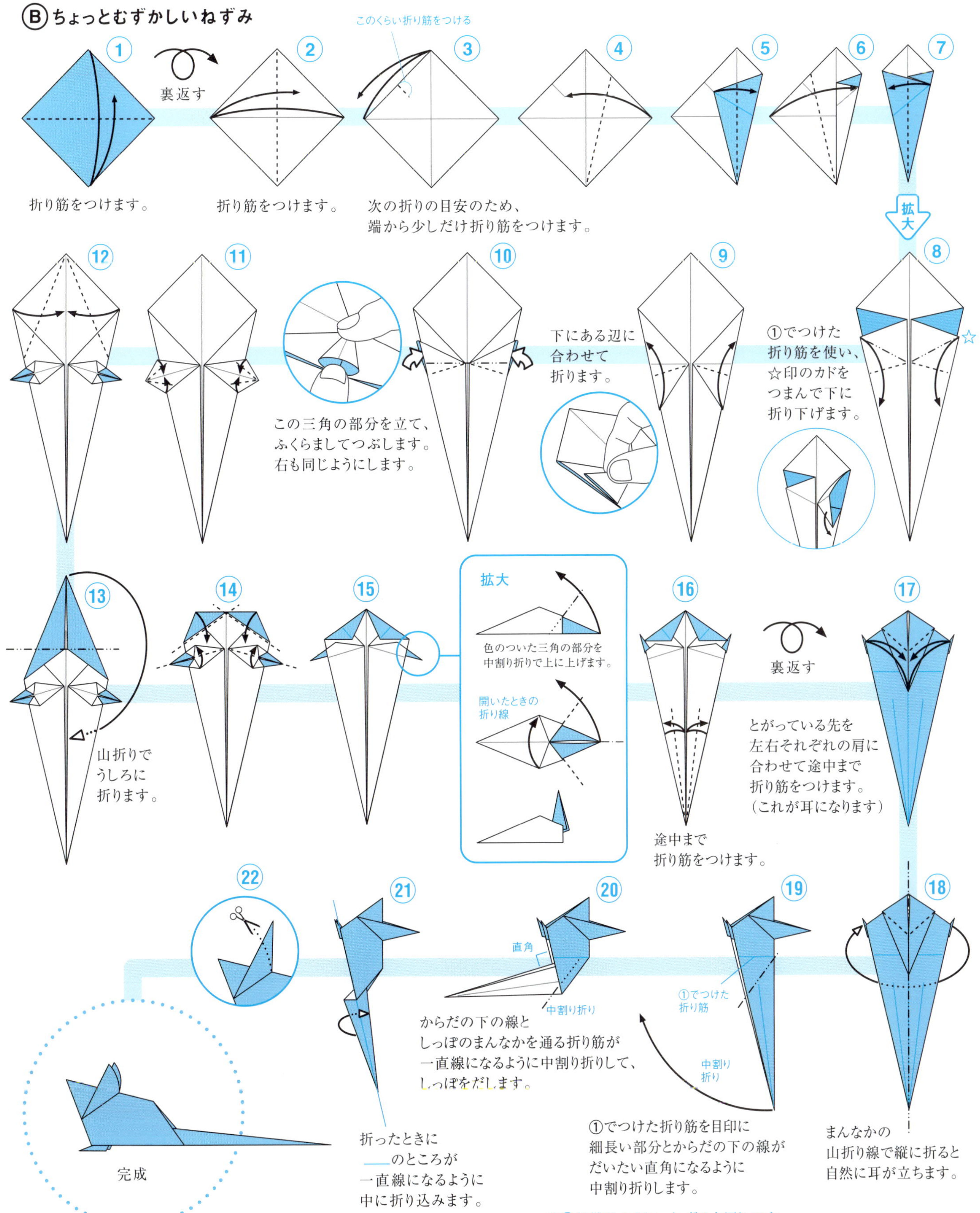

このくらい折り筋をつける
①
折り筋をつけます。
裏返す
②
折り筋をつけます。
③
次の折りの目安のため、
端から少しだけ折り筋をつけます。
④
⑤
⑥
⑦
拡大
⑧
①でつけた
折り筋を使い、
☆印のカドを
つまんで下に
折り下げます。
☆
⑨
下にある辺に
合わせて
折ります。
⑩
この三角の部分を立て、
ふくらましてつぶします。
右も同じようにします。
⑪
⑫
⑬
山折りで
うしろに
折ります。
⑭
⑮
拡大
色のついた三角の部分を
中割り折りで上に上げます。
開いたときの
折り線
⑯
途中まで
折り筋をつけます。
裏返す
⑰
とがっている先を
左右それぞれの肩に
合わせて途中まで
折り筋をつけます。
(これが耳になります)
⑱
まんなかの
山折り線で縦に折ると
自然に耳が立ちます。
⑲
①でつけた
折り筋
中割り
折り
①でつけた折り筋を目印に
細長い部分とからだの下の線が
だいたい直角になるように
中割り折りします。
⑳
直角
中割り折り
からだの下の線と
しっぽのまんなかを通る折り筋が
一直線になるように中割り折りして、
しっぽをだします。
㉑
折ったときに
＿＿のところが
一直線になるように
中に折り込みます。
㉒
完成

※⑰以降はやさしいねずみと同じです。

折って贈る

折って
贈る

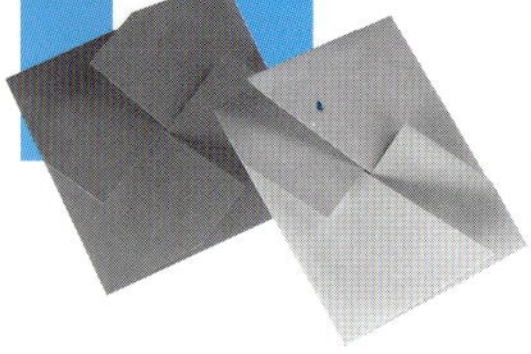

たとう【伝承作品】

正方形、または長方形（コピー用紙などの規格紙）の紙を使用します。
しっかりした紙で折ればお年玉袋にもなりますし、紙の大きさを変えることで、
ハンカチなどのプレゼント用にも利用できます。

Ⓐ 正方形のたとう

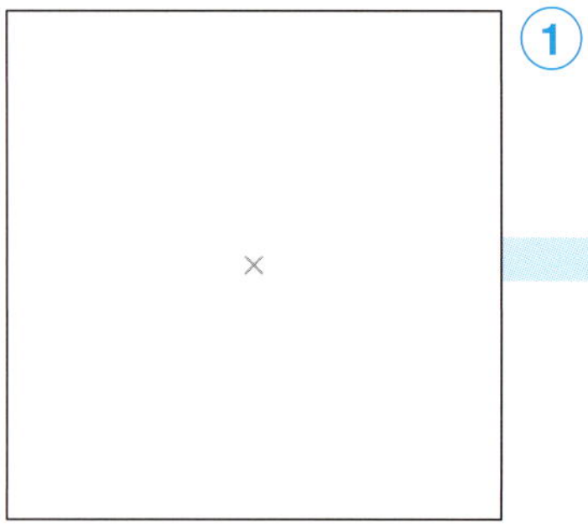
1

中心に印をつけます。

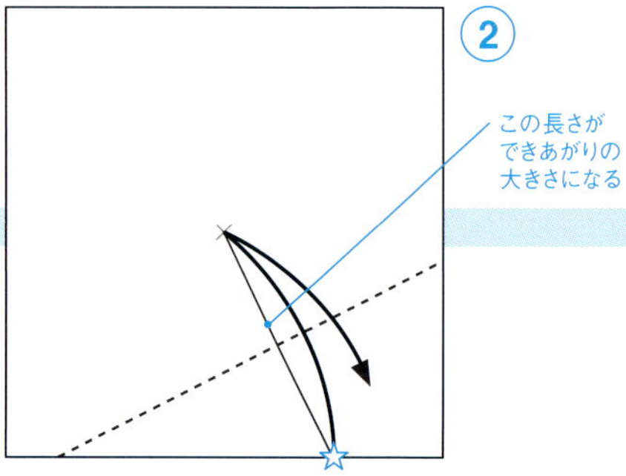
2
この長さが
できあがりの
大きさになる

1辺上の任意の点（☆印）を中心に
合わせて折り、
しっかり折り筋をつけて開きます。

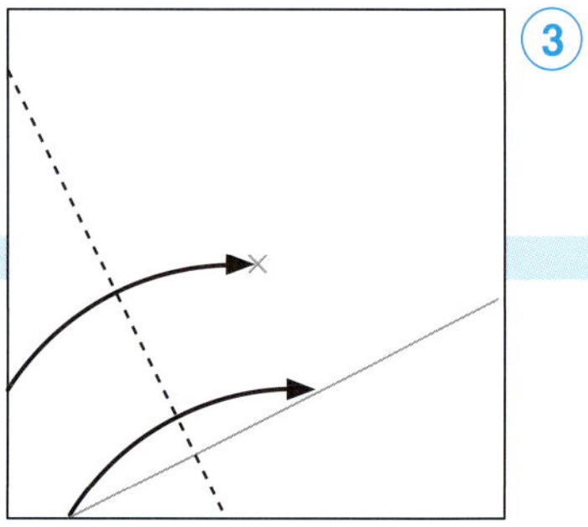
3

となりの辺を同じように中心に合わせて
折ります。このとき②でつけた折り筋が
一直線に重なるように折ります。

中心を少しずらして折ってみましょう。（折り方は同じです）

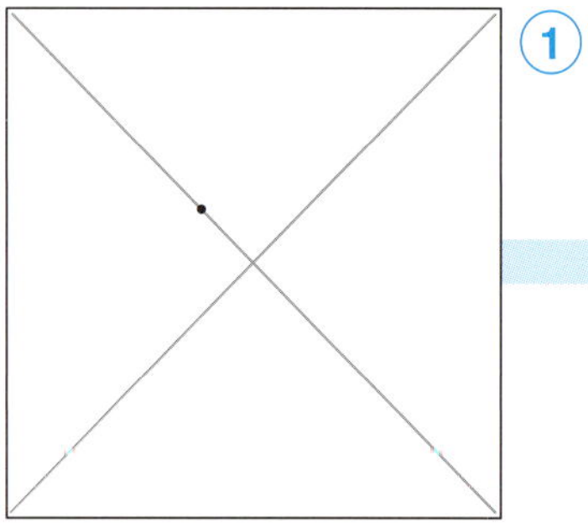
1

本来の中心から少しずらした位置に
中心の印をつけます。

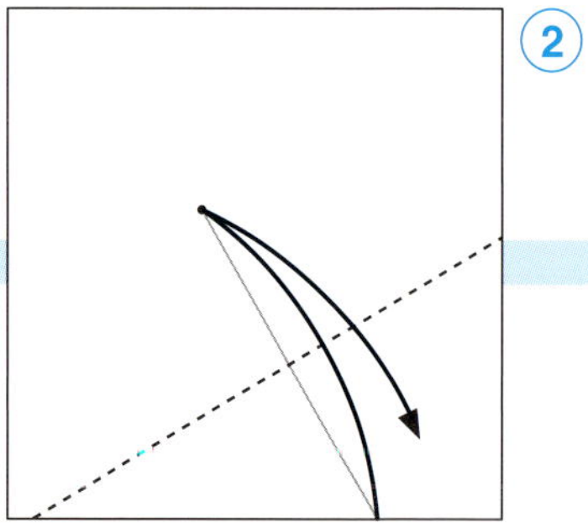
2

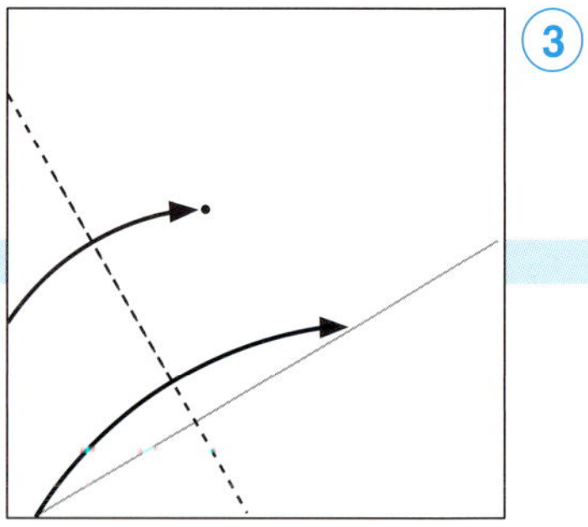
3

Ⓑ 長方形のたとう（折り方は正方形と同じです）

1

中心に印をつけます。

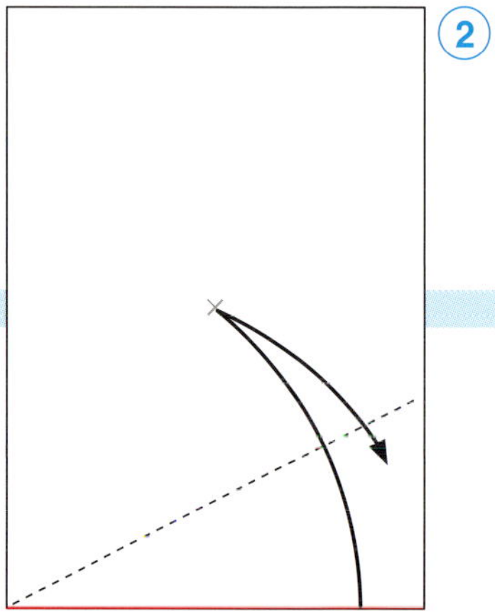
2

一辺を中心に合わせてカドから折ります。

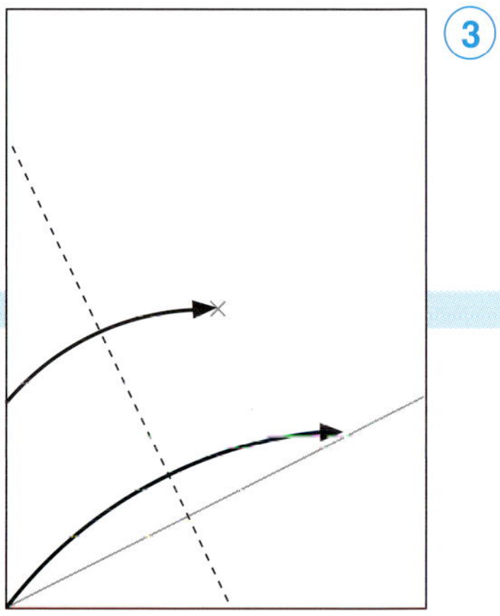
3

最初につけた☆印を
少しずつずらすと、
作品の大きさを
変えることができます。

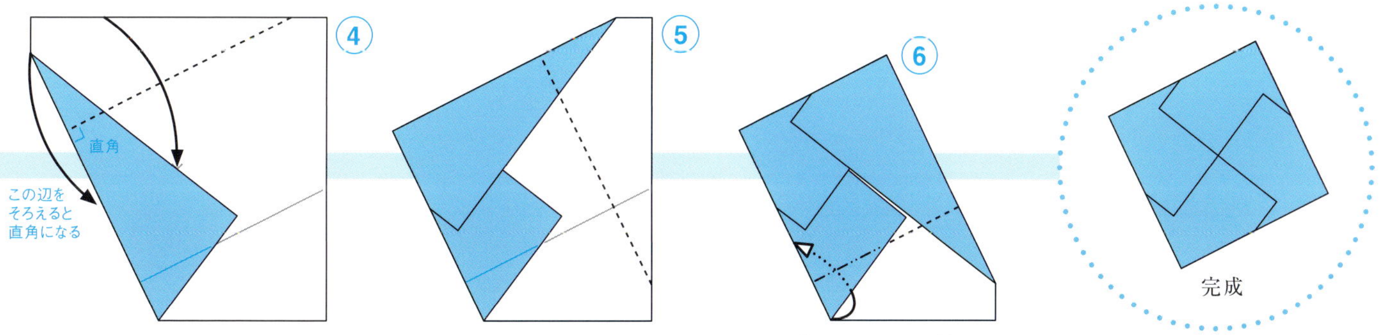

となりの辺を
中心に合わせて折ります。

となりの辺を④と
同じように折ります。

②でつけた折り筋に
合わせて折り、片側を
なかに折り込みます。

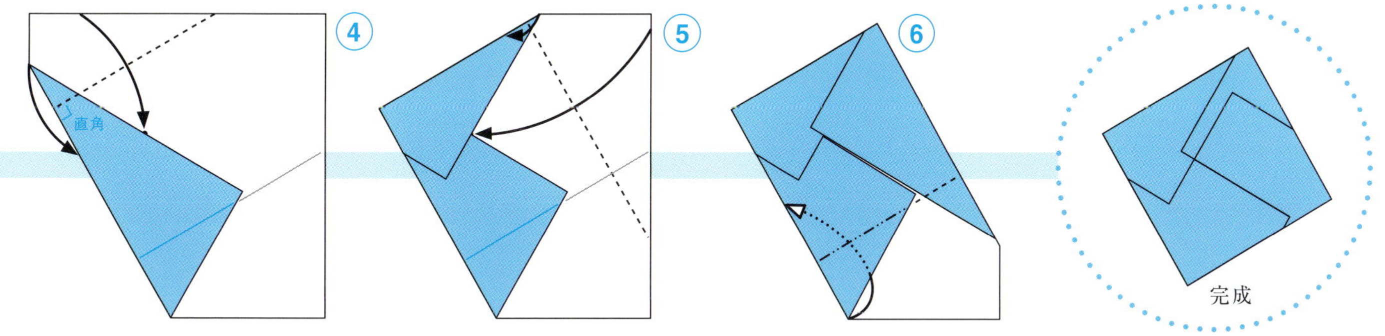

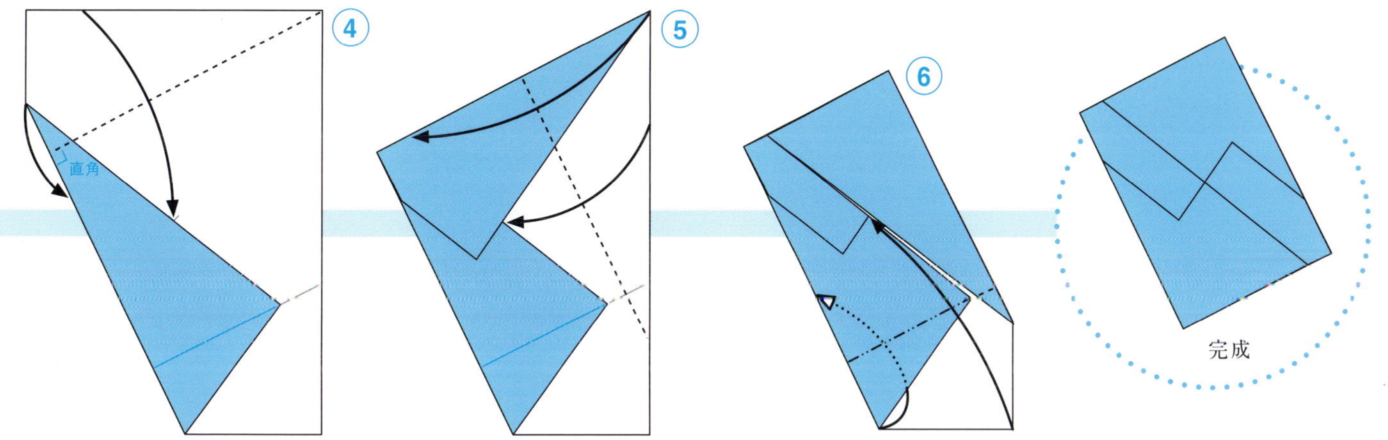

折って贈る

ギフトボックス

正方形の紙を使用します。丈夫できれいな紙を使えばプレゼントを入れて贈るのに最適です。
好みの紙のサイズを計算で求めることができます。
ただし底の形は正方形で、箱の高さは箱の幅（底の正方形の一辺の長さ）の1/2から2倍の範囲内です。
幅と高さが決まったら次のように計算してください。［（箱の幅×3）＋（高さ×2）］÷1.4＝用意する正方形の紙の一辺の長さ

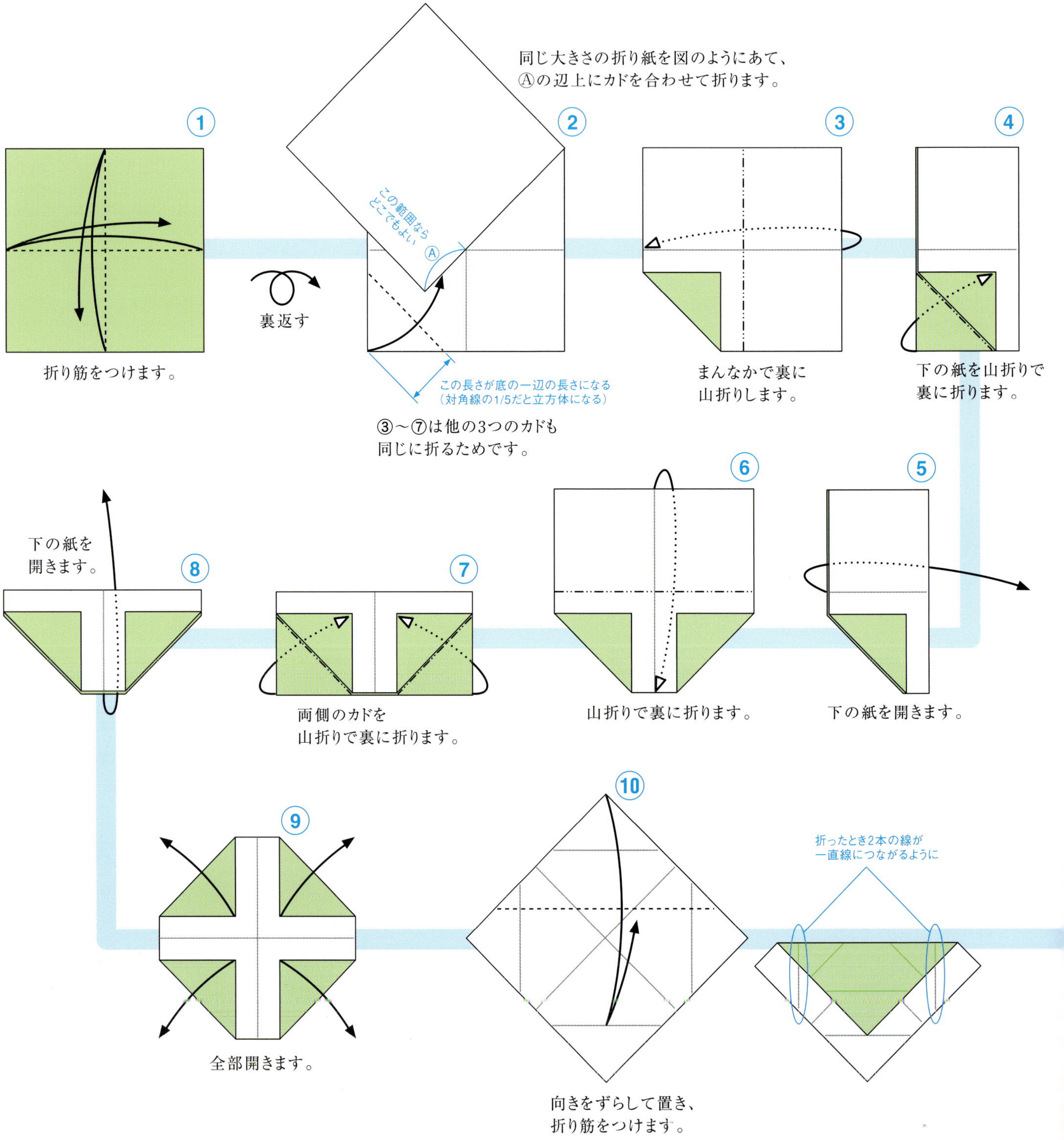

1
折り筋をつけます。
裏返す
2
同じ大きさの折り紙を図のようにあて、
Ⓐの辺上にカドを合わせて折ります。
この範囲ならどこでもよい
Ⓐ
この長さが底の一辺の長さになる
（対角線の1/5だと立方体になる）
③～⑦は他の3つのカドも
同じに折るためです。
3
まんなかで裏に
山折りします。
4
下の紙を山折りで
裏に折ります。
5
下の紙を開きます。
6
山折りで裏に折ります。
7
両側のカドを
山折りで裏に折ります。
8
下の紙を
開きます。
9
全部開きます。
10
向きをずらして置き、
折り筋をつけます。
折ったとき2本の線が
一直線につながるように

⑪

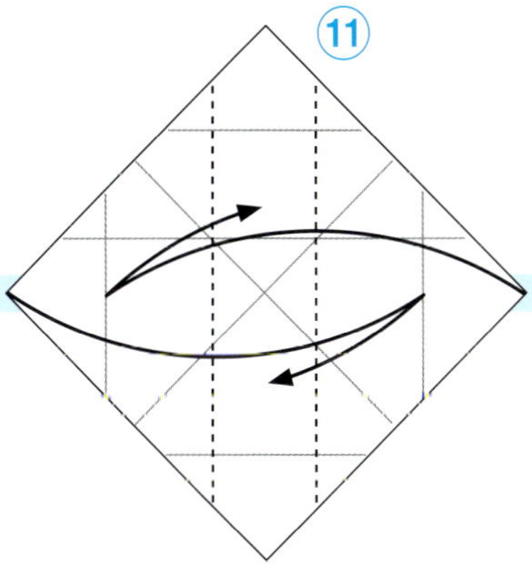

⑩と同じように
左右も折り筋をつけます。

⑫

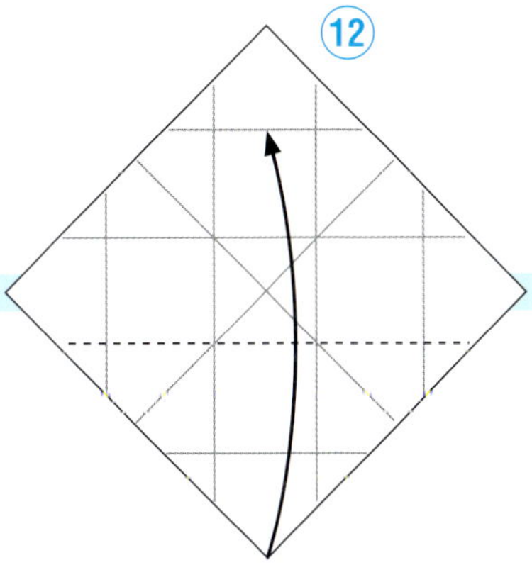

⑩・⑪と同じようにカドを折ります。

⑬

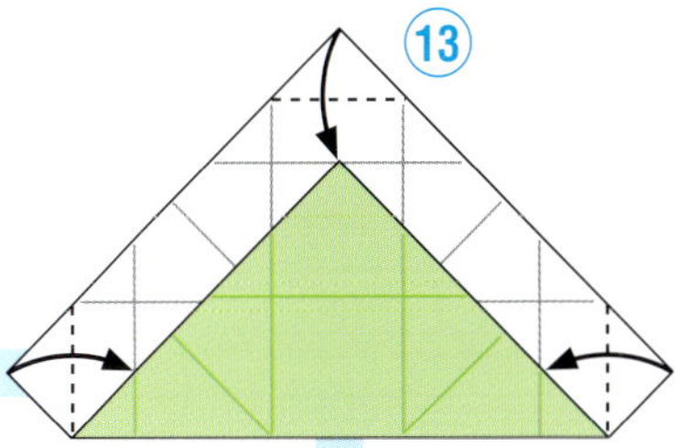

⑭

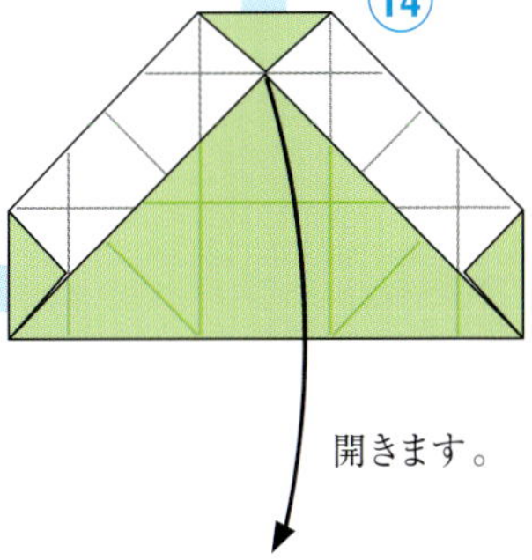

開きます。

⑮

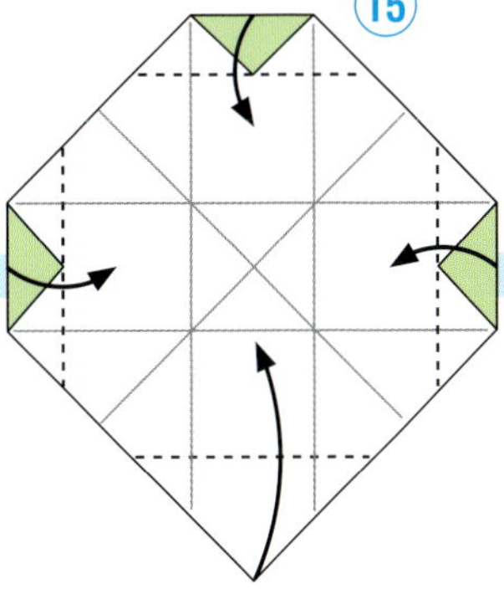

⑯

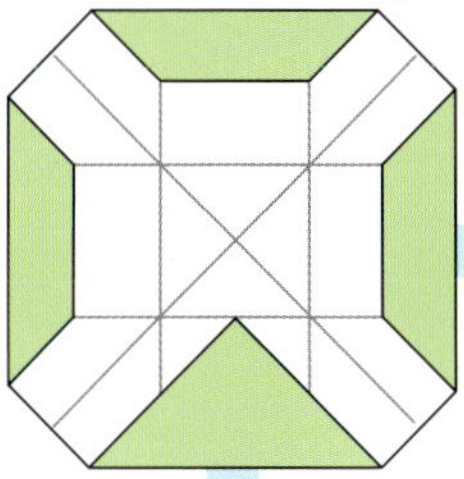

裏返す

⑰

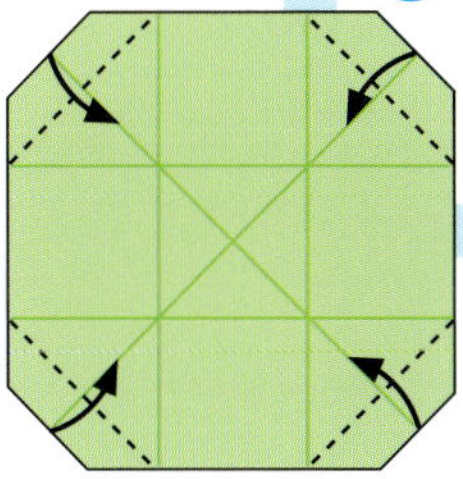

⑱

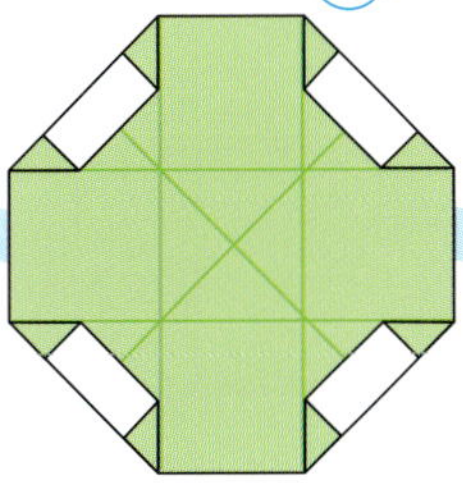

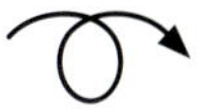

裏返す

⑲

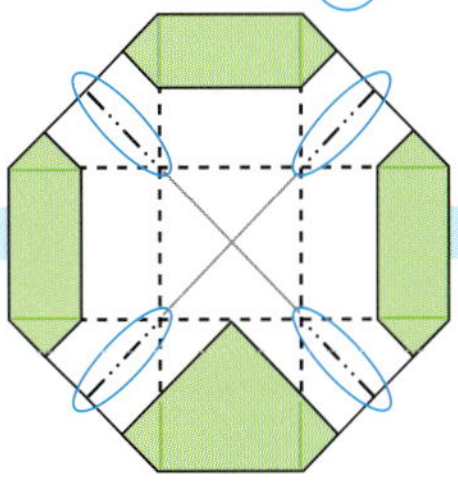

4箇所の山折り線を
しっかりつけなおします。
そうすると、四方が
自然に立ちあがってきます。

⑳

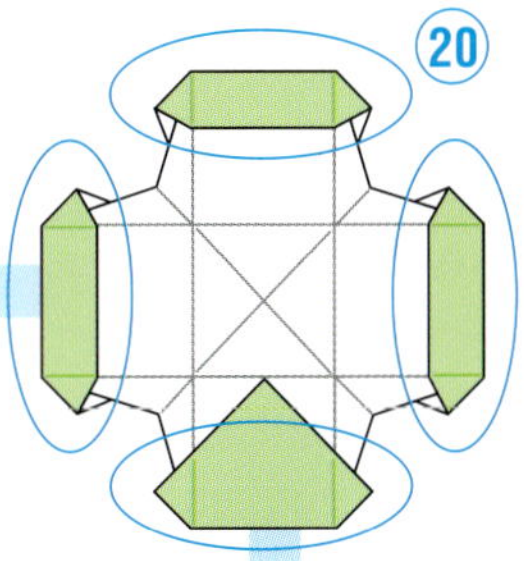

四箇所の
ふたになる部分を
指でつまんで
形をととのえます。

㉑

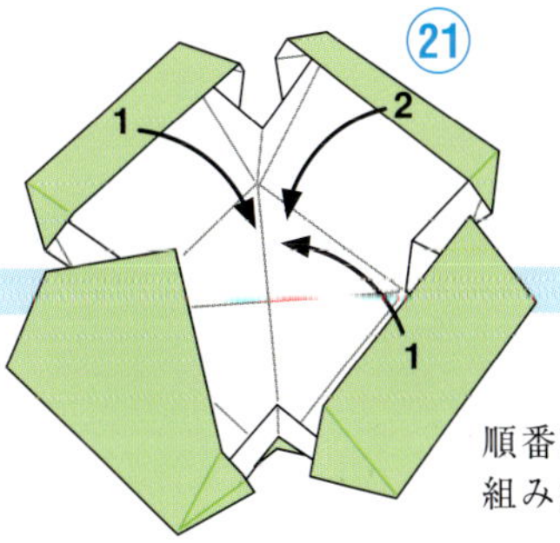

順番に
組みたてます。

㉒

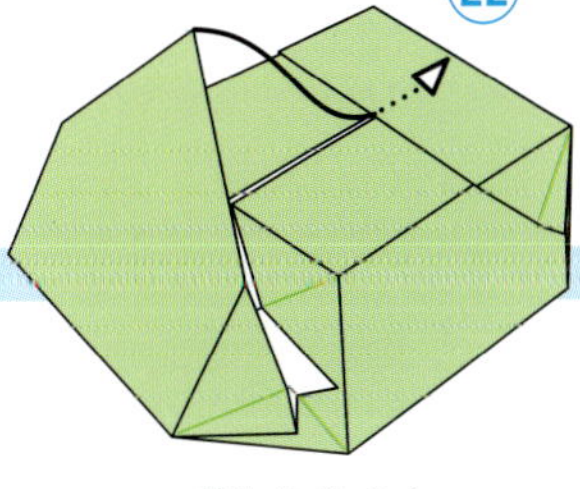

差しこみます。

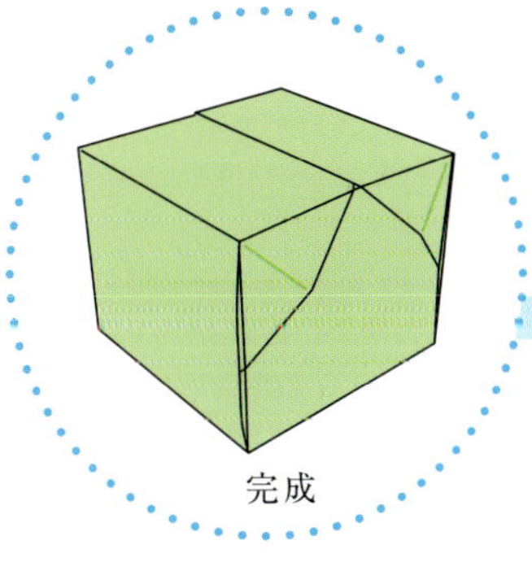

完成

折って贈る

のし袋

正方形の紙で折ります。裏表の色の違いがはっきりした紙や和紙を使うときれいです。
一辺が330ミリの正方形の紙を用意すると、お札を折らないで入れることができます。

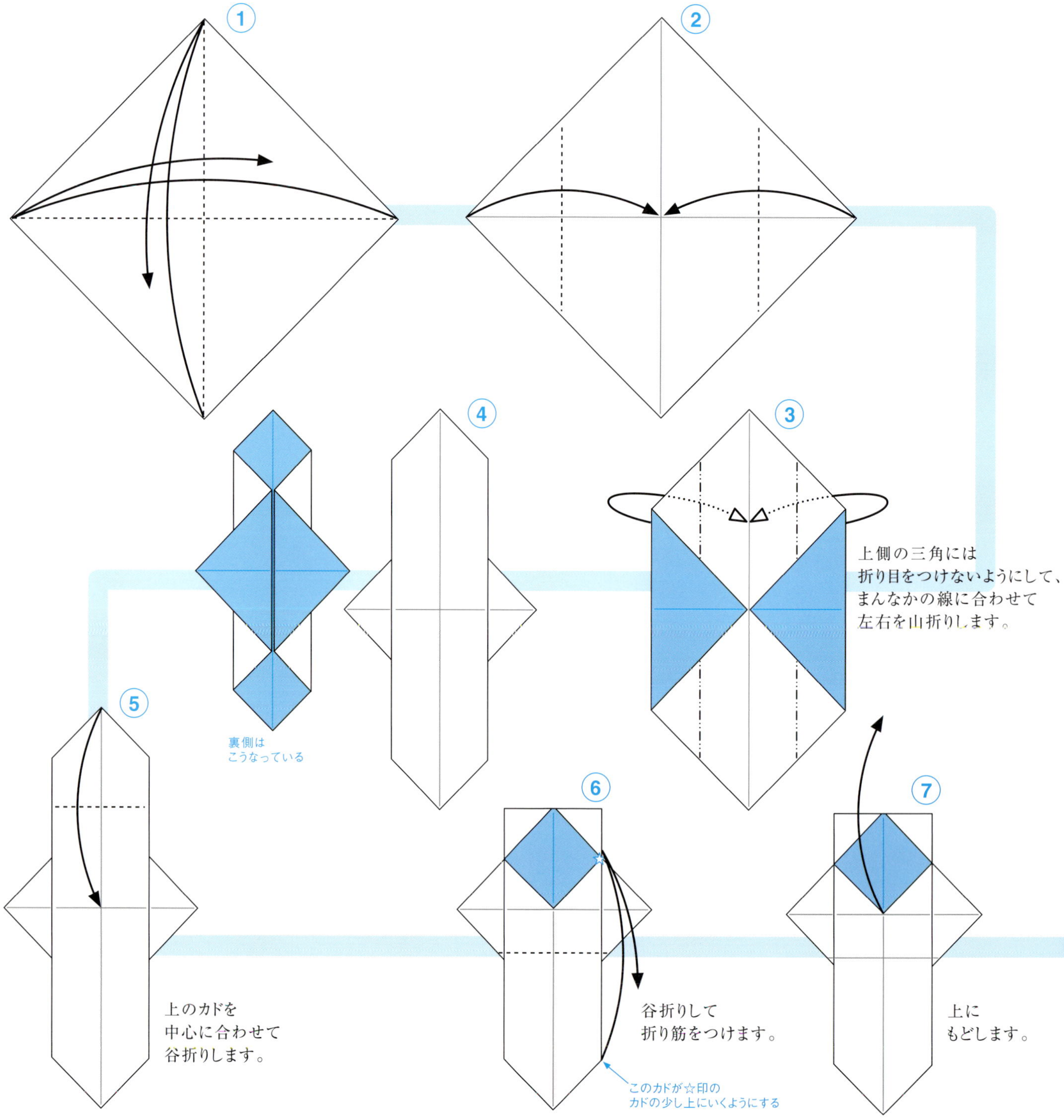

1
2
3
上側の三角には折り目をつけないようにして、まんなかの線に合わせて左右を山折りします。
4
裏側はこうなっている
5
上のカドを中心に合わせて谷折りします。
6
谷折りして折り筋をつけます。
このカドが☆印のカドの少し上にいくようにする
7
上にもどします。

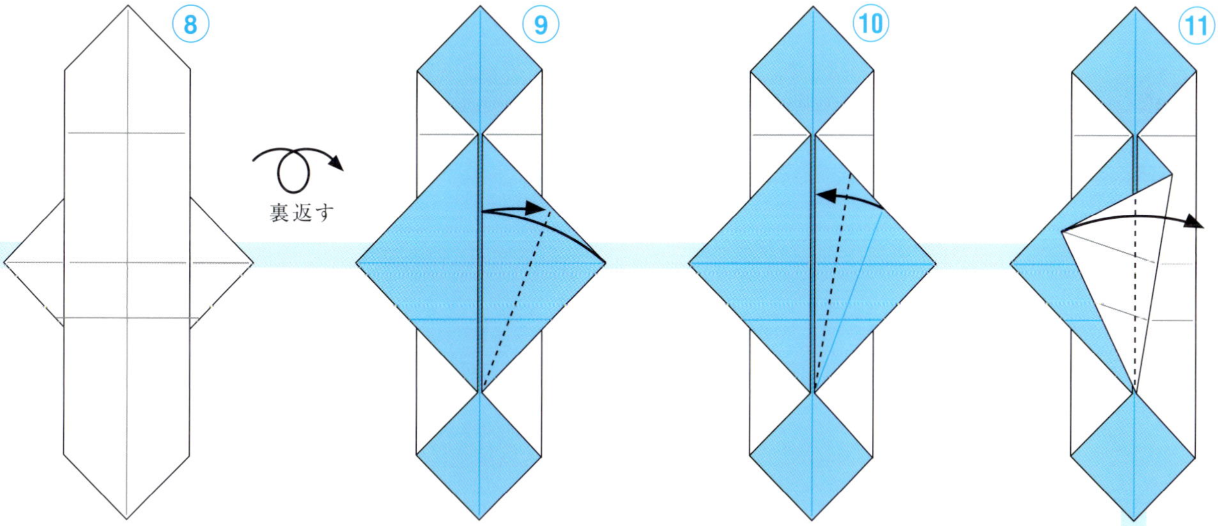

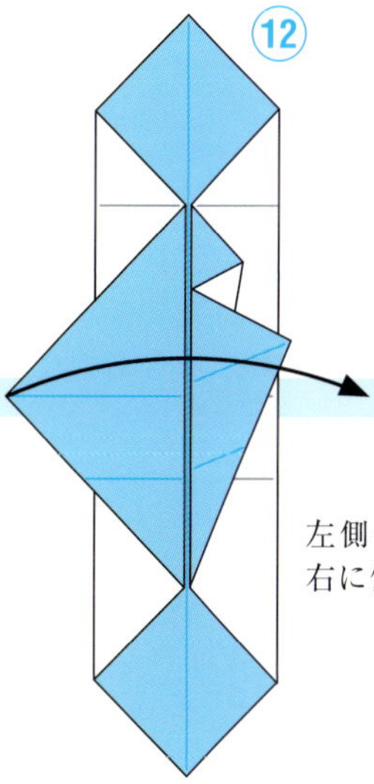

左側の三角を
右に倒します。

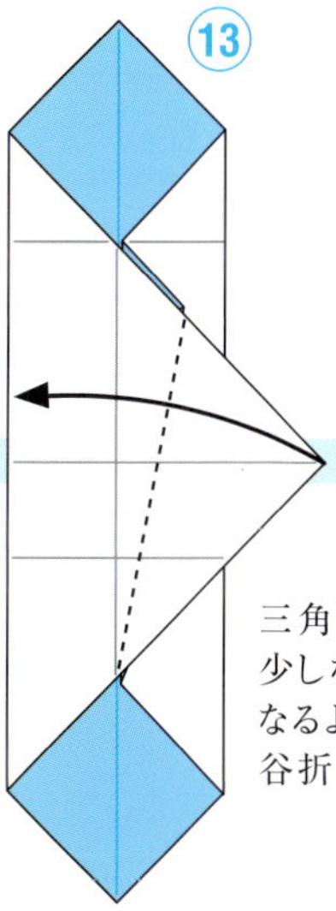

三角形を
少しななめに
なるように
谷折りします。

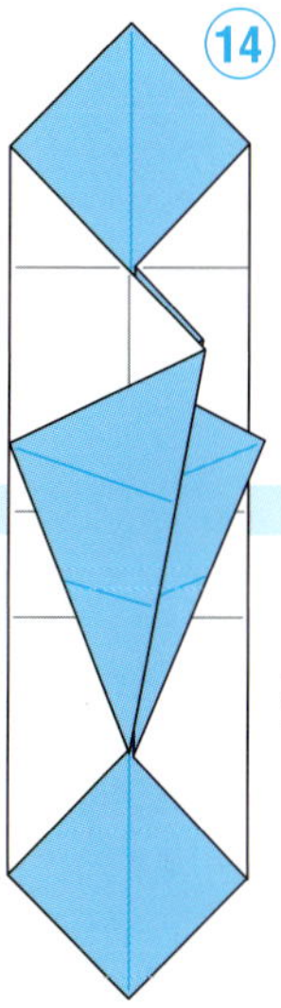

左側を右側の
下に入れます。

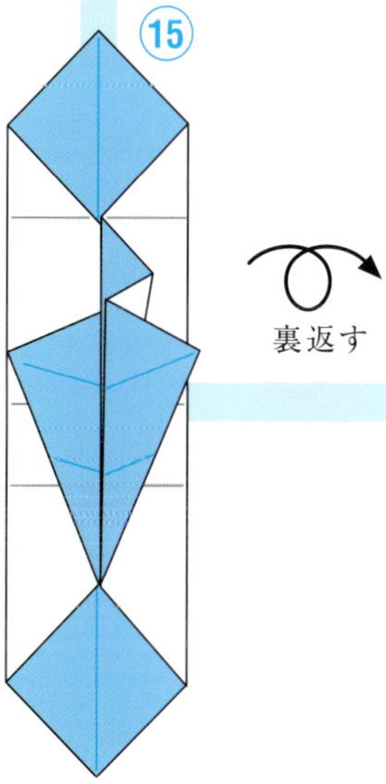

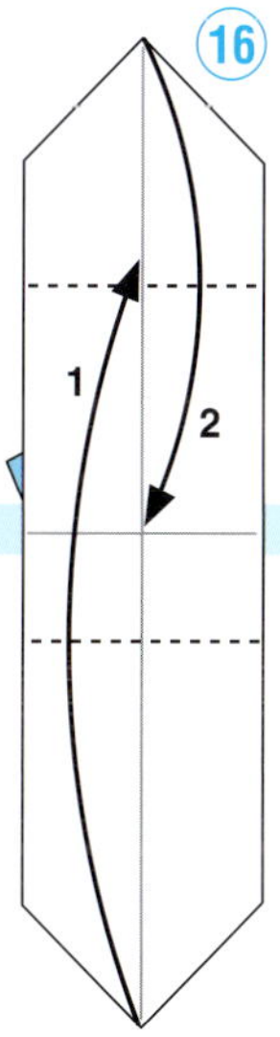

1、2の順に谷折りします。
2を折るときは先端を
1で折りあげた部分に
差しこみます。

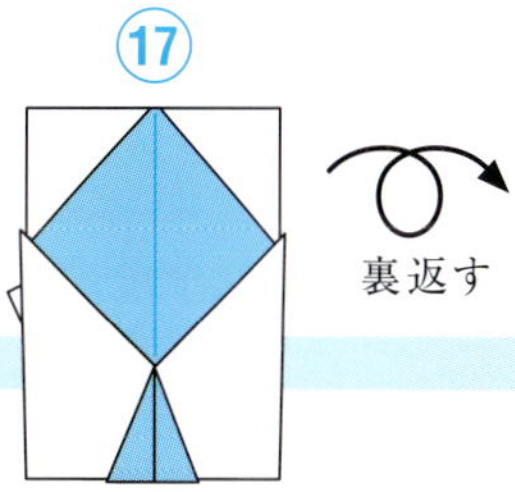

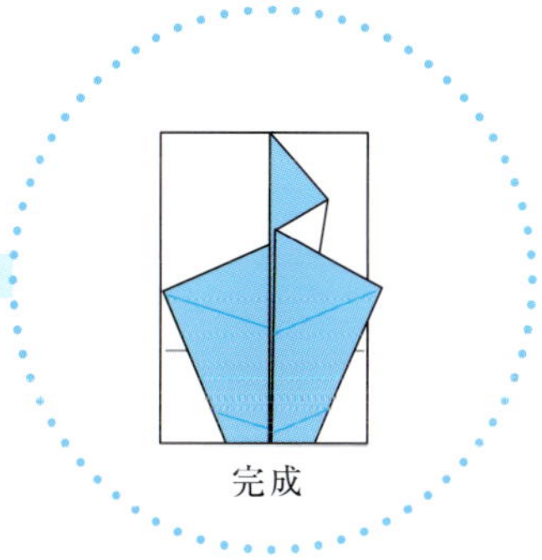

左右を逆にしたり、
表裏を逆にしたりして
工夫をしてみてください。

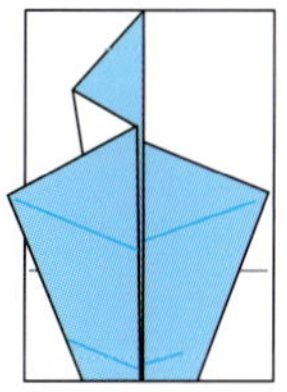
左右を逆にしたもの

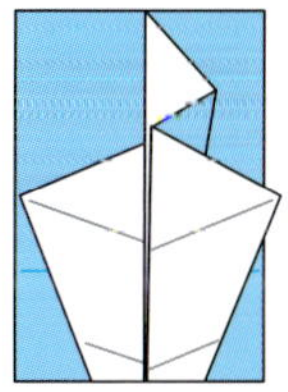
表裏を逆にしたもの

ふたつきの箱

長方形の紙で折ります。
作りたい箱の大きさが決まれば、使用する紙のサイズを次の計算で求めることができます。
＊(箱の長い底辺)＋(高さ×2)＝用意する紙の短い辺
＊(箱の短い底辺×2)＋(高さ×4)＝用意する紙の長い辺
ただし、箱の高さは最小で2センチくらい、最大で箱の底の短い辺の長さです。

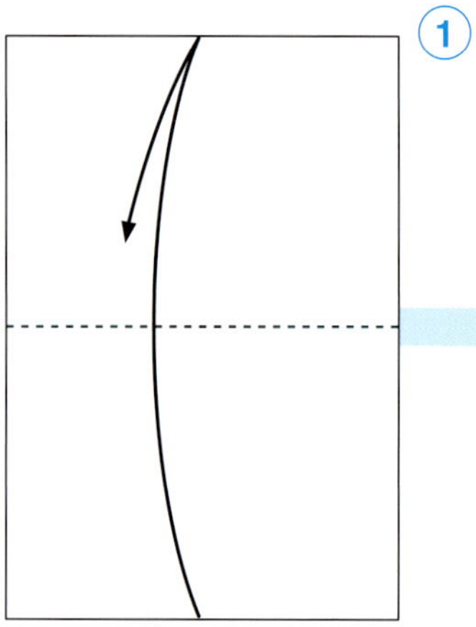
1

まんなかに折り筋をつけます。

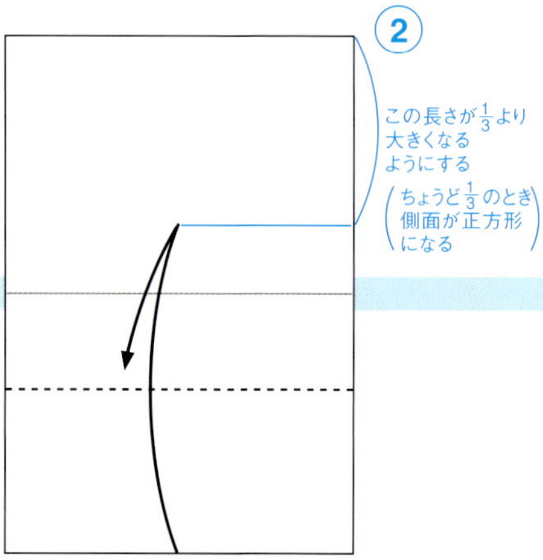
2
この長さが$\frac{1}{3}$より
大きくなる
ようにする
(ちょうど$\frac{1}{3}$のとき
側面が正方形
になる)

下のふちを折りあげてもどします。
このとき、上と折りあげた下のふちが、
縦の長さの$\frac{1}{3}$より長くなるようにします。

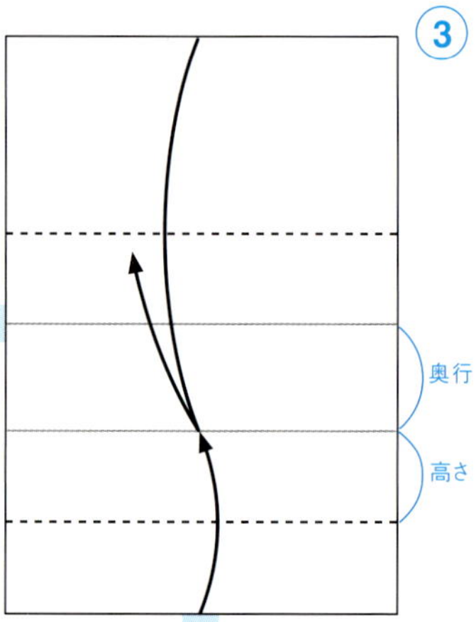
3
奥行
高さ

上のふちを②でつけた
折り筋に合わせて折り、もどします。
同じ折り筋に合わせて下も折ります。

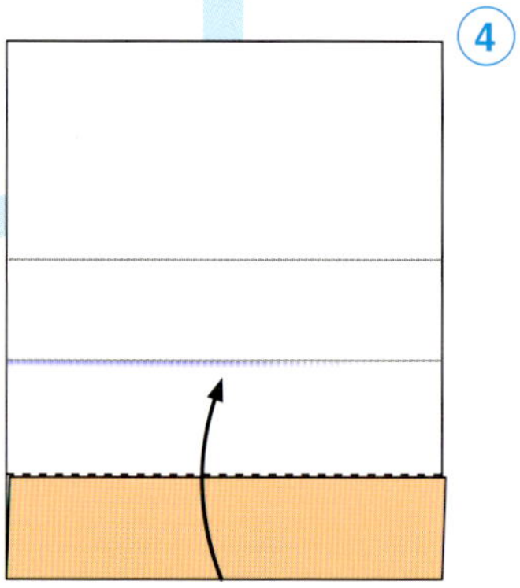
4

折り筋に合わせて上に折ります。

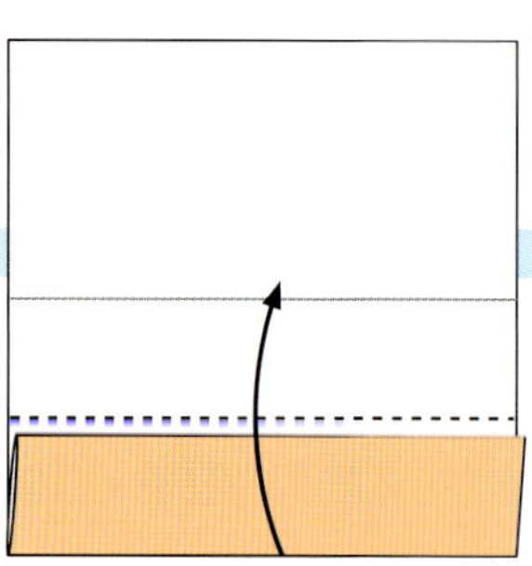
5

①でつけたまんなかの折り筋で折ります。

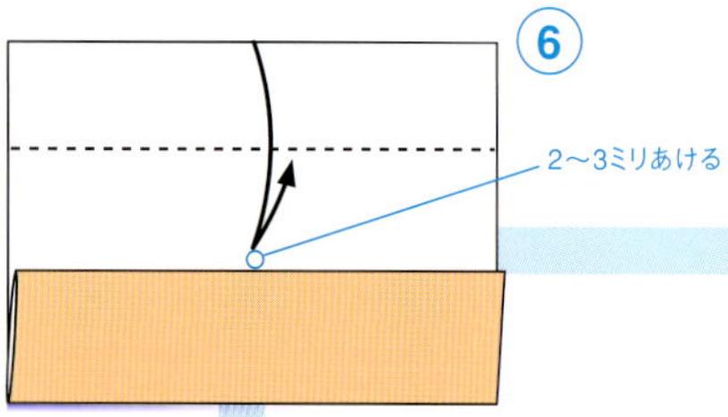
6
2〜3ミリあける

下から折りあげた紙の端から
2〜3ミリあけたあたりまで
上のふちを折ってもどします。

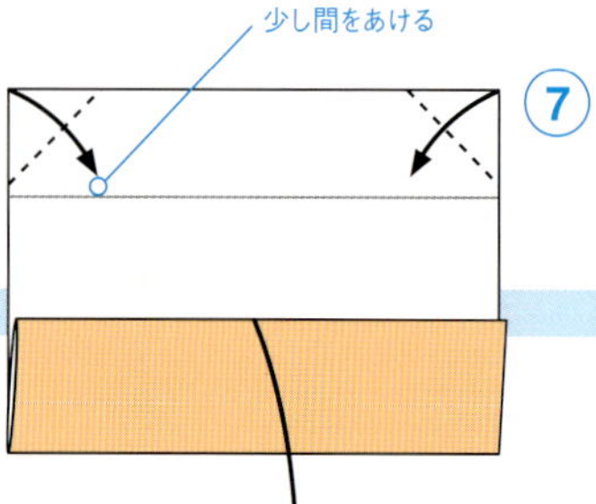
7
少し間をあける

上のカドを三角に折ります。
このとき、⑥でつけた折り筋より
少し上に三角形のカドがくるようにします。
その後折りあげていた下の部分を
すべて開きます。

8

⑨

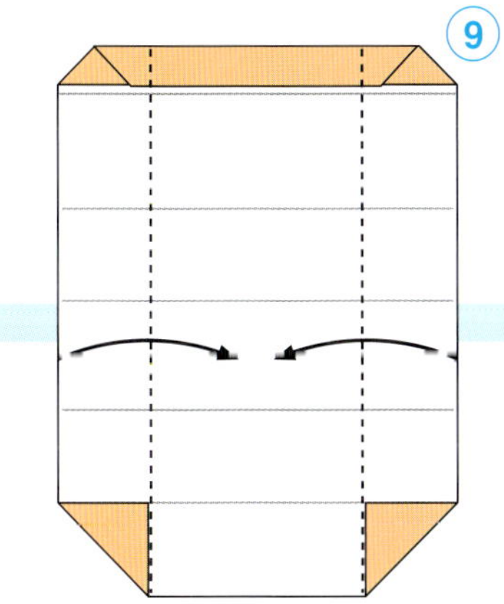

⑩

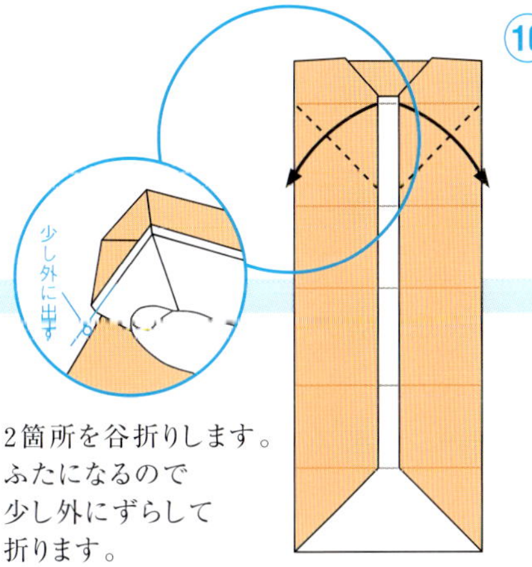

2箇所を谷折りします。
ふたになるので
少し外にずらして
折ります。

⑪

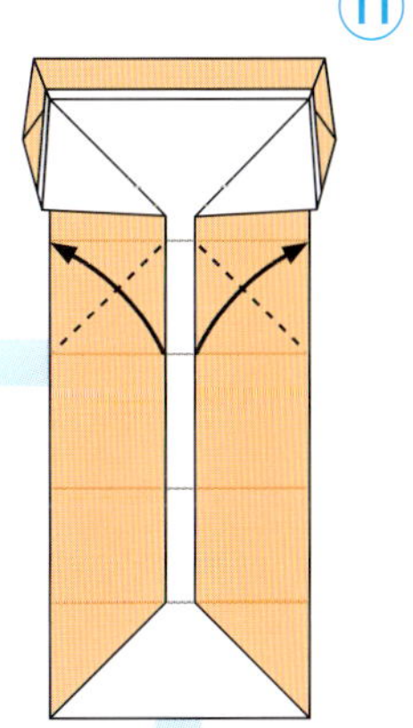

立体におこしながら
2箇所を谷折りします。

⑫

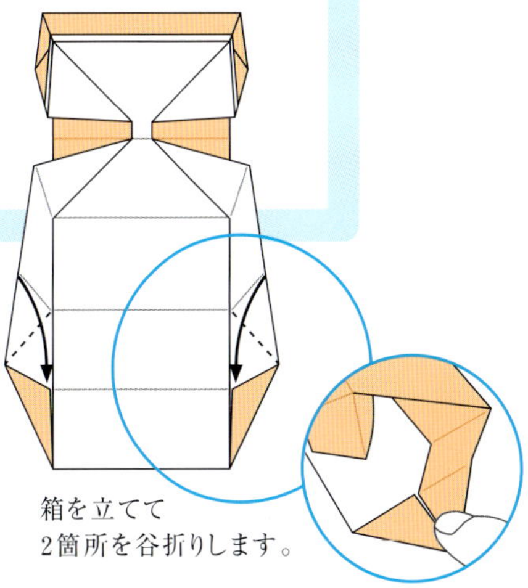

箱を立てて
2箇所を谷折りします。

⑬

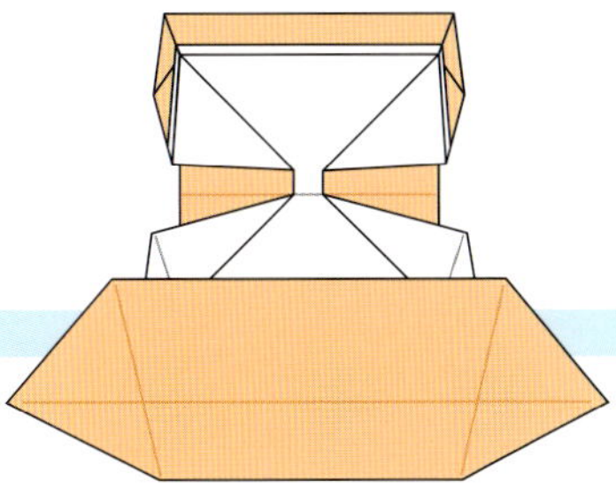

手前から見ると
このようになっています。

⑭

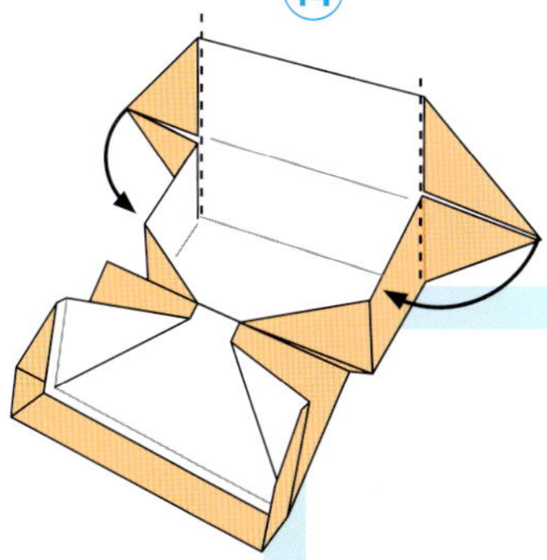

箱の向きをかえて両側の
三角にでっぱったところを
箱の側面にそわせて折ります。

⑭～⑯は折りかたが見やすいように、
ふたを倒した図になっています。

⑮

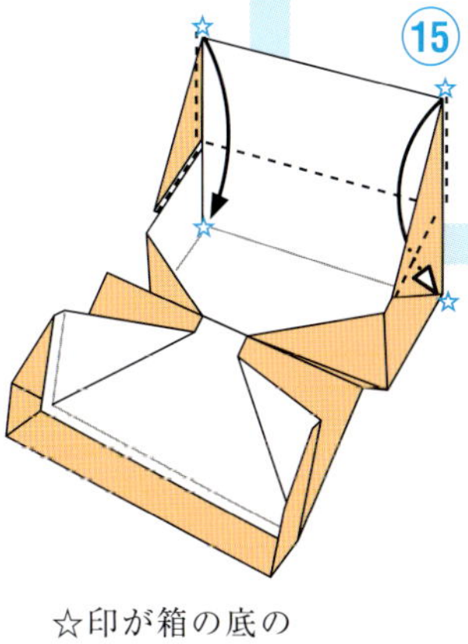

☆印が箱の底の
左右のカドにぴったり合うように
内側に折りこみます。

⑯

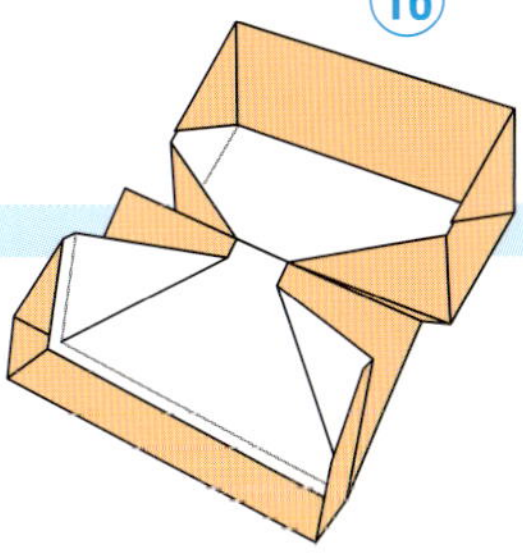

⑰

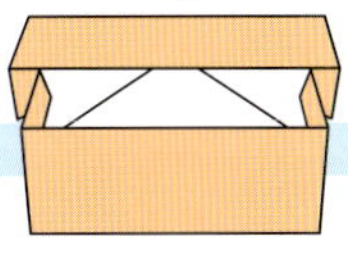

前後を逆にして置き、
左右を押しながら
ふたを閉めます。

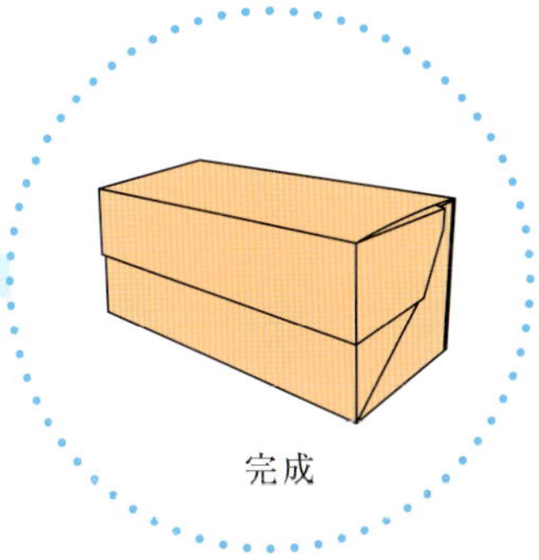

完成

花紋折り

正八角形の紙を使います。正方形の紙から簡単にできるので是非作ってみてください。
まず1枚作成して、それを基本に折り目のついていない用紙を何枚か作っておくと便利です。
この花紋折りは和紙や厚めの紙で折ると、小さなプレゼントを入れたり、小銭入れにもなります。

〈正八角形用紙の作り方〉 正方形の紙を使用します。

1

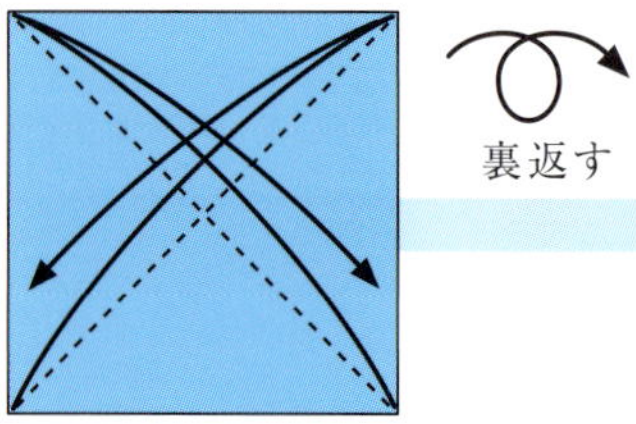
裏返す

折り筋をつけます。

2

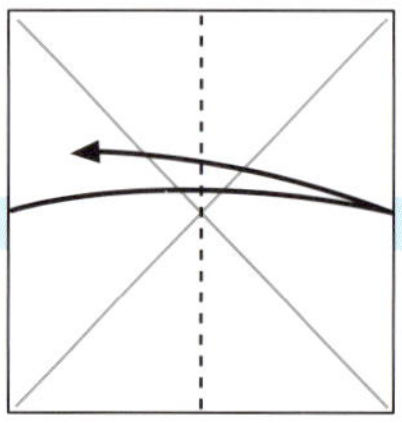

折り筋をつけます。

3

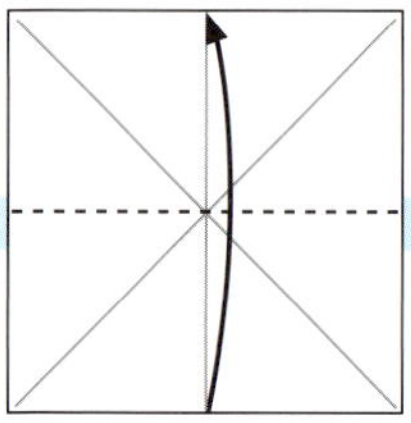

半分に折ります。

4

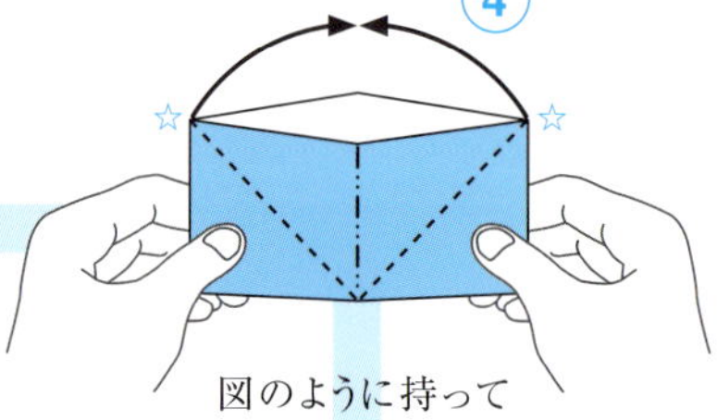
☆
☆

図のように持って
☆と☆を合わせます。

5

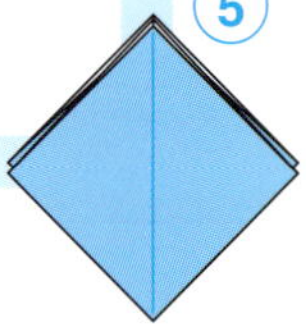

合わせたら
2枚ずつにして
たたみます。

6

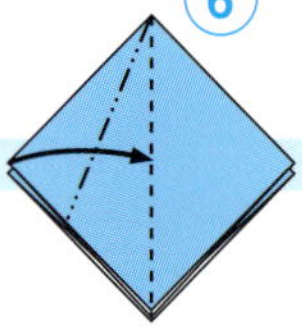

上下を逆にして
左の1枚を立てます。

7

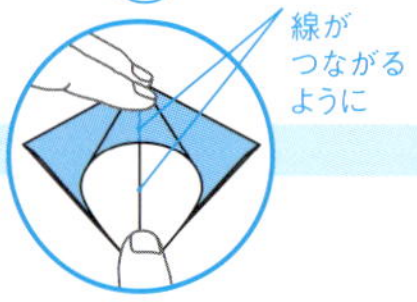
線が
つながる
ように

開いて
つぶします。

8

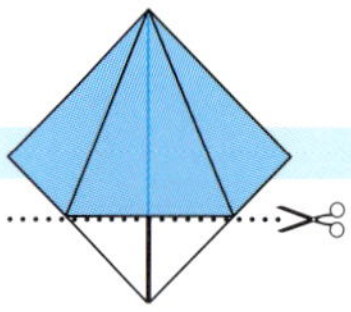

切って開きます。

9

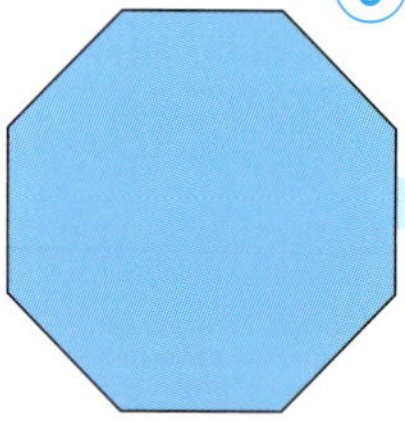

正八角形用紙の
できあがりです。

1

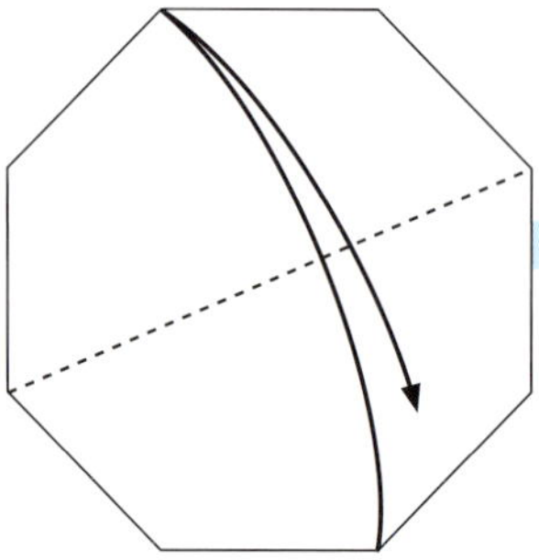

向かいあうカドとカドを
合わせて半分に折り、
もどします。

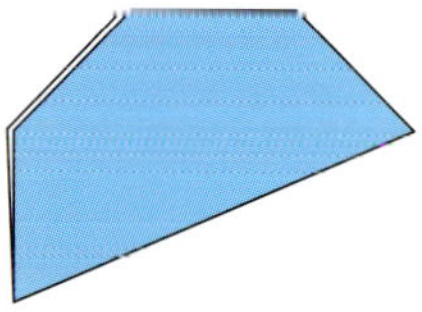

折ったとき
こうなっている

2

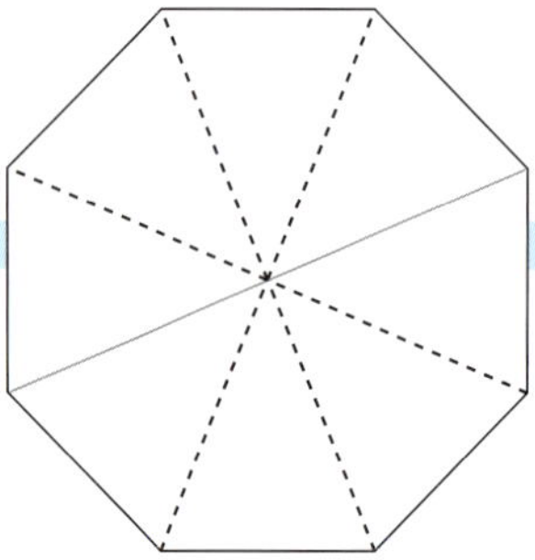

残りも同じように
折り筋をつけます。
計4本の
折り筋がつきます。

3

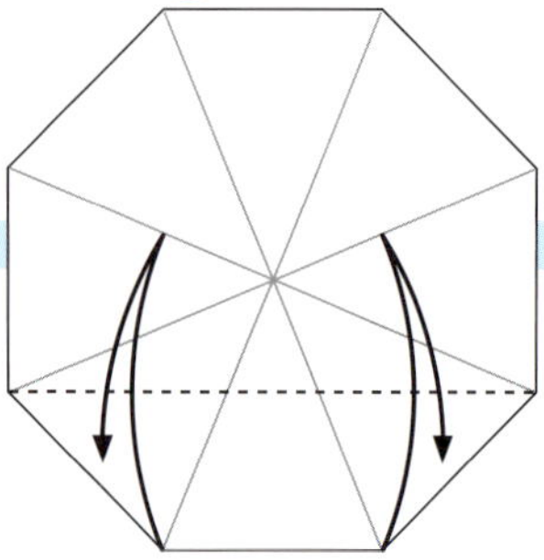

八角形の一辺が
手前にくるように紙を置き、
図のように手前の辺と
平行になるように
谷折りします。

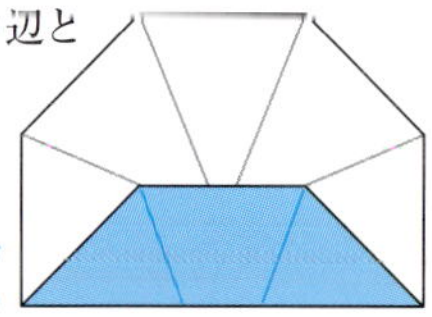

折ったとき、色のついた面が
このように台形になっている

4

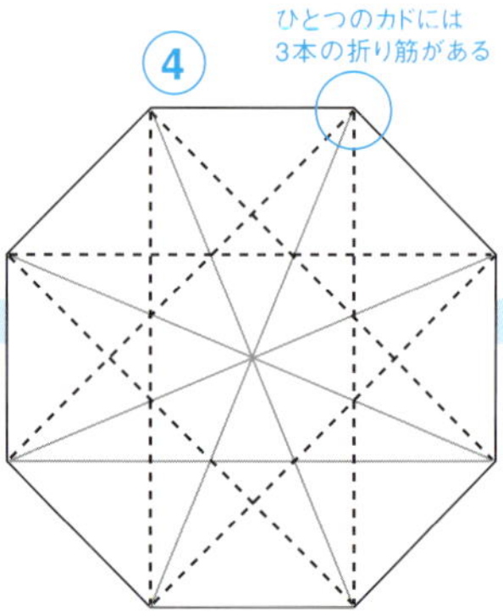
ひとつのカドには
3本の折り筋がある

残りも同じように
折ってゆくと
全部で8本の筋が
つくことになります。

5

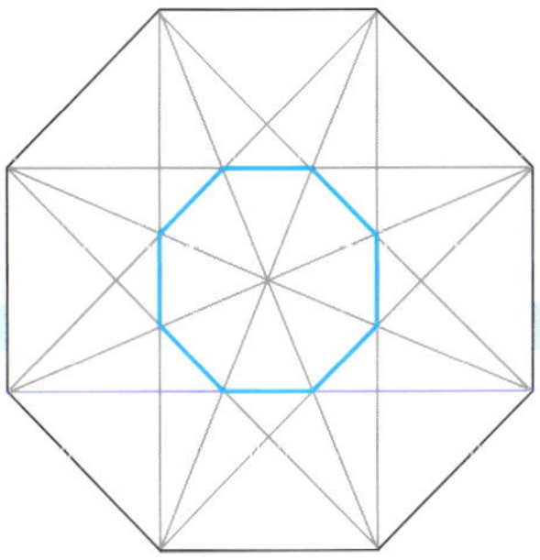

まんなかに小さな八角形が
できていることを確認してください。
これが底になります。

6

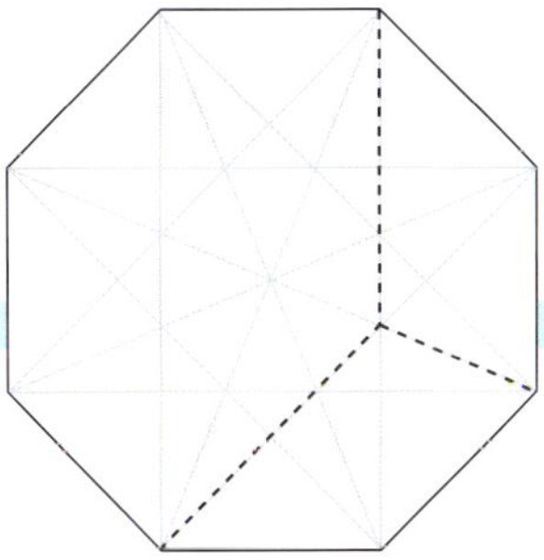

たくさんついている線のうち、
この3本に注目してください。

7

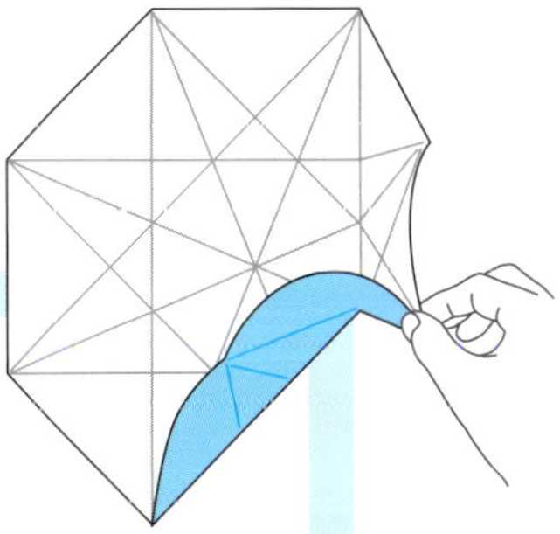

短い谷折り線を指でつまむと
折り紙が持ちあがります。
そのまま谷折り線通りに紙を倒します。

8

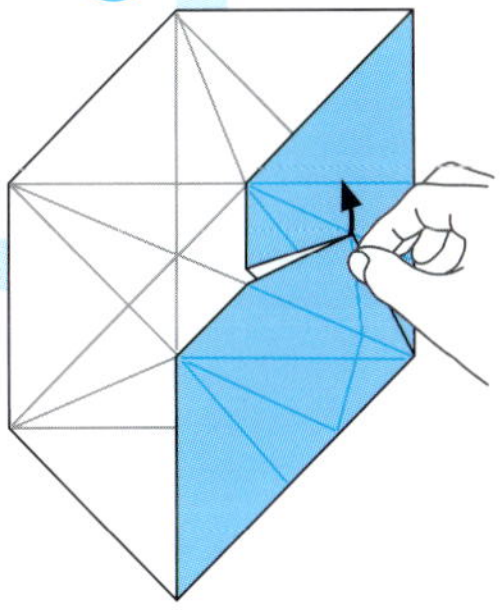

指で持っていた部分を
向こう側に倒します。

9

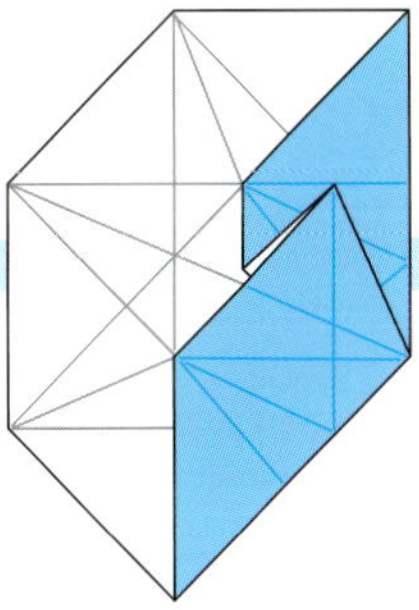

倒したら、
しっかり折り筋をつけて、
いったん全部開きます。

10

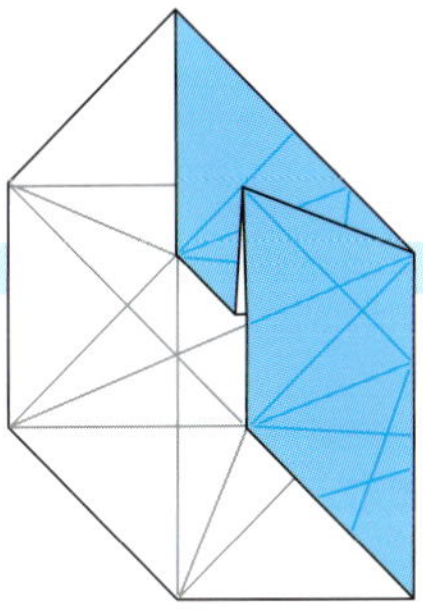

次のカドも同じように指でつまんで
持ちあげてから折り、
つまんでいた部分を倒して
しっかり折り筋をつけて開きます。

11

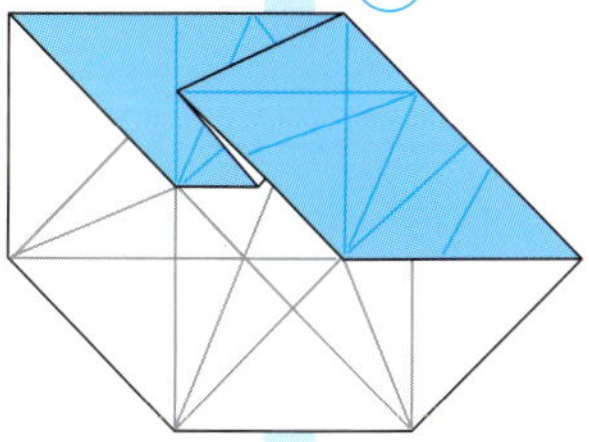

時計と逆まわりに
8つのカドを順番に
指でつまんで倒し、
折り筋をつけます。

12

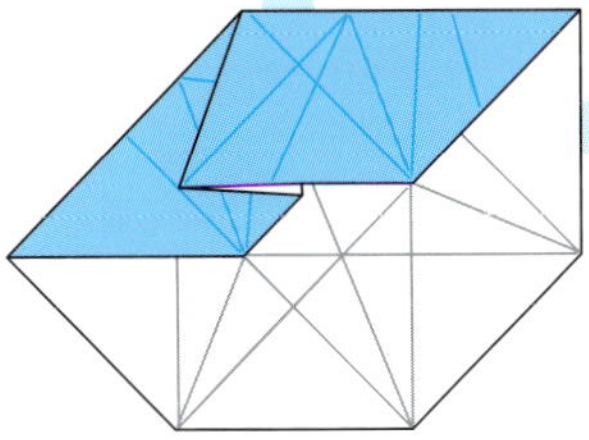

13

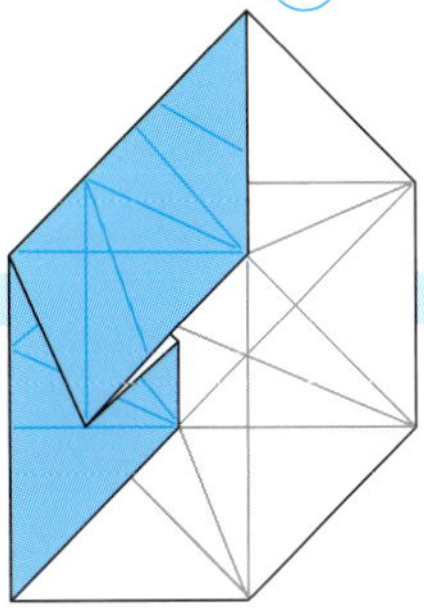

14

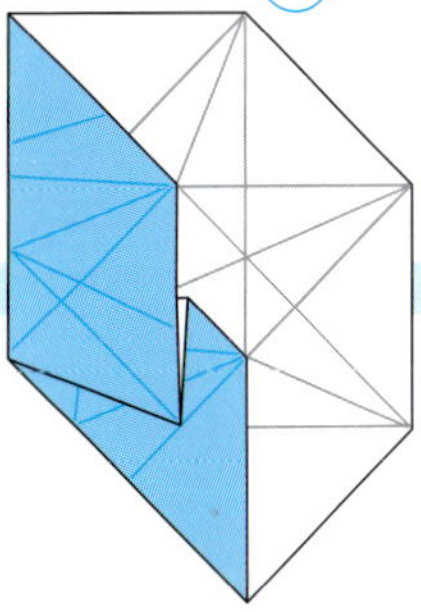

15

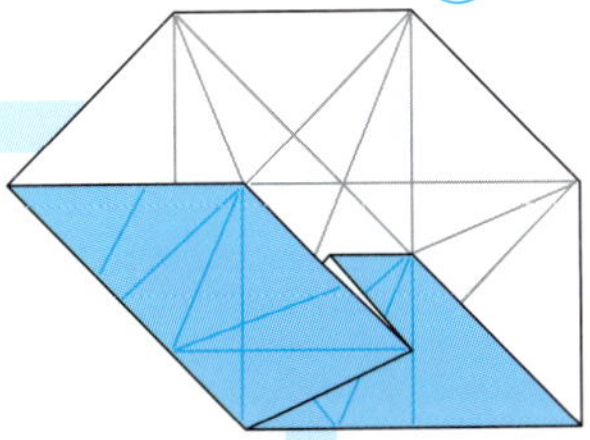

16

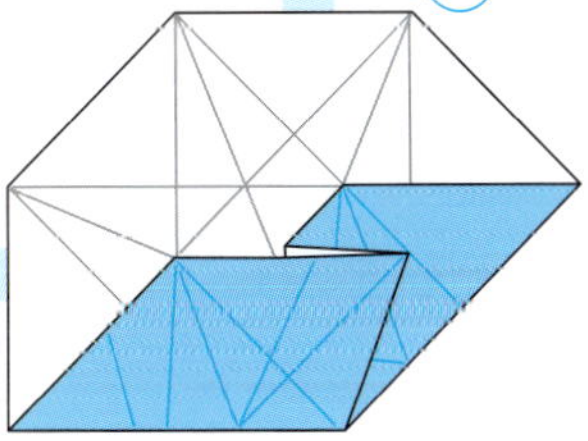

17

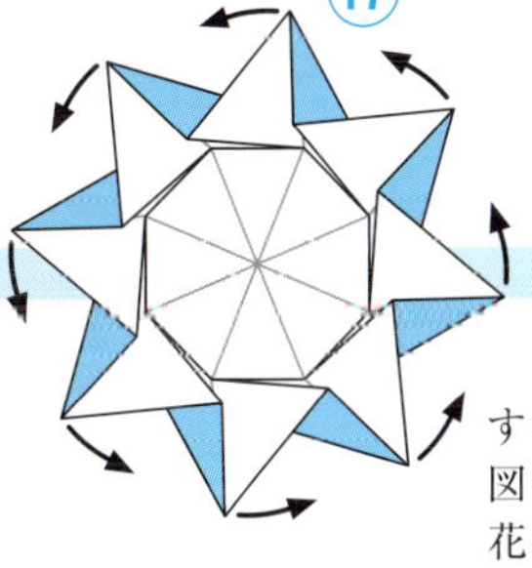

すべてに折り筋がついていると、
図のように8つのカドが
花びらのように持ちあがります。
これを両手でまんなかに向けて押すと
自然にきれいにまとまります。

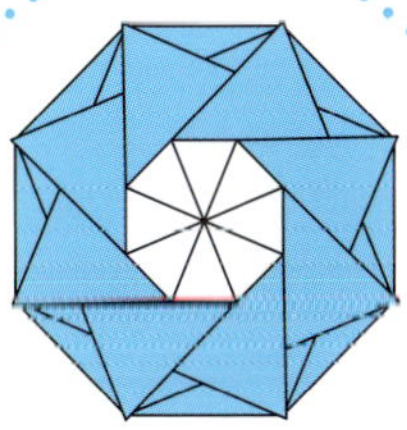

まんなかを押さえて
完成

折って
遊ぶ

ヒコーキ【伝承作品】

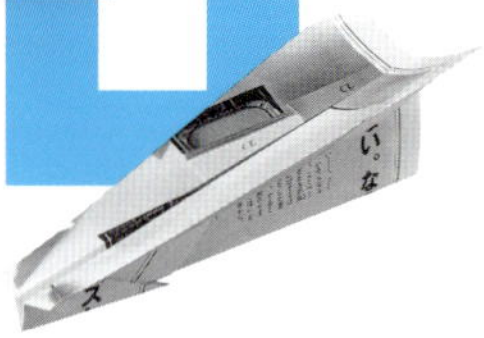

長方形の紙で折ります。飛行機の折り方はいろいろありますが、これは羽が空気をふくむように折るので、よく飛びます。
広告の紙などを利用してみてください。

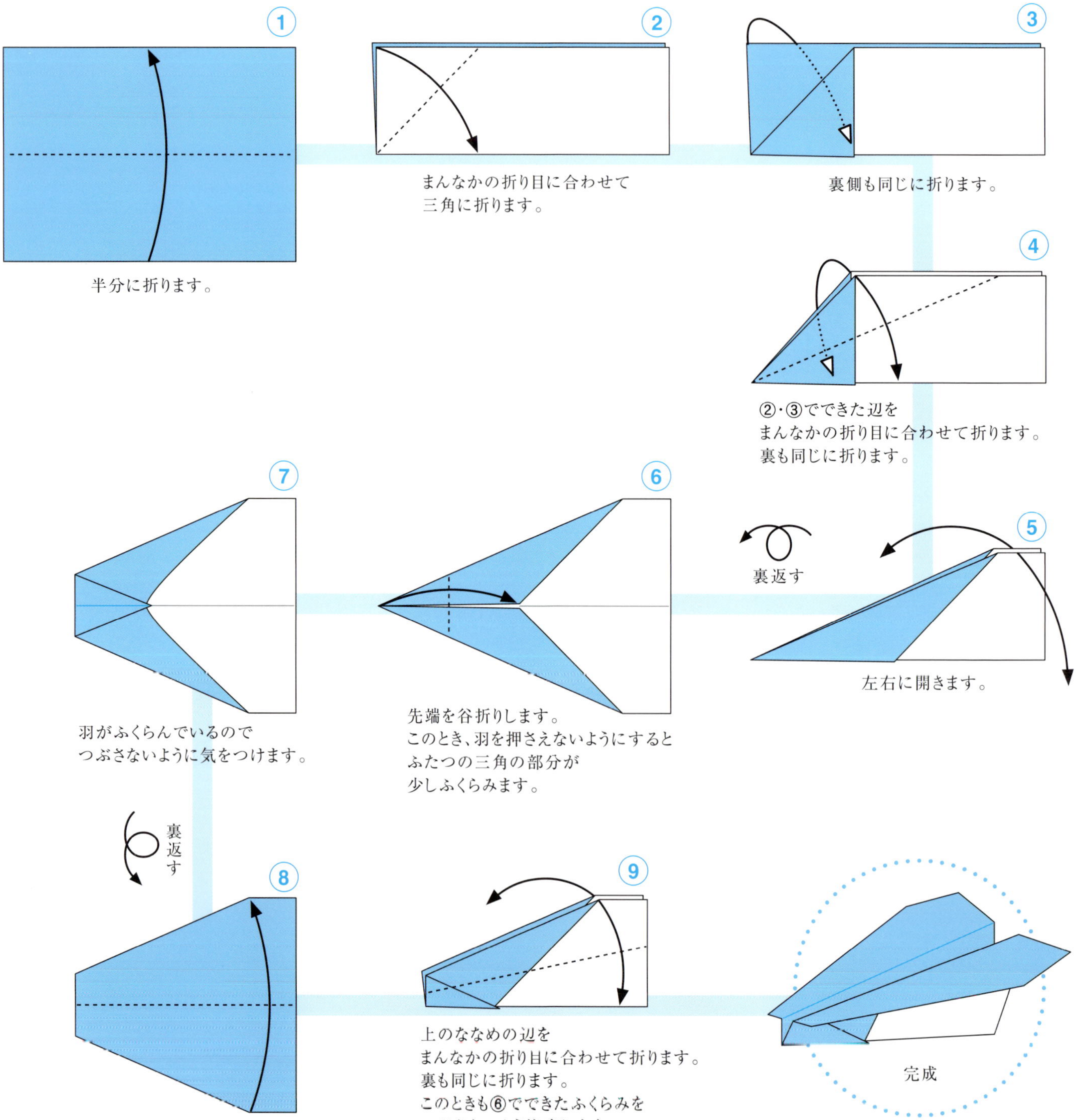

1 半分に折ります。

2 まんなかの折り目に合わせて三角に折ります。

3 裏側も同じに折ります。

4 ②・③でできた辺をまんなかの折り目に合わせて折ります。裏も同じに折ります。

5 左右に開きます。

裏返す

6 先端を谷折りします。このとき、羽を押さえないようにするとふたつの三角の部分が少しふくらみます。

7 羽がふくらんでいるのでつぶさないように気をつけます。

裏返す

8 まんなかで谷折りします。

9 上のななめの辺をまんなかの折り目に合わせて折ります。裏も同じに折ります。このときも⑥でできたふくらみをつぶさないよう注意します。

完成

折って遊ぶ

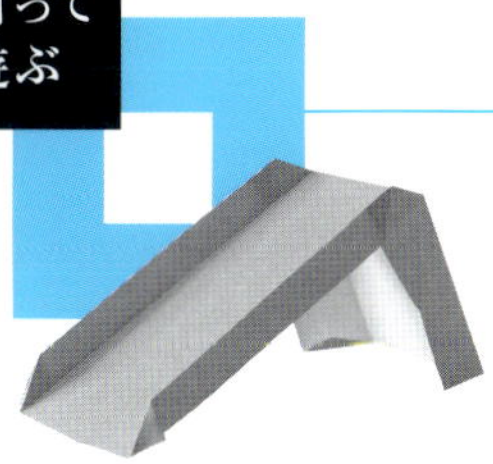

すべり台

長方形の紙で折ります。丈夫な折り込み広告などを利用して作り、小さな人形やおもちゃをすべらせて遊んでください。幼児はことのほか喜びます。

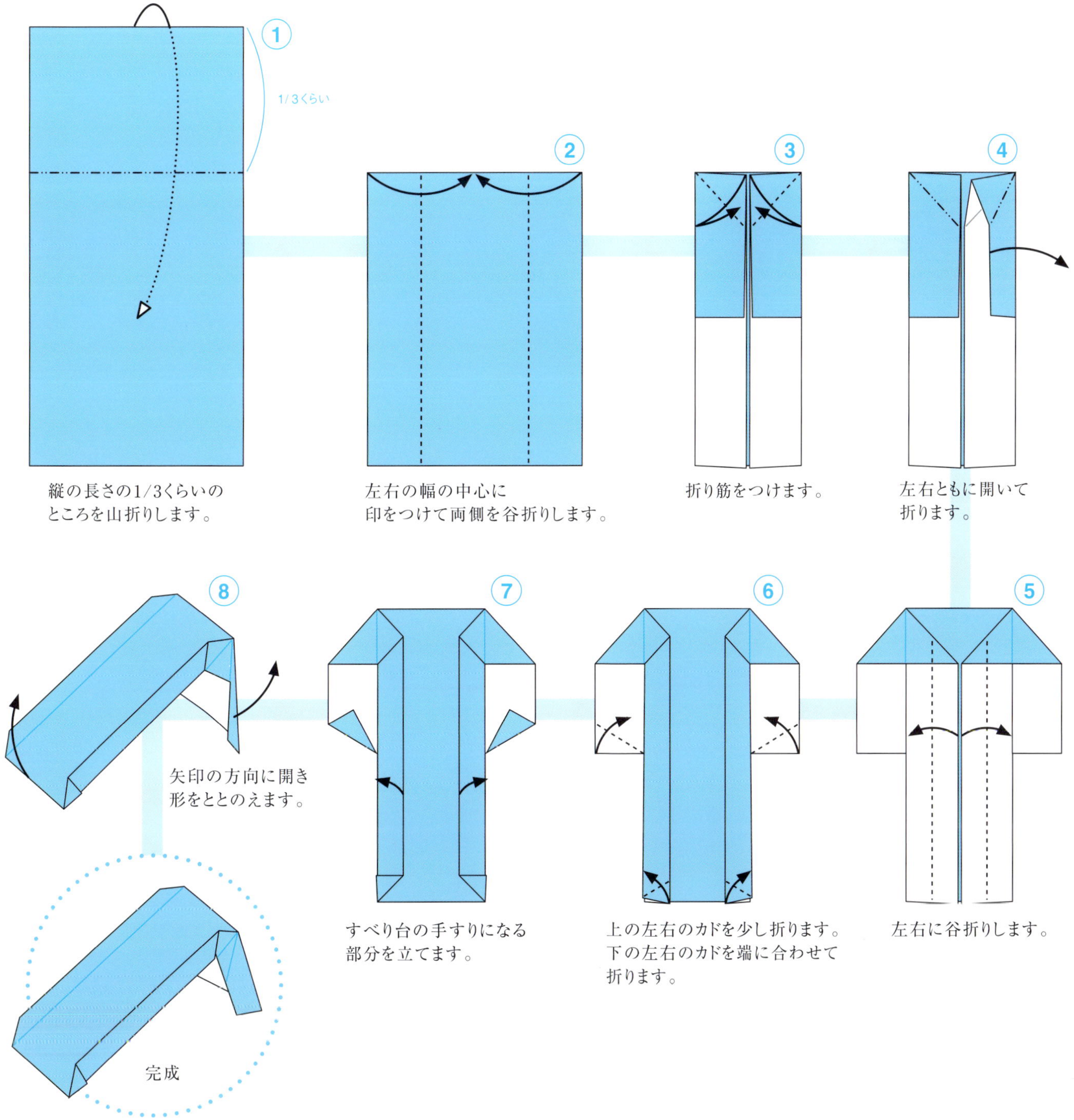

1 縦の長さの1/3くらいのところを山折りします。

2 左右の幅の中心に印をつけて両側を谷折りします。

3 折り筋をつけます。

4 左右ともに開いて折ります。

5 左右に谷折りします。

6 上の左右のカドを少し折ります。下の左右のカドを端に合わせて折ります。

7 すべり台の手すりになる部分を立てます。

8 矢印の方向に開き形をととのえます。

ふうせん【伝承作品】

正方形の紙を使用します。ふうせんなら折ったことがあるというかたも多いのではないでしょうか。
ここで注目していただきたいのは①～⑥の折り方です。
①～④の折り筋をしっかりつけることで⑥の形が自然にきれいに決まります。
多くの作品で役立つので是非覚えて利用してください。

①

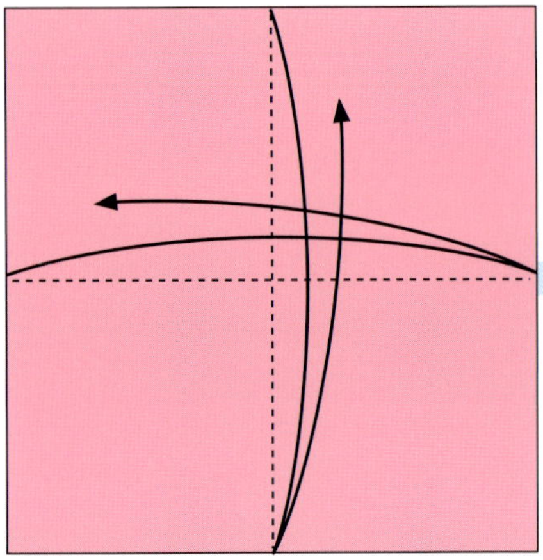

折り筋をつけます。

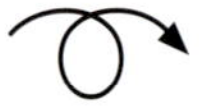

裏返す

②

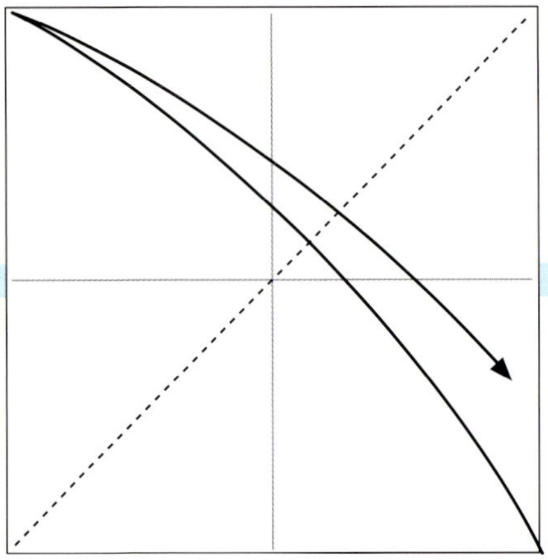

折り筋をつけます。

③

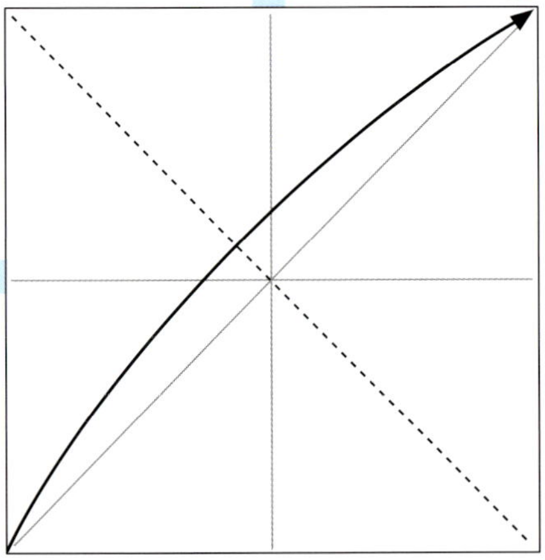

半分に折ります。

④

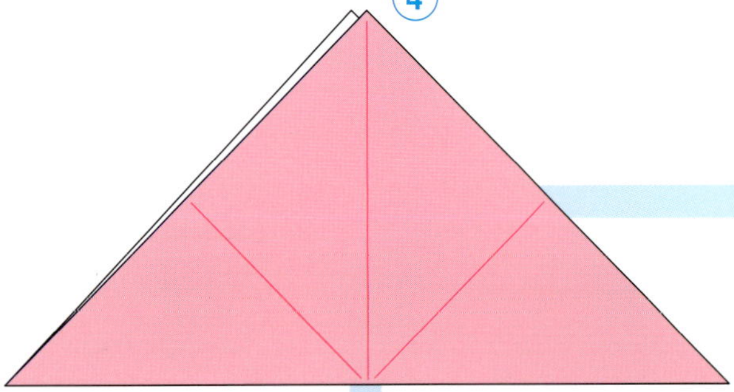

⑤

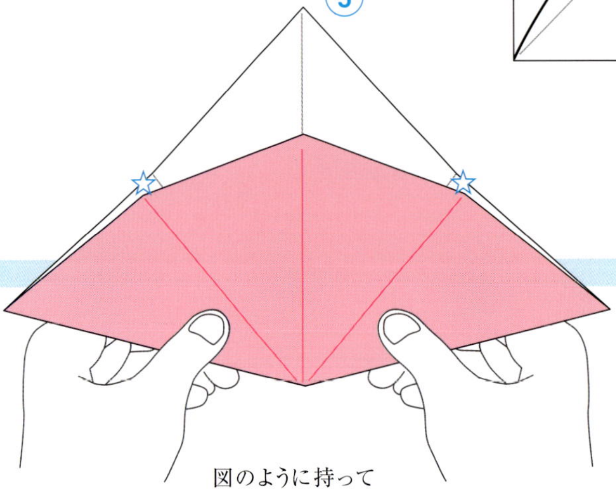

図のように持って
☆と☆を合わせます。

⑥

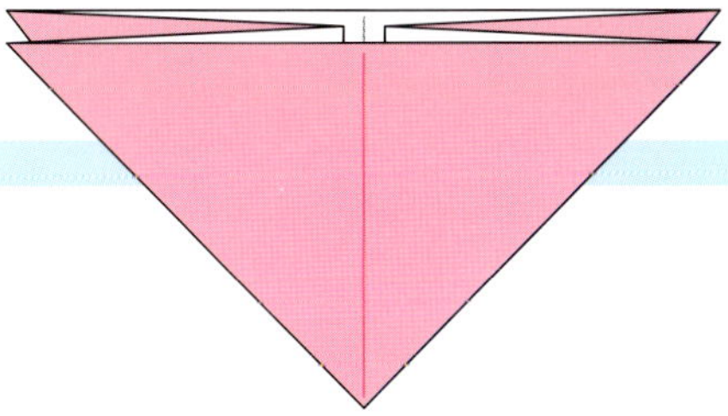

⑦

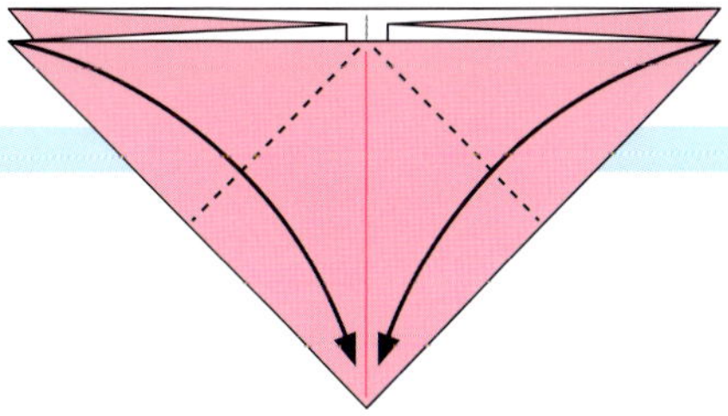

⑧

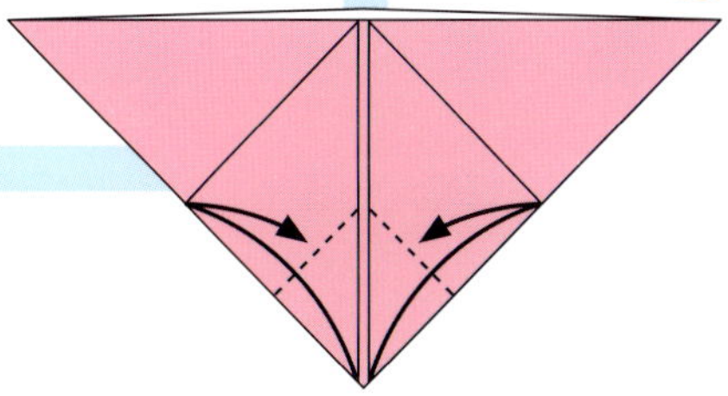

折り筋をつけます。

⑨

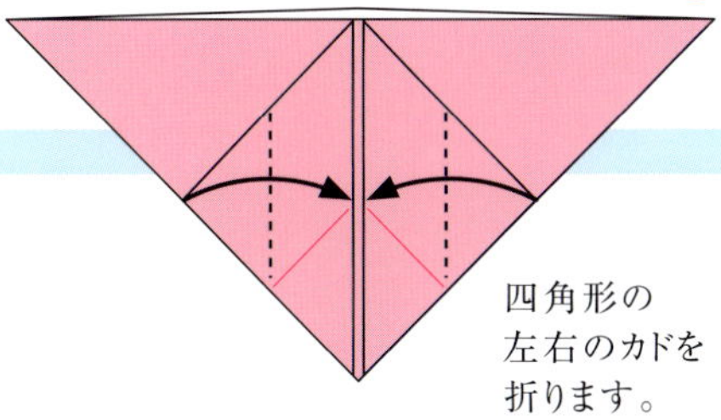

四角形の
左右のカドを
折ります。

⑩

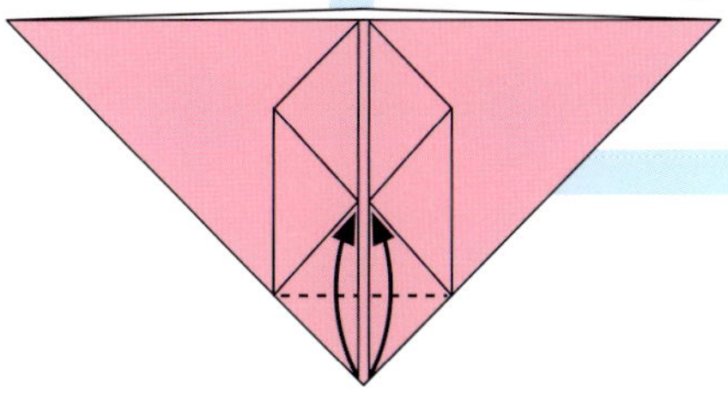

⑪

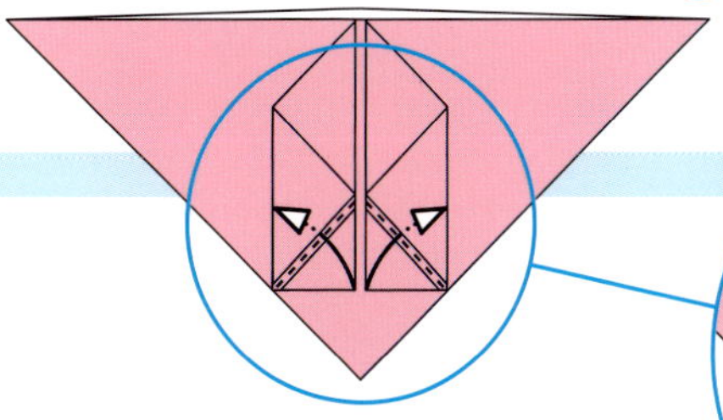

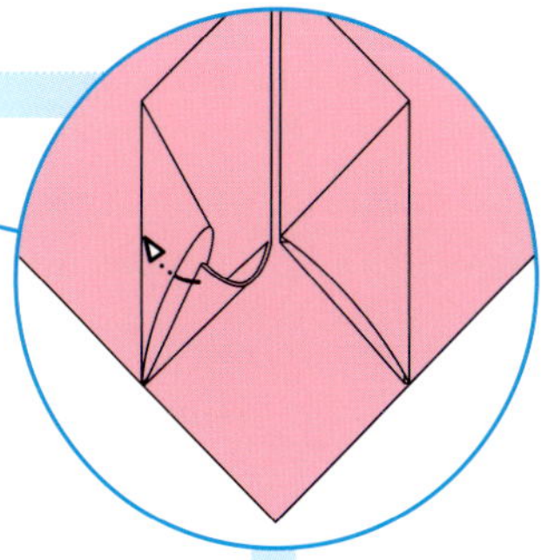

小さい三角を
それぞれ左右の
ポケットに押しこみます。

裏返す

⑫

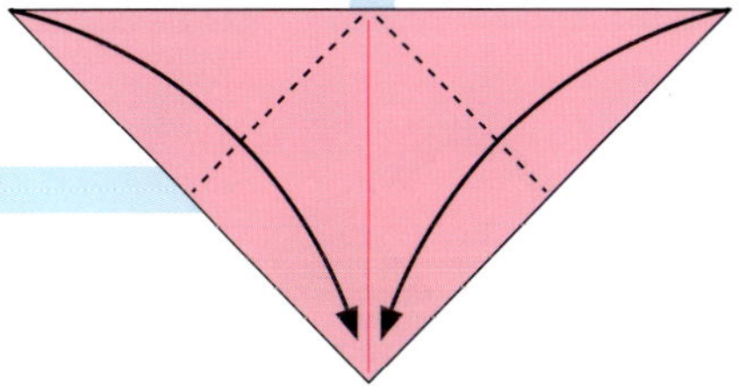

裏も⑦～⑪までを
同じように折ります。

⑬

息を吹きこんで
ふくらませます。

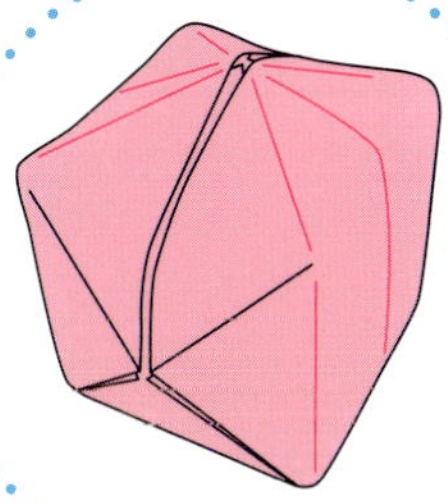

完成

つぼ

使用する紙は正方形。折り方はふうせんとほとんど同じです。
ふうせんの吹き口を少しひろげるだけで別のものに変化するさまを楽しんでください。
底の形は正方形です。

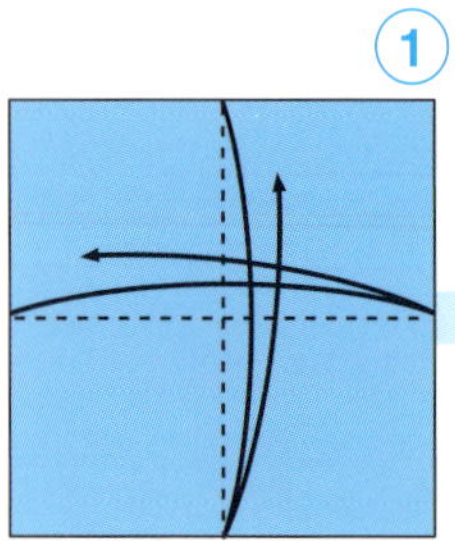
1

折り筋をつけます。

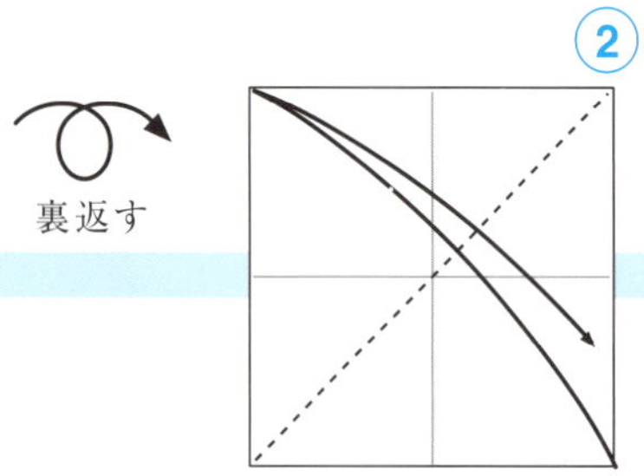
裏返す
2

折り筋をつけます。

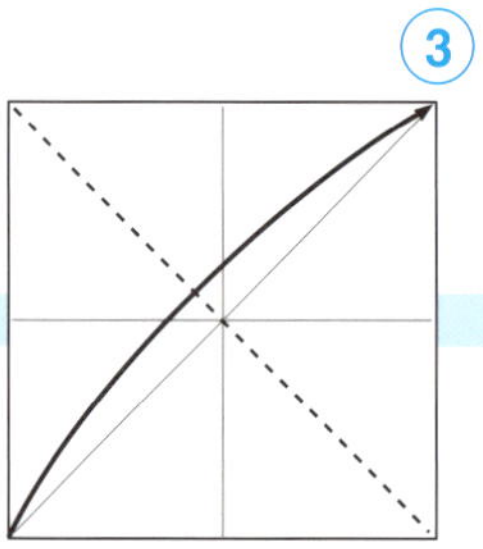
3

半分に折ります。

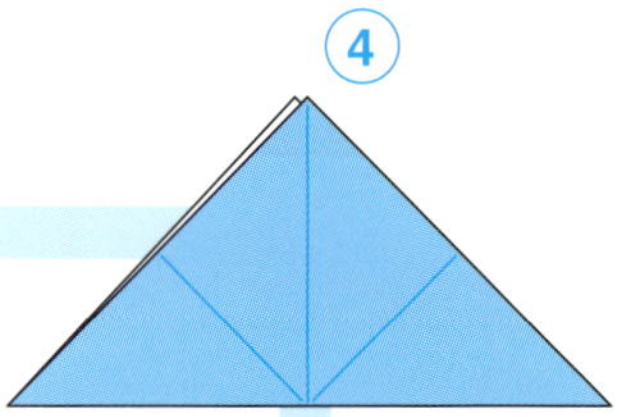
4

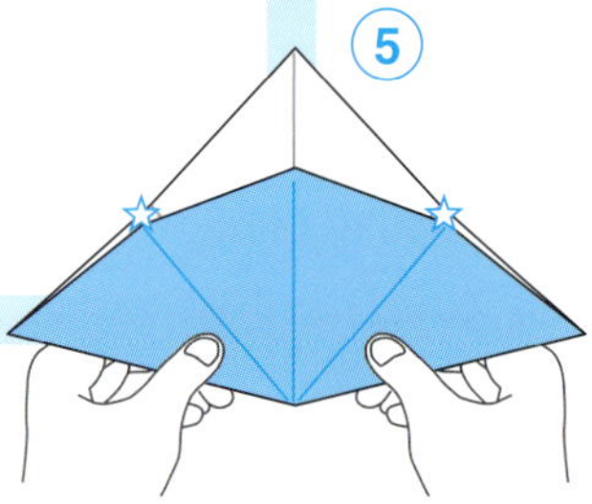
5
☆
☆

図のように持って
☆と☆を合わせます。

拡大

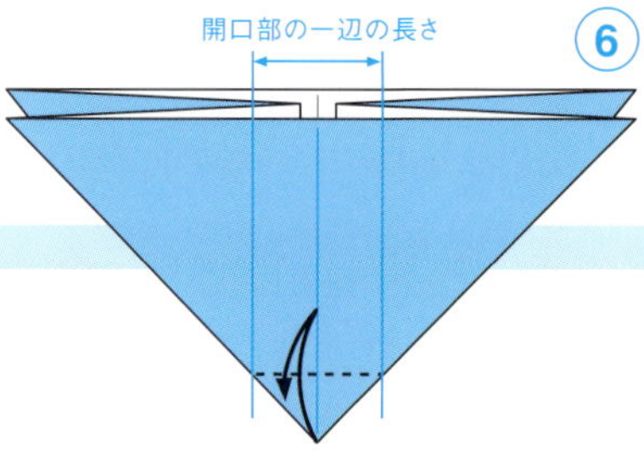
開口部の一辺の長さ
6

三角形の頂点を適当な位置で
図のように折りあげ、折り筋をつけます。
折る位置を変えることで、
口の広さを調節できます。

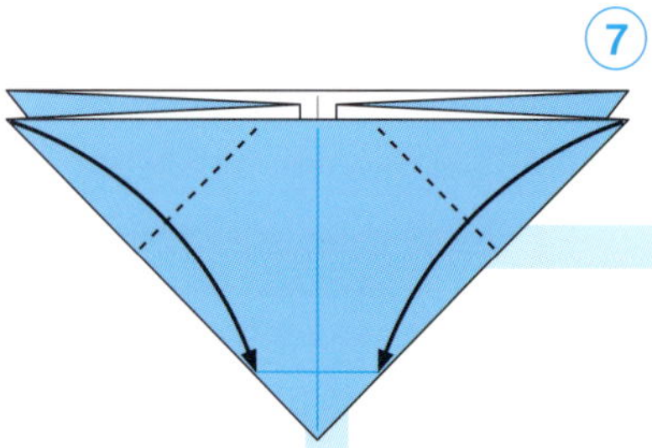
7

左右のカドが⑥でつけた
折り筋にくるように谷折りします。

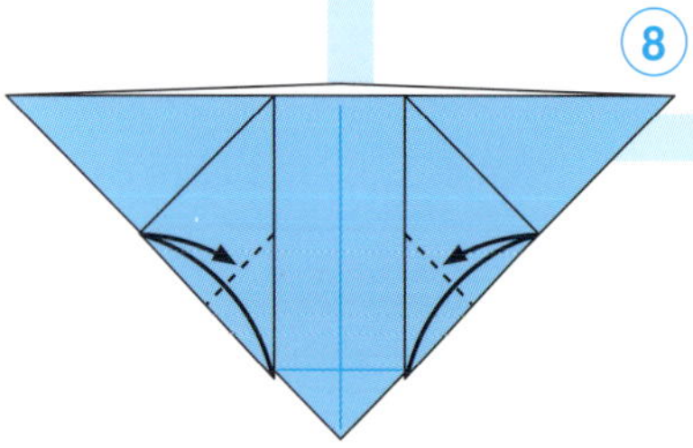
8

折り筋をつけます。

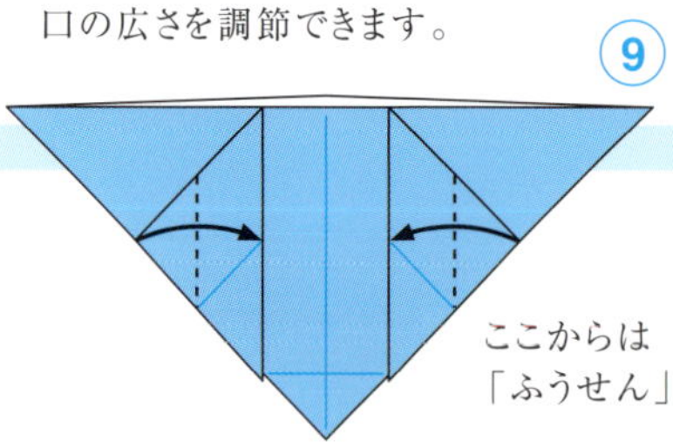
9

ここからは
「ふうせん」と同じです。

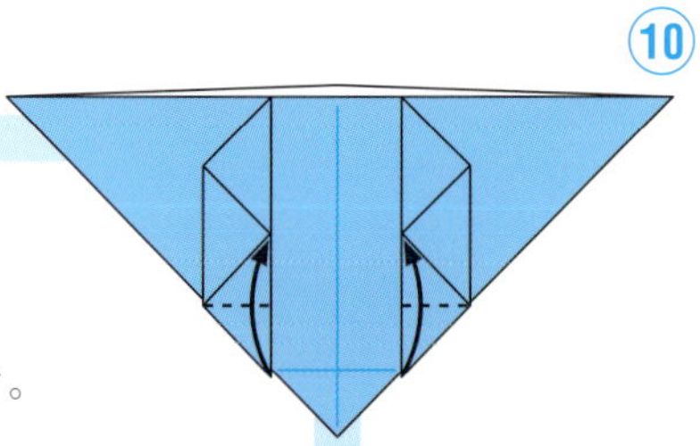
10

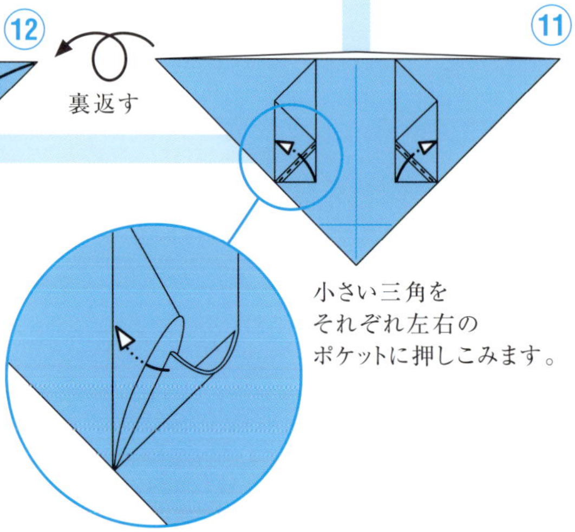
11

小さい三角を
それぞれ左右の
ポケットに押しこみます。

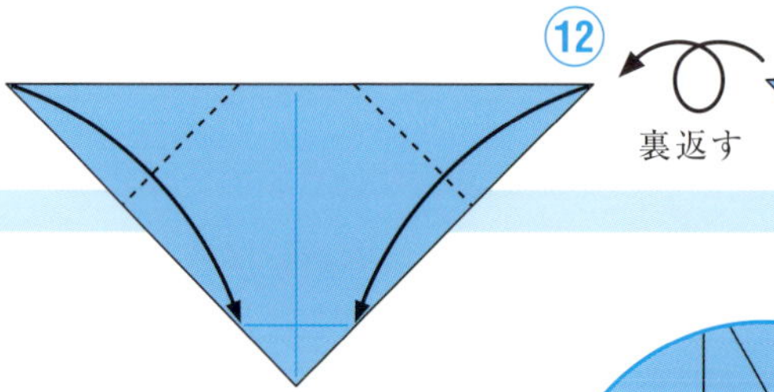
裏返す
12

裏も⑦～⑪までを
同じように折ります。

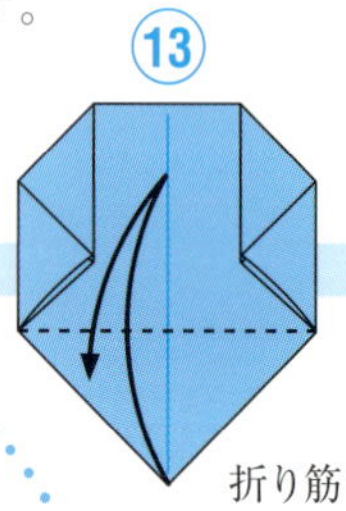
13

折り筋を
つけます。

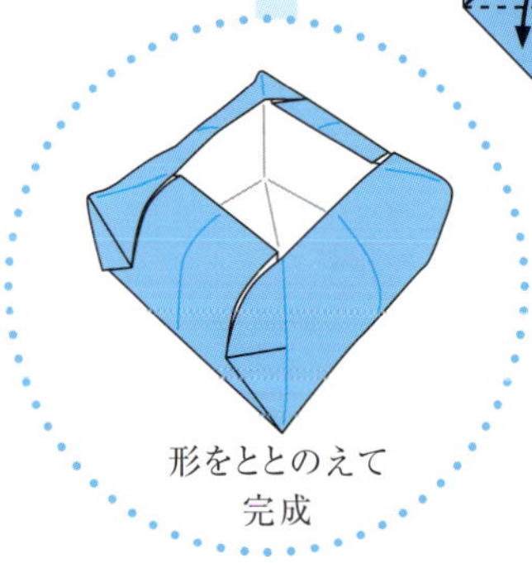

形をととのえて
完成

折って
遊ぶ

ロングボックス

長方形の用紙を使います。折り方はふうせん・つぼとほぼ同じです。
紙の形、折る位置をずらすことで、ふうせん→つぼ→ロングボックスへと変わる流れに注目してください。

①

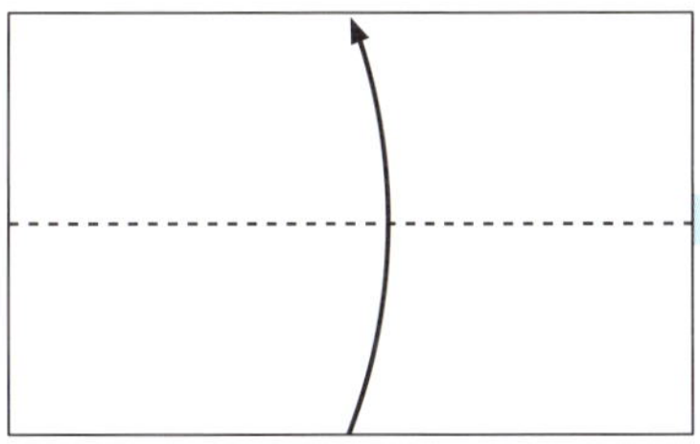

半分に折ります。

②

折り筋をつけます。

③

中割り折りをします。

④

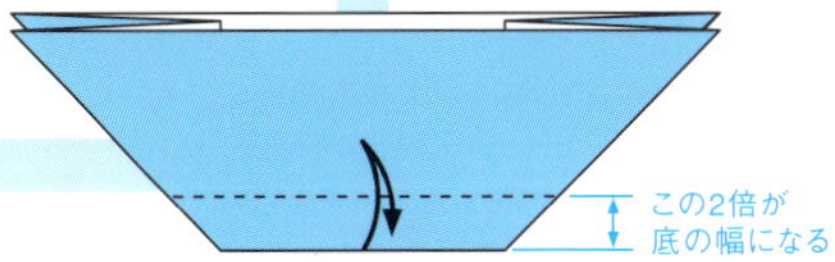
この2倍が
底の幅になる

適当な位置で底を
谷折りしてもどします。

⑤

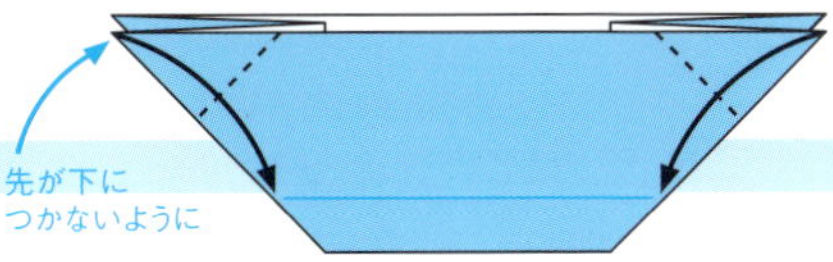
先が下に
つかないように

左右のカドが④でつけた折り筋に
くるように谷折りします。

⑥

⑦

折り筋をつけます。
ここからは「つぼ」と
同じです。

⑧

⑦でつけた折り筋に合わせて
左右のカドを折ります。

⑨

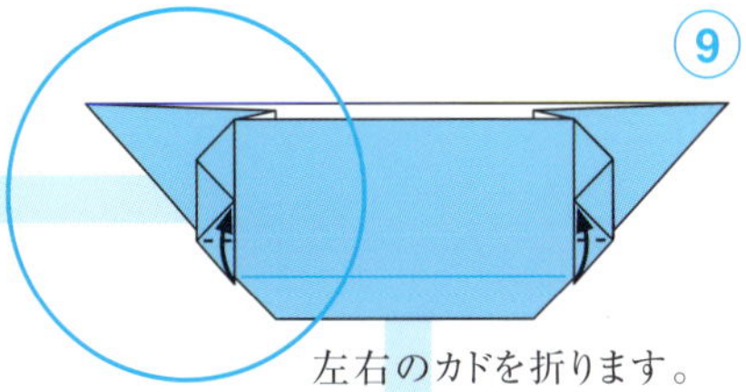

左右のカドを折ります。

⑩

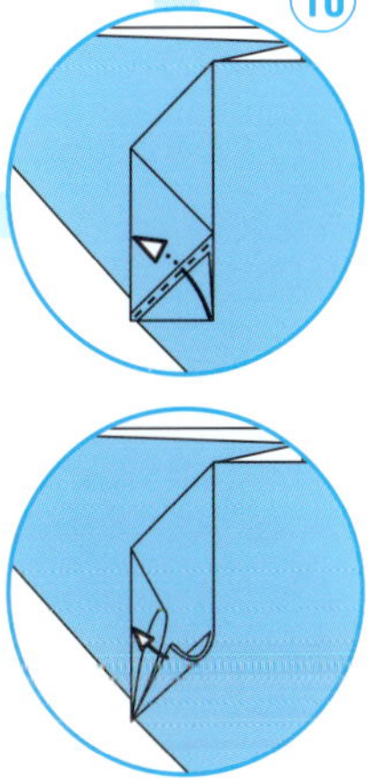

小さい三角形を
ポケットに押しこみます。
左右ともに
同じように押しこみます。

⑪

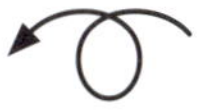

裏返す

⑫

裏も⑤～⑫を同じように折ります。

⑬

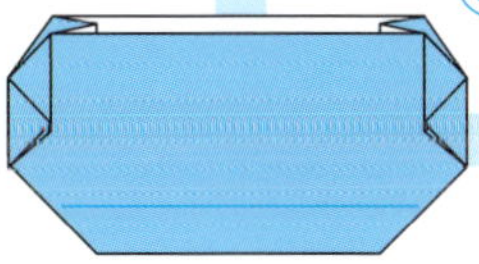

底に軽く折り筋を
つけてから開きます。

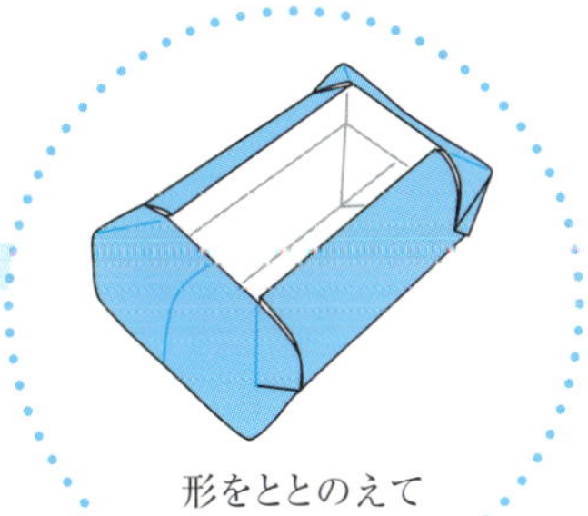

形をととのえて
完成

折って遊ぶ

かぶと

正方形の紙で折ります。こどものころ新聞紙などで折ったことがあるというかたも多いと思いますが、
これは一般に折られているのとは少し違います。
前面があいているので、顔がよく見えるし、また頭の大きな人でも大丈夫。

1

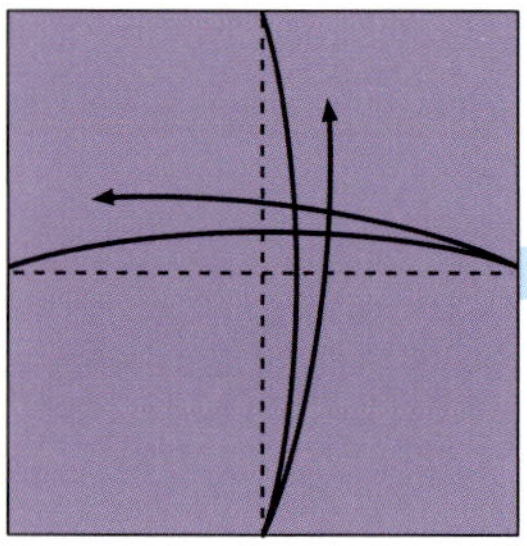

折り筋をつけます。

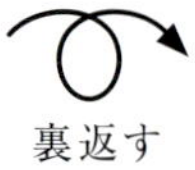

2

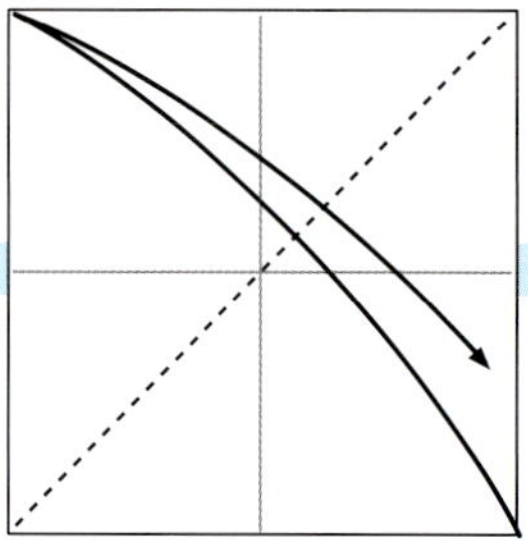

折り筋をつけます。

3

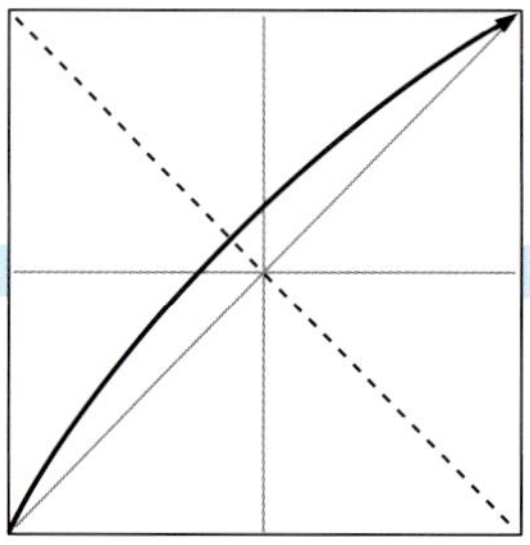

半分に折ります。

4

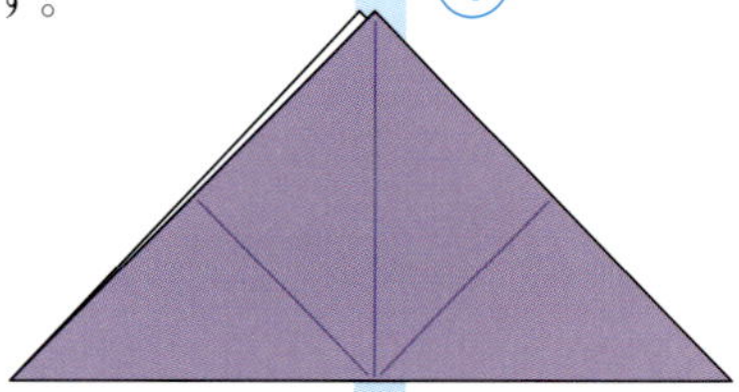

5

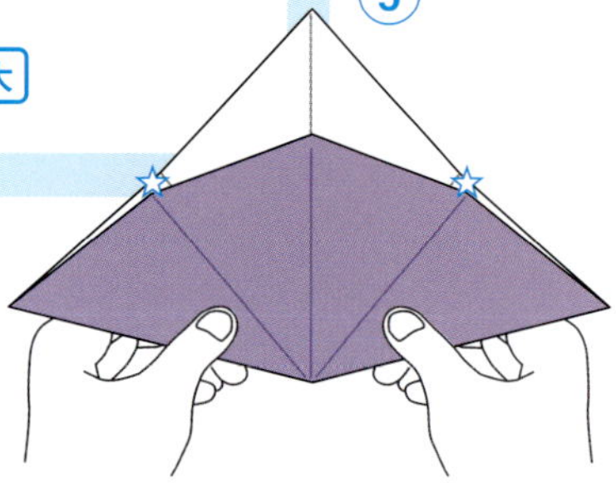

図のように持って
☆と☆を合わせます。

6

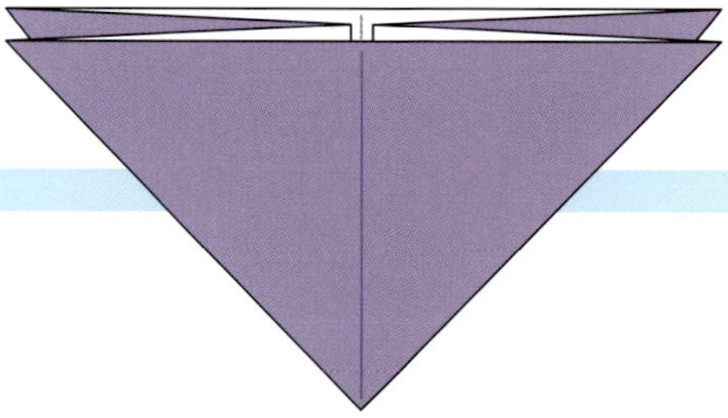

7

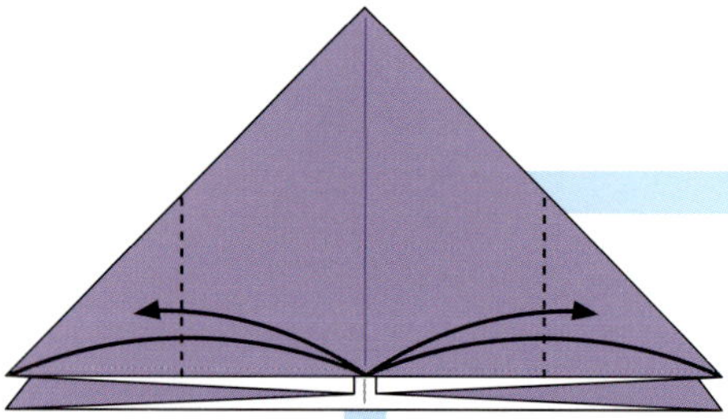

上下を逆にして
上の1枚だけに折り筋をつけます。

8

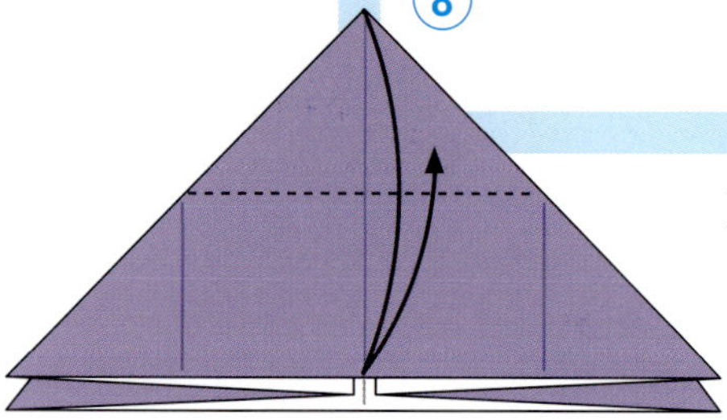

折り筋をつけます。

9

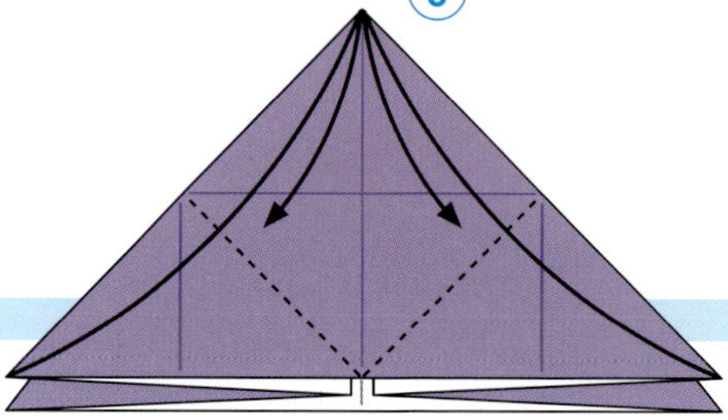

上の1枚だけ折り筋をつけます。

10

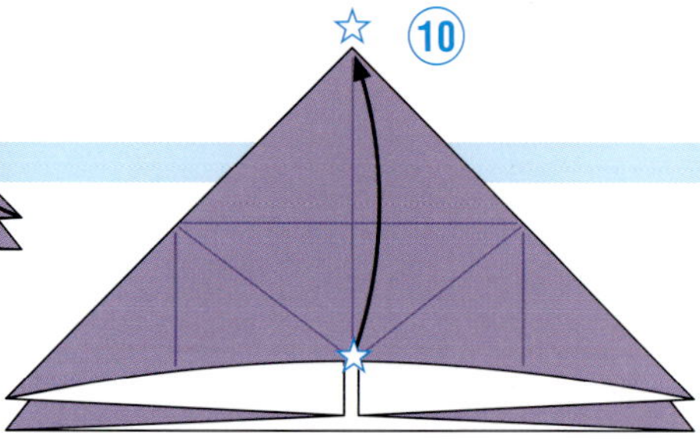

⑧でつけた折り筋を使って
☆と☆が合わさるように
上の紙1枚だけを折りあげます。

⑪

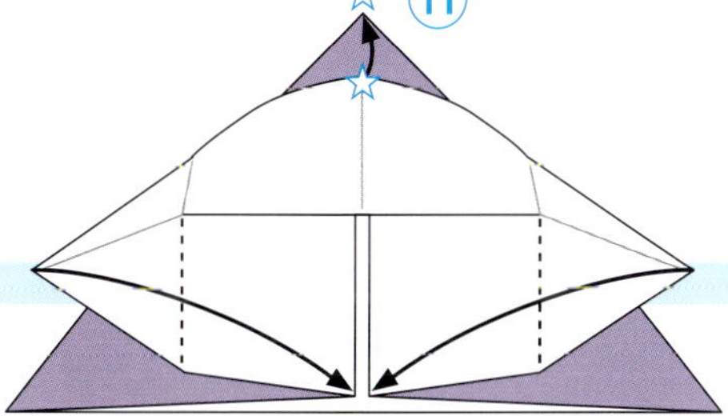

⑫

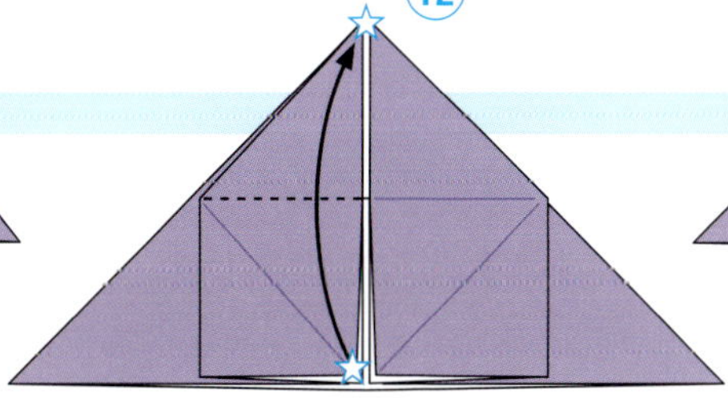

☆印を折りあげて
上の☆印と合わせます。

⑬

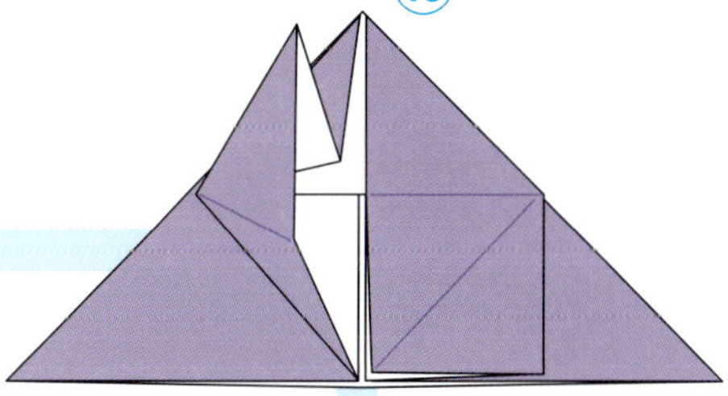

⑭

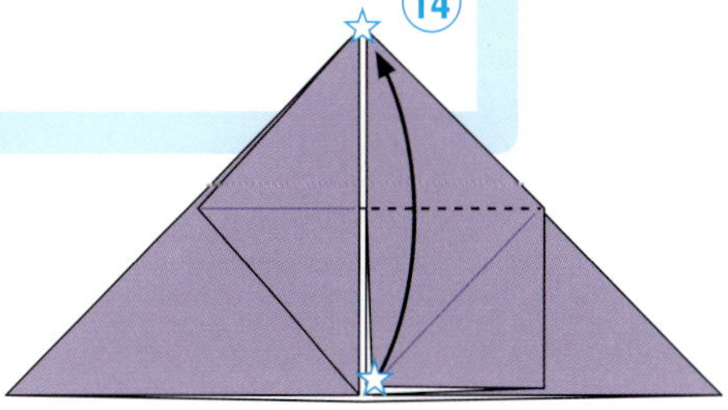

もう一方も同じように
☆と☆を合わせます。

⑮

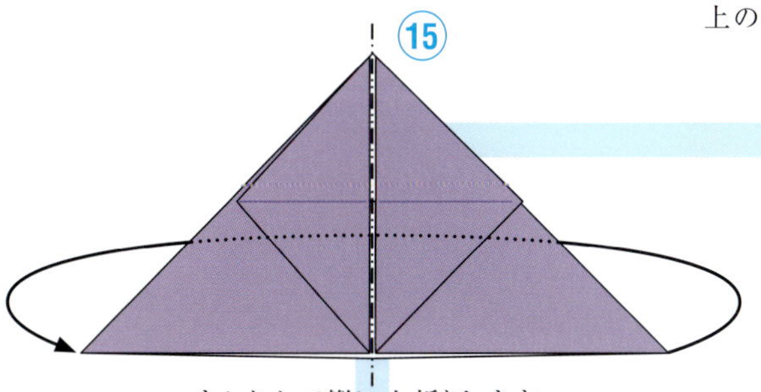

まんなかで縦に山折りします。

⑯

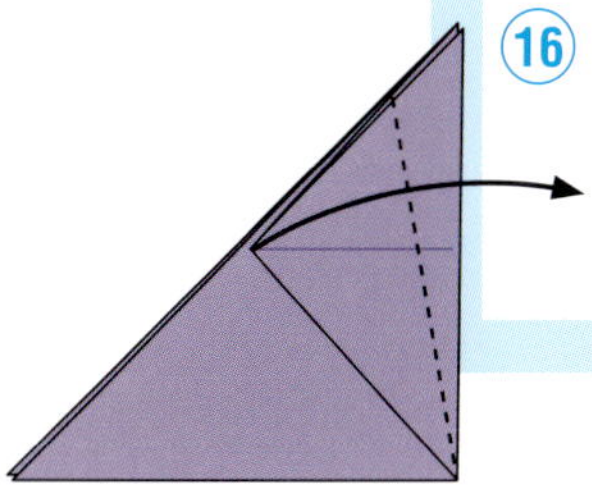

折り筋をつけます。

⑰

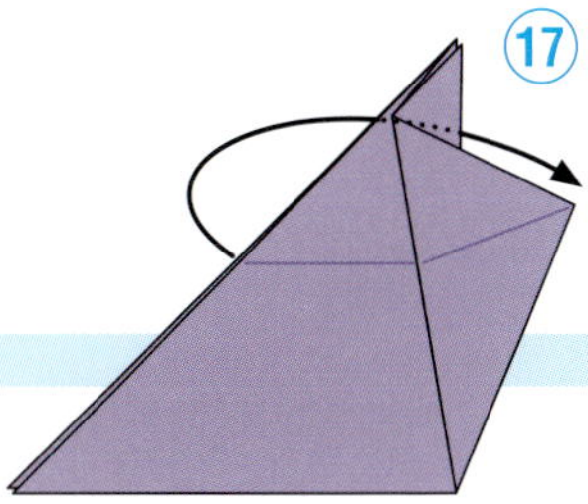

裏側も同じように
折ります。

⑱

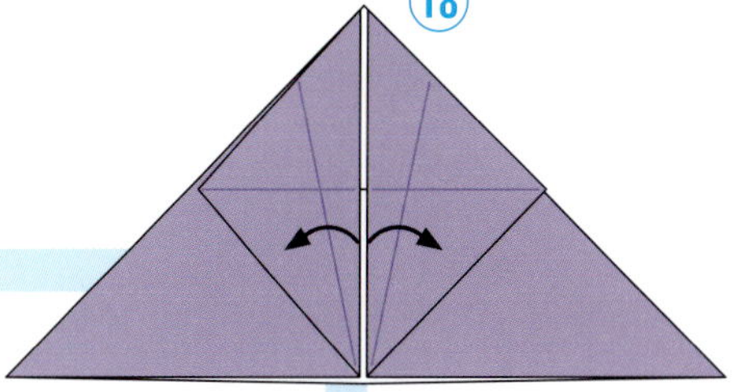

開いて⑮までもどします。
矢印の方向に左右に開きます。

⑲

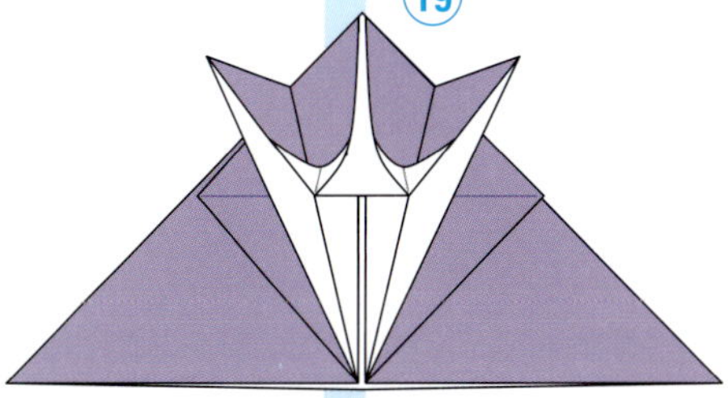

⑳

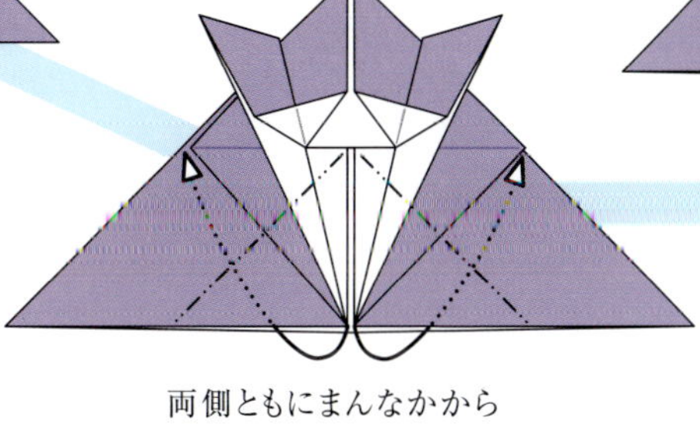

両側ともにまんなかから
山折りして中に折りこみます。

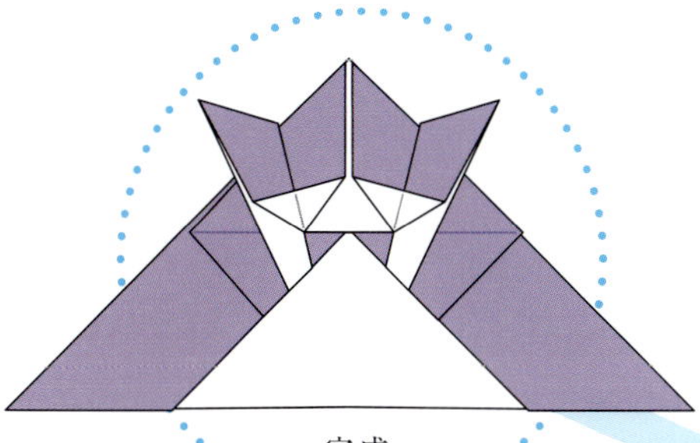

完成

折って遊ぶ

パカッ

©Larry Hart

正方形の紙を使用します。少し固めの紙で折ると、つぶしたときにパカッと良い音がします。
イギリスのラリー・ハート（LARRY HART）さんが考えた作品です。

1

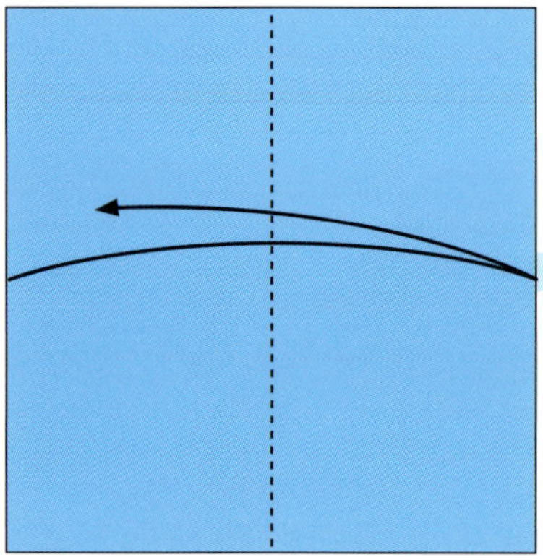

折り筋をつけます。

2

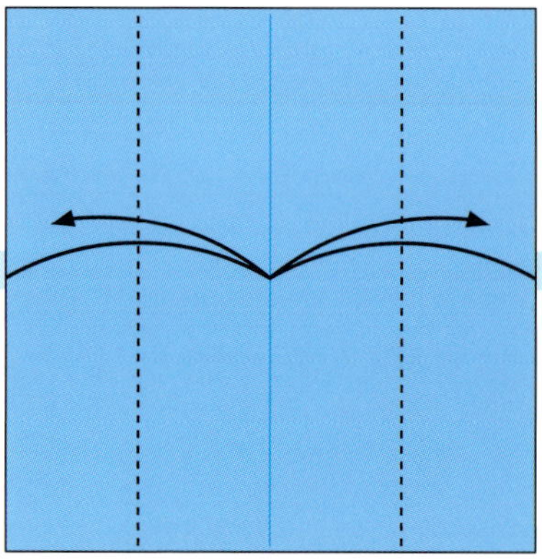

①でつけた折り筋に左右のふちを合わせて
2本の折り筋をつけます。

裏返す

3

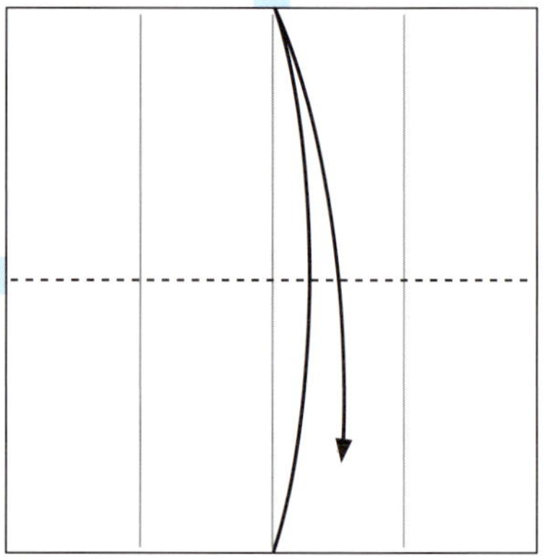

半分に折って開きます。

4

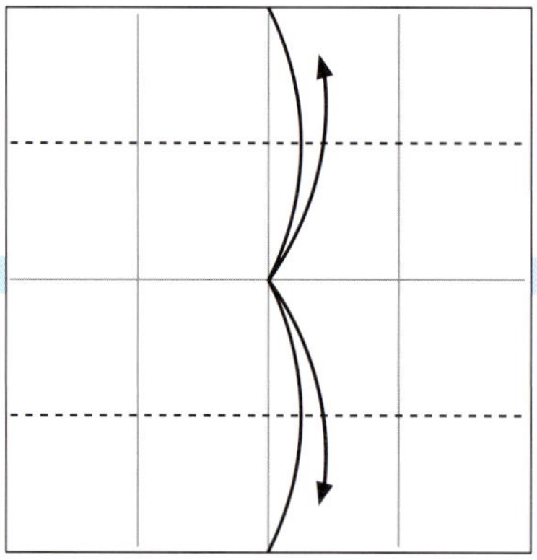

③でつけた折り筋に
上下のふちを合わせて開きます。

5

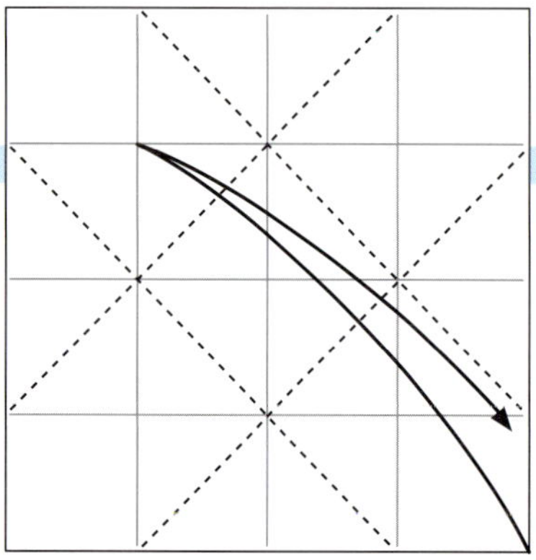

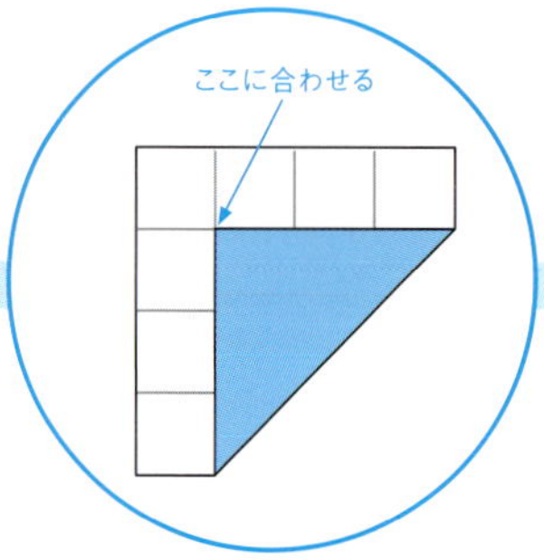

ひとつのカドを、反対側のカドの
ひとつ内側の交差点に合わせて折り
開きます。残りの3つのカドも
同じようにして折り筋をつけます。

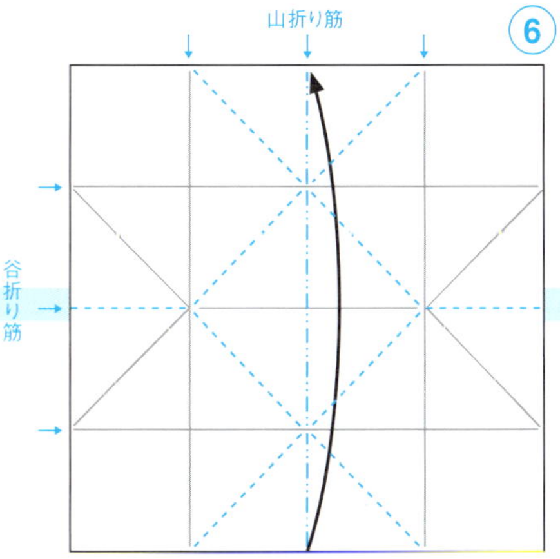

山折り筋
6
谷折り筋

横3本が谷折り筋、縦3本が山折り筋に
なるようにして紙を置き、
折り筋にさからわないように下のふちを
持ちあげて上のふちに合わせます。

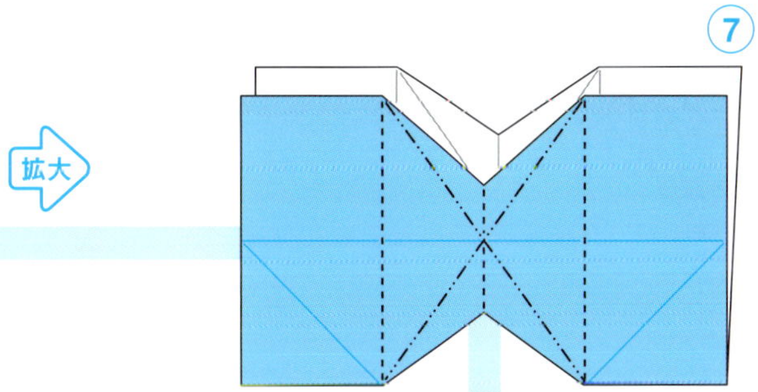

拡大
7

まんなかの上下がへこんで
前後にでっぱりができます。

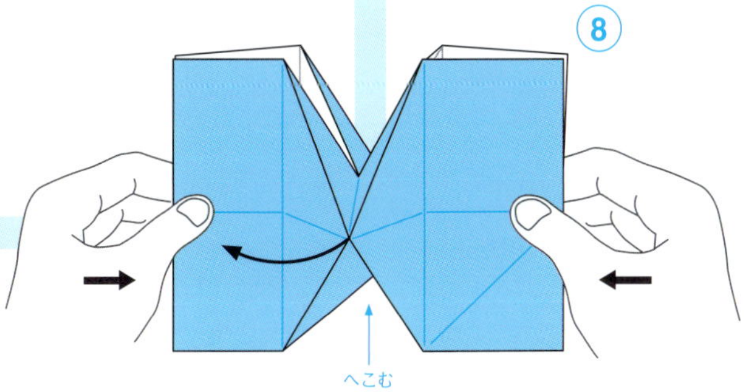

8
へこむ

両端を持って近づけ、
前のでっぱりを左に、
うしろのでっぱりを右にたたみます。

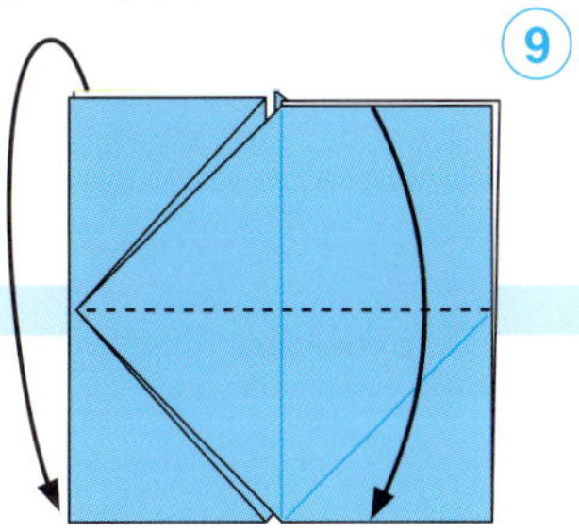

9

上の1枚を下のふちに
合わせて折ります。
裏も1枚を同じように折ります。

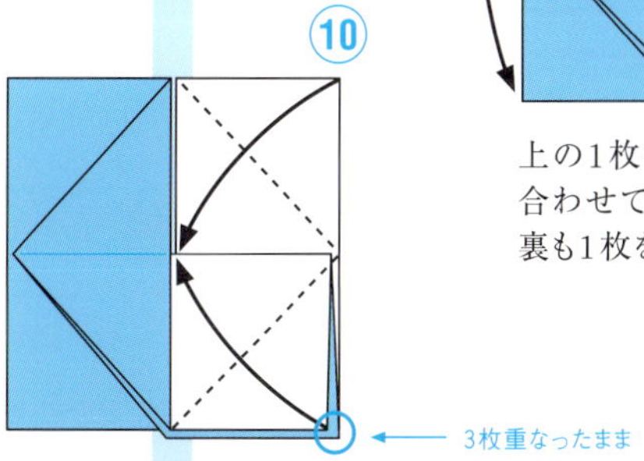

10
3枚重なったまま

白いふたつの正方形を
半分に折ります。
このとき、下の白い正方形は
3枚重なっていますが、
3枚ともいっしょに折ります。

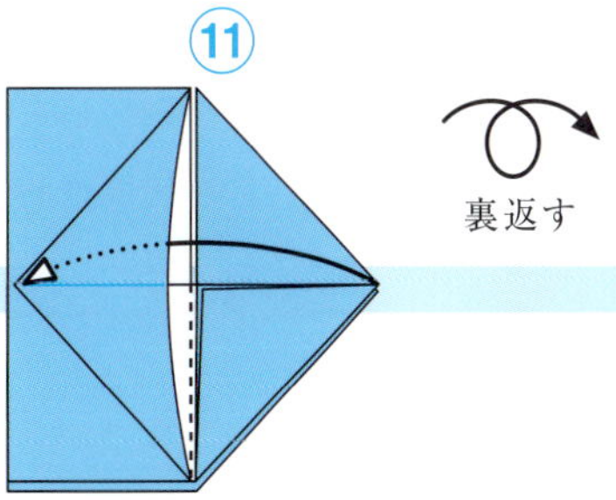

11
裏返す

今できた三角の上の1枚を
左側のポケットに入れます。

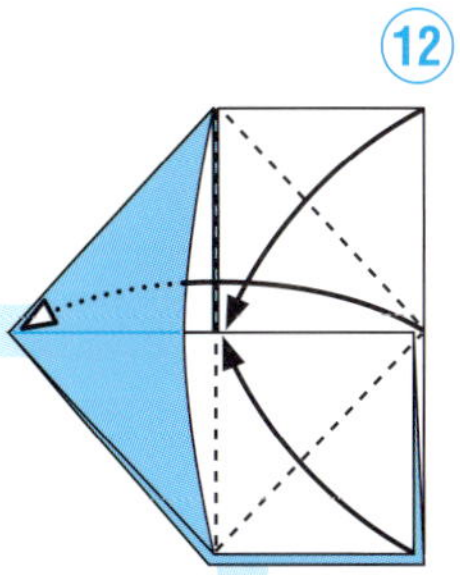

12

裏も⑩・⑪を折ります。

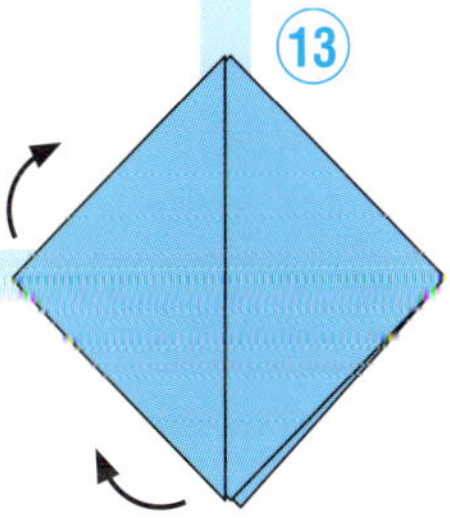

13

2枚重なっているカドが
下から横にくるように
向きを変えます。

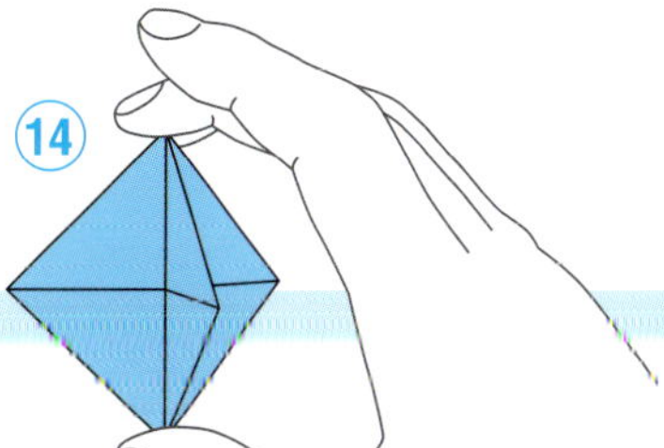

14

3枚の三角を
バランスよくととのえ、
上下を指ではさんでつぶします。

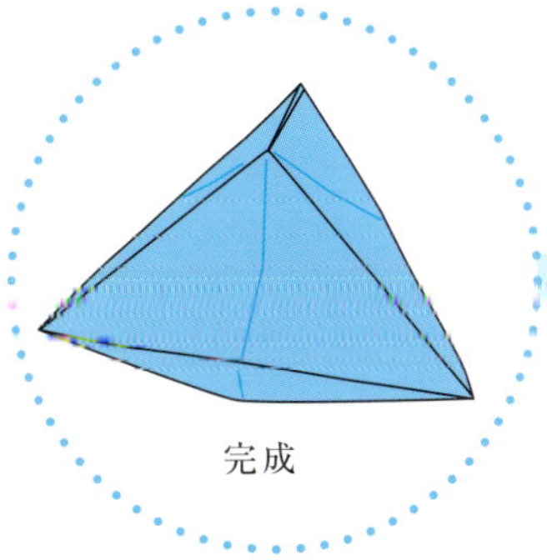

完成

花【伝承作品とその発展】

正方形の用紙で折ります。折り方はいたって簡単ですが、切り方によってさまざまな花ができます。工夫していろいろな花を作ってみてください。また折る位置を変えることで花の大きさが変わるというのは何でもないことのようですが、こどもに数学的な考え方を自然に身につけさせることになります。

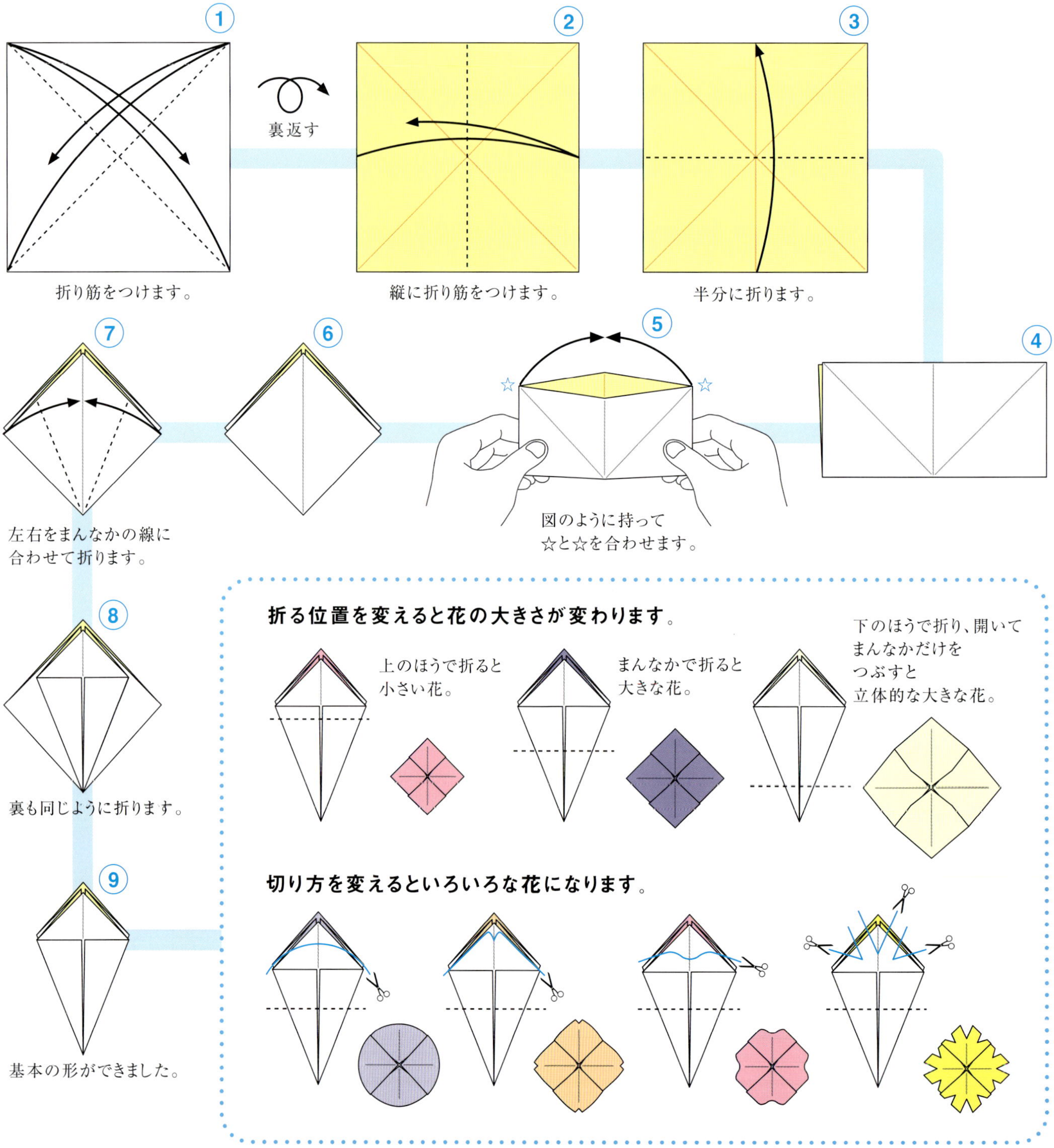
1
折り筋をつけます。
裏返す
2
縦に折り筋をつけます。
3
半分に折ります。
4
5
☆
☆
図のように持って
☆と☆を合わせます。
6
7
左右をまんなかの線に
合わせて折ります。
8
裏も同じように折ります。
9
基本の形ができました。
折る位置を変えると花の大きさが変わります。
上のほうで折ると
小さい花。
まんなかで折ると
大きな花。
下のほうで折り、開いて
まんなかだけを
つぶすと
立体的な大きな花。
切り方を変えるといろいろな花になります。

折って
遊ぶ

コップ【伝承作品】

正方形の紙を使用します。折り図の②でつける印を目印に折ると、形がきちんと決まります。
実際に水を飲むのにも使えるし、お菓子をわけたりするのにも役にたちます。

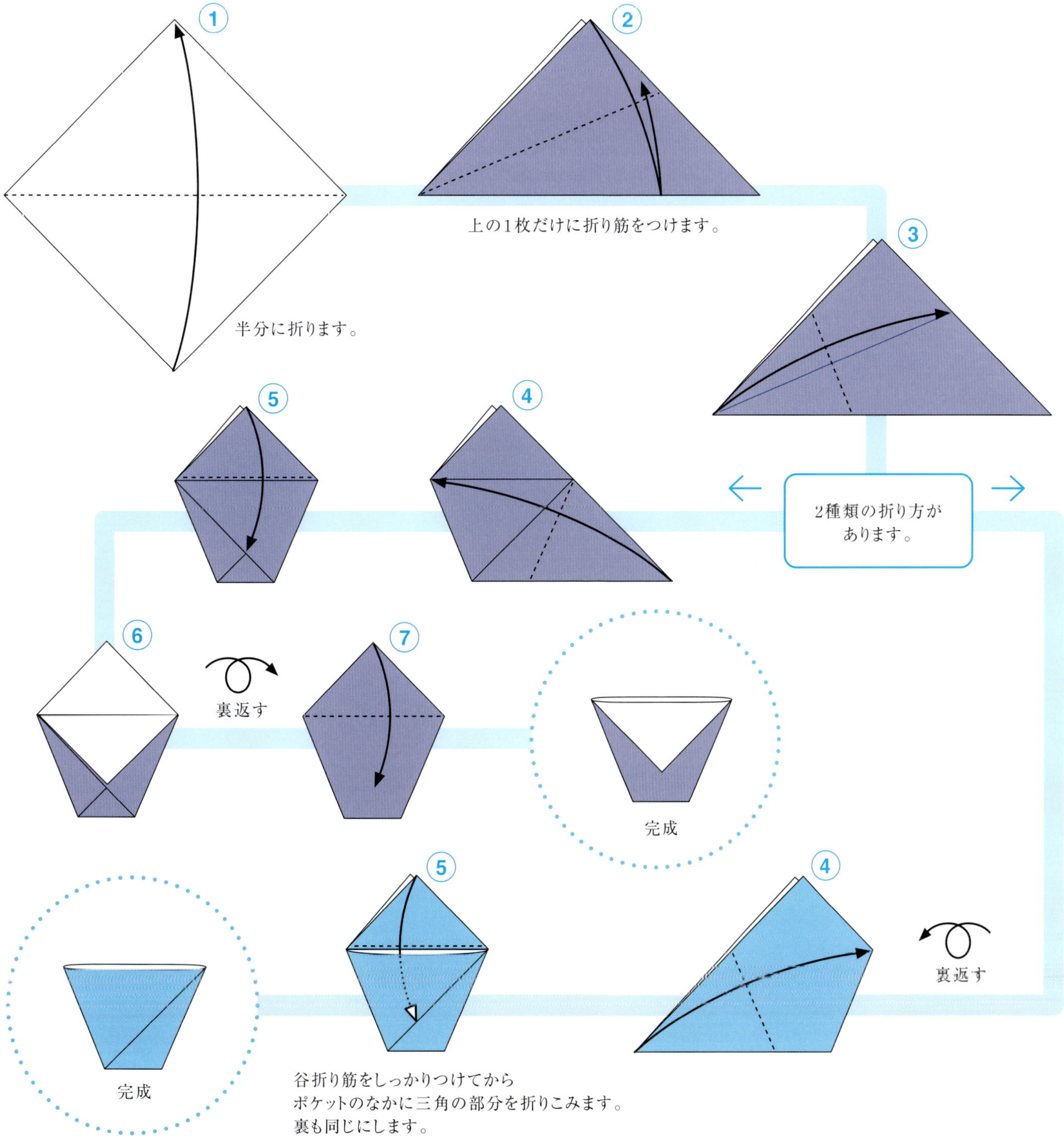

1
半分に折ります。
2
上の1枚だけに折り筋をつけます。
3
2種類の折り方があります。
4
5
6
裏返す
7
完成
4
裏返す
5
谷折り筋をしっかりつけてから
ポケットのなかに三角の部分を折りこみます。
裏も同じにします。
完成

ふきごま

正方形用紙から正六角形の紙を作って折ります。
風車のような6枚の羽の中心に、上からやさしく息を吹きかけるとくるくるとまわります。

〈正六角形用紙の作り方〉 正方形の紙を使用します。

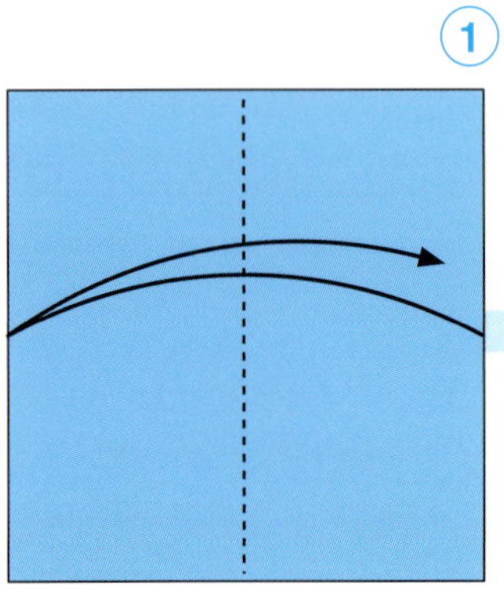

半分に折り、もどします。

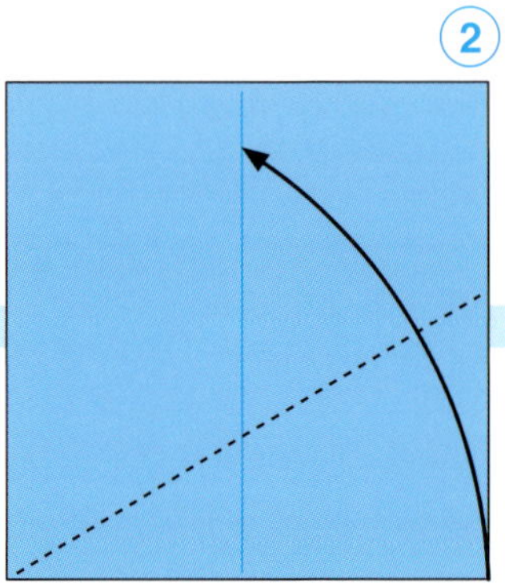

右下のカドをまんなかの線に合わせて折ります。

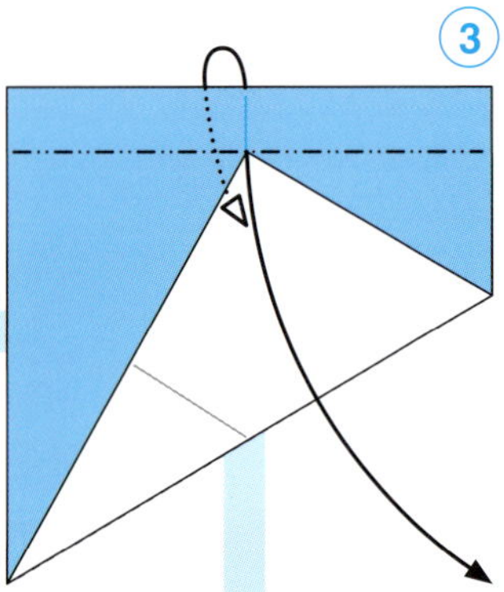

上部の折り筋をつけてからもどします。

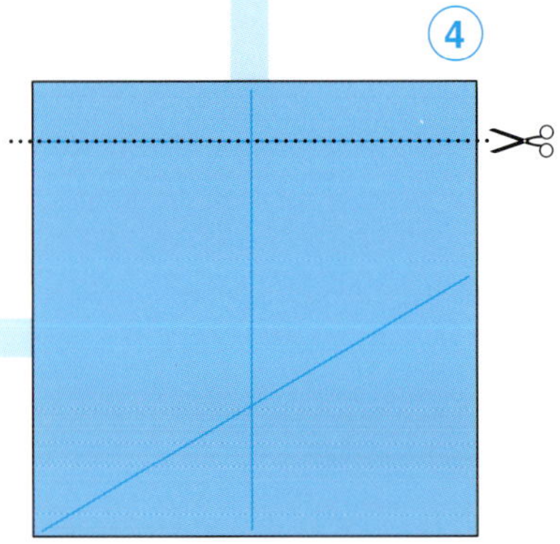

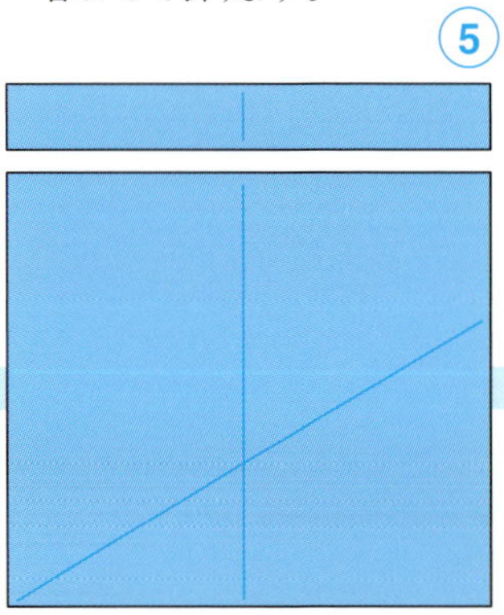

大きいほうを使います。

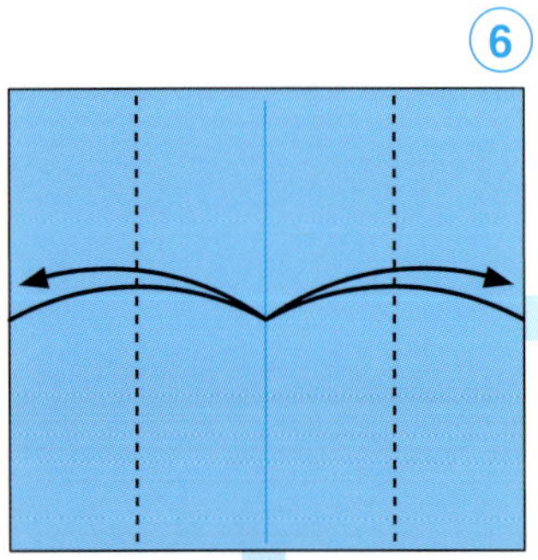

まんなかの線に合わせて左右を折り、もどします。

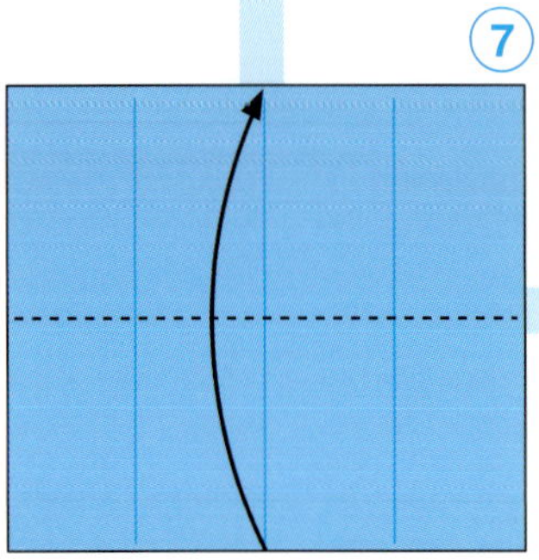

下のふちを上のふちに合わせて半分に折ります。

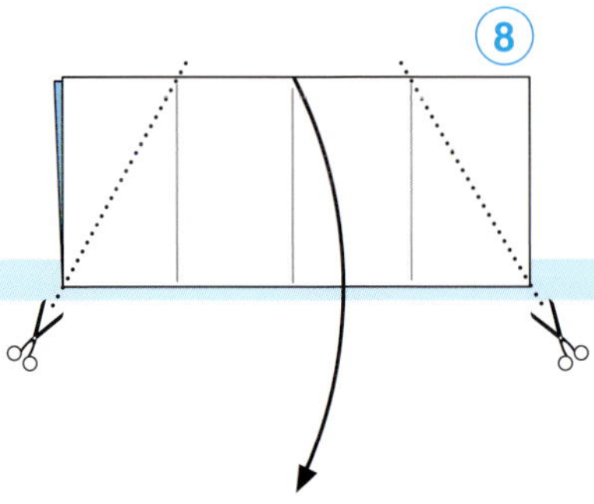

切ってから開きます。

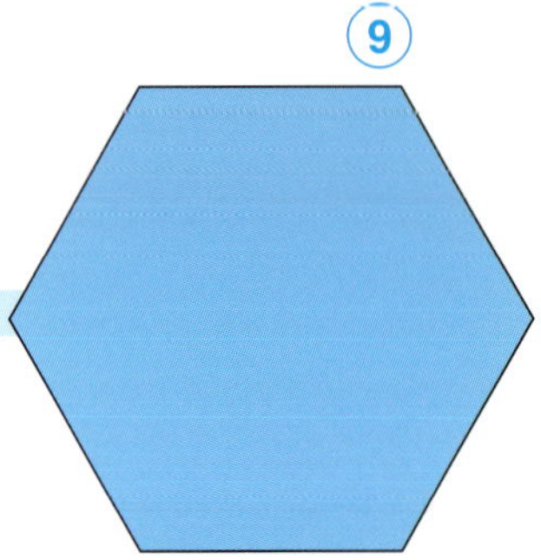

正六角形の用紙ができました。

①

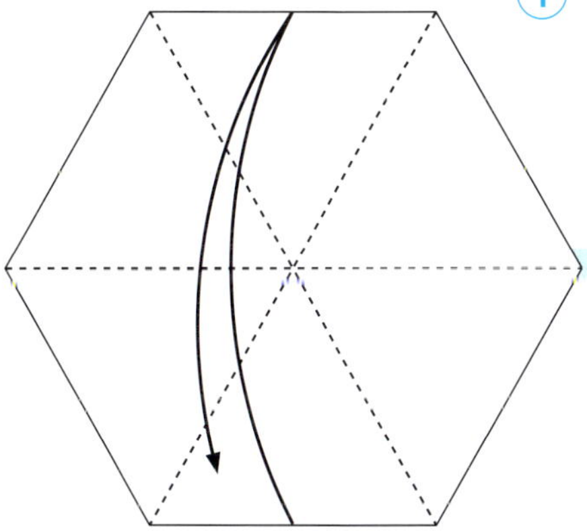

向かいあう辺と辺を合わせて折り、もどします。
すべての辺について同じようにすると、
全部で3本の折り筋がつきます。

②

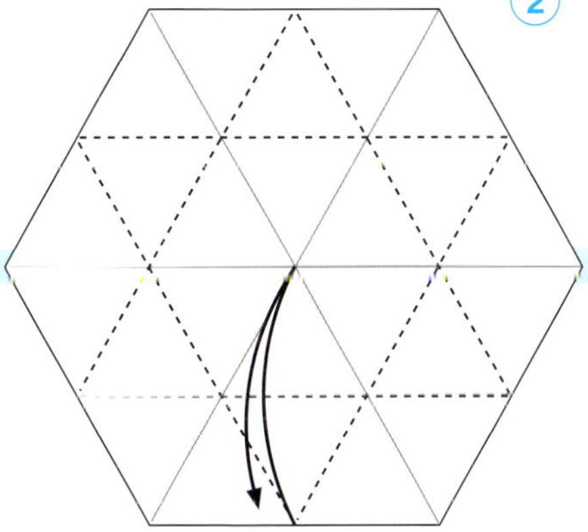

六角形の一辺が手前にくるように紙を置き、
下の辺をまんなかの折り筋に合わせて折り、もどします。
すべての辺を同じように折って6本の折り筋をつけます。

③

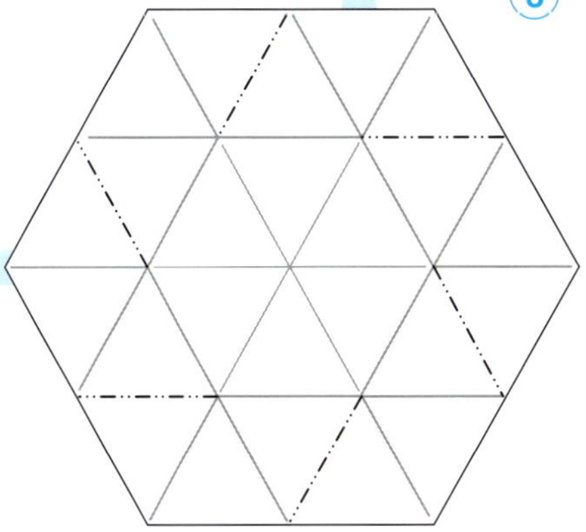

①〜②でつけた谷折り線のうち
6本を図のように
山折りにつけなおします。

④

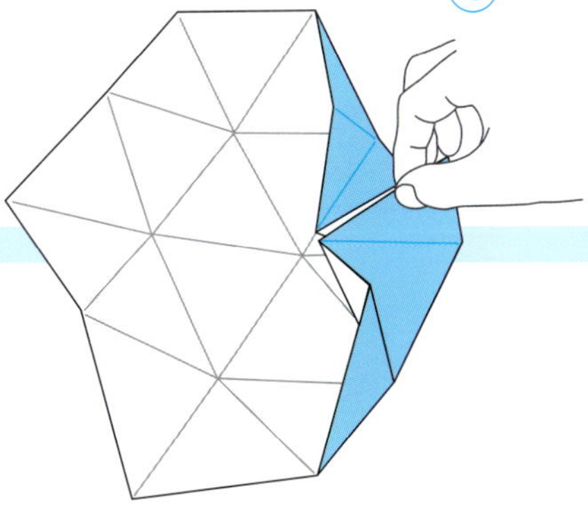

図のようにカドを指でつまんで
折り紙を持ちあげながら
しっかり折り筋をつけます。

⑤

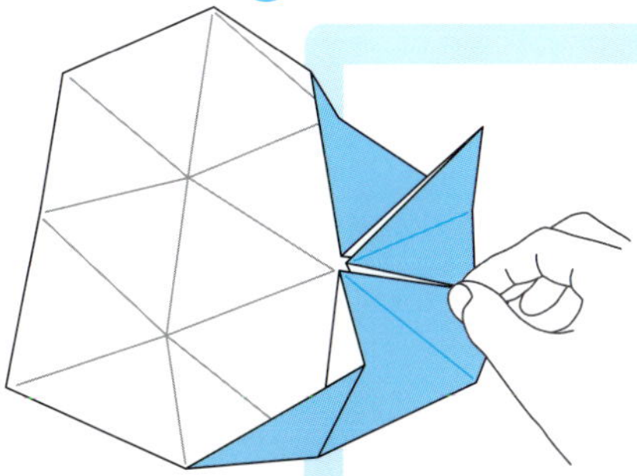

④と同じようにとなりのカドを
つまんで折り筋をつけます。

⑥

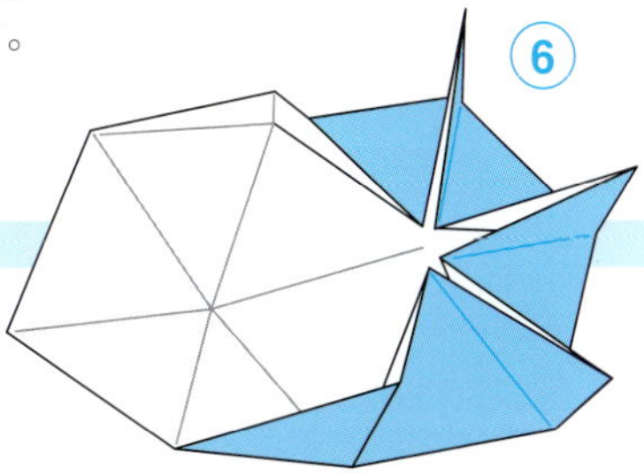

⑦

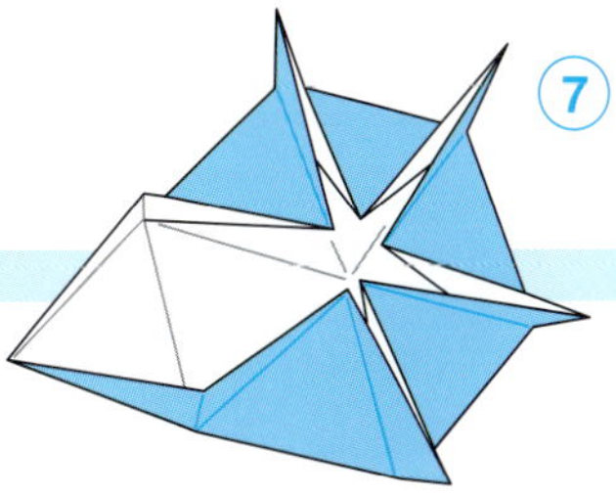

⑧

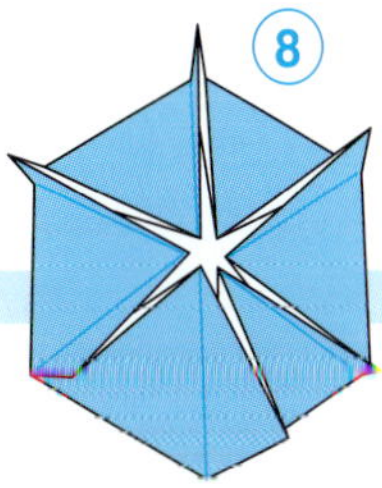

5つめのカドをつまむと
自然に6つめのカドも持ちあがり
図のようになります。

⑨

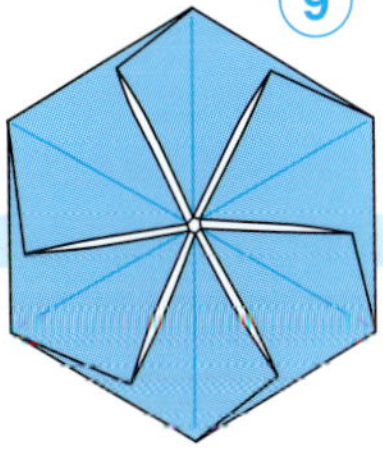

持ちあがった6つのカドを
中心に向けて、
同方向に倒します。

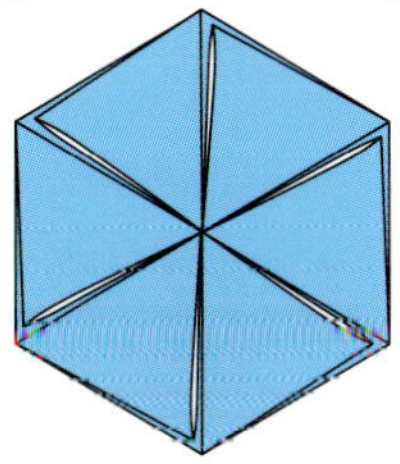

完成

上からやさしく息を吹きかけると、
くるくるとまわります。

折って使う

虎

折って使う

八角形のコースター

同じ大きさの正方形の紙を8枚用意してユニットを作り、組みあわせます。
カレンダーや丈夫な広告の紙などを利用して大きく作ると土瓶敷にもなります。

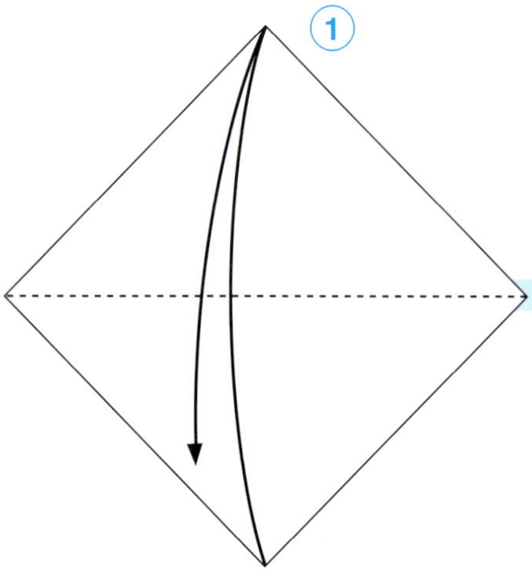

半分に折ってもどします。

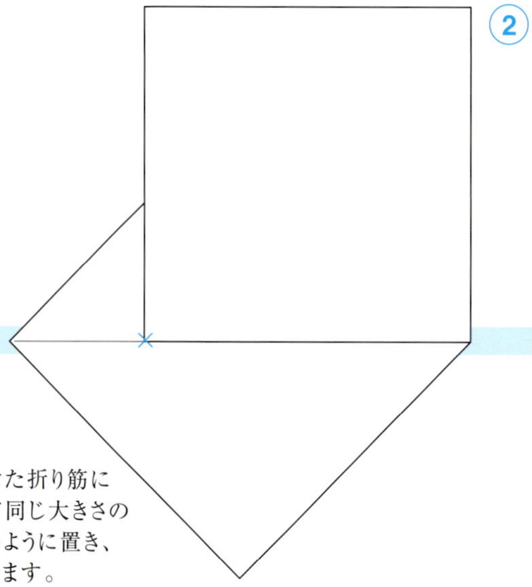

①でつけた折り筋に合わせて同じ大きさの紙を図のように置き、印をつけます。

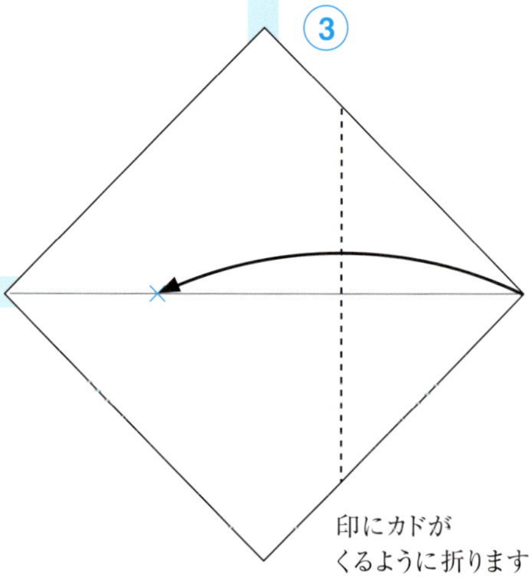

印にカドがくるように折ります。

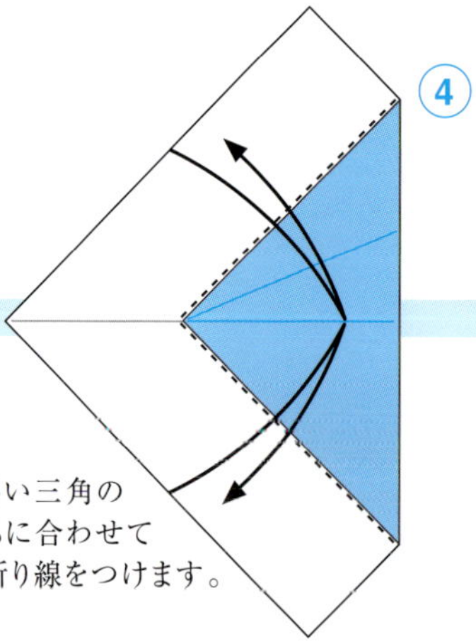

小さい三角のふちに合わせて谷折り線をつけます。

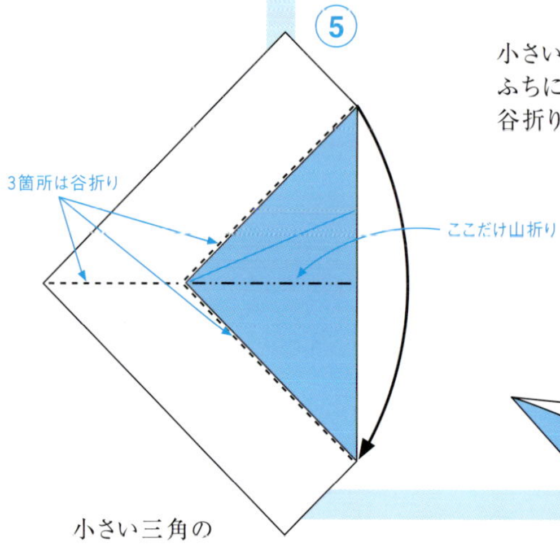

小さい三角のまんなかが山になるように折ります。

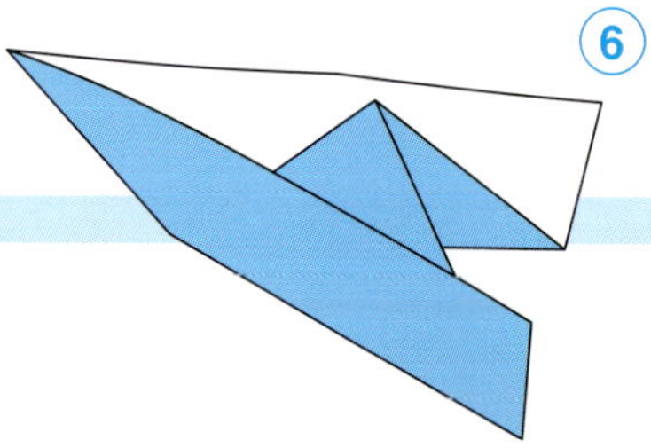

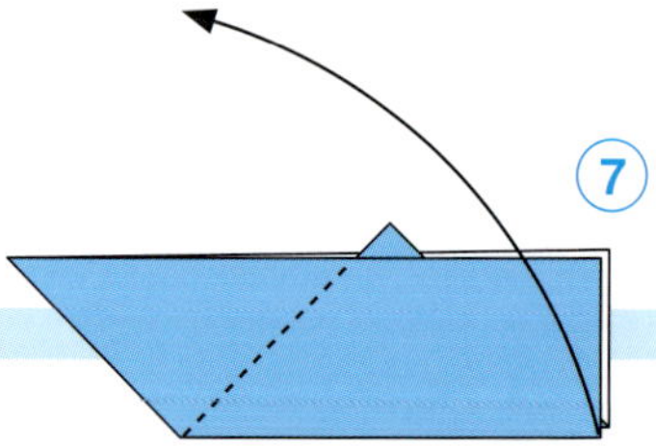

上の1枚だけ開きます。

⑧

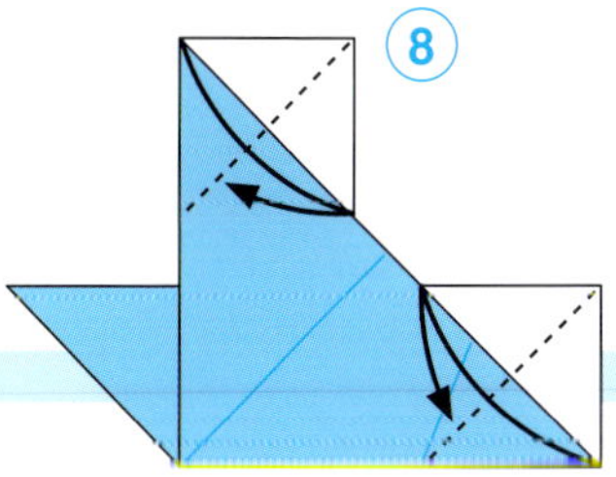

折り筋をつけてもどします。

⑨

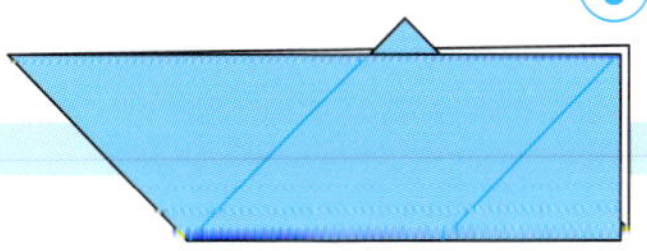

⑦までもどします。
ユニットが完成。
同じものを8枚折ります。

⑩

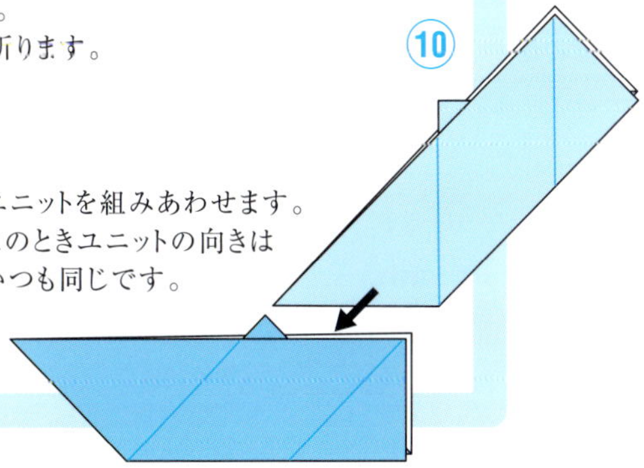

ユニットを組みあわせます。
このときユニットの向きは
いつも同じです。

⑪

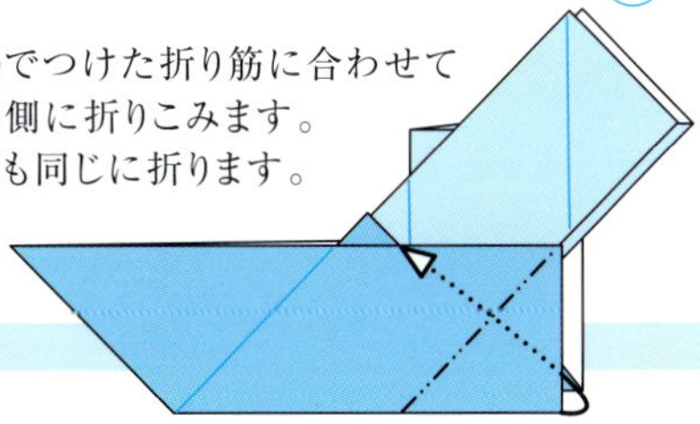

⑧でつけた折り筋に合わせて
内側に折りこみます。
裏も同じに折ります。

⑫

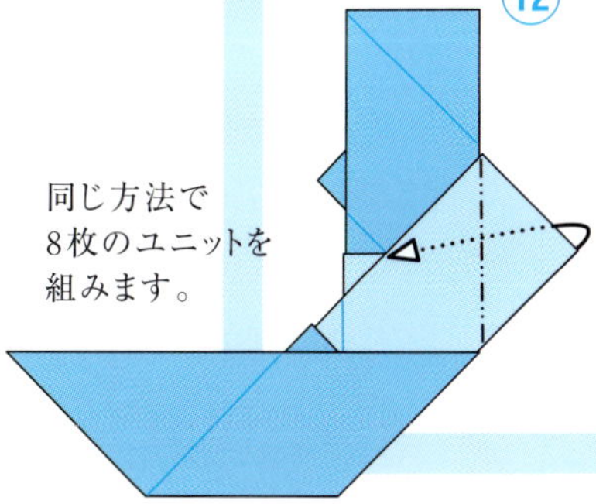

同じ方法で
8枚のユニットを
組みます。

⑬

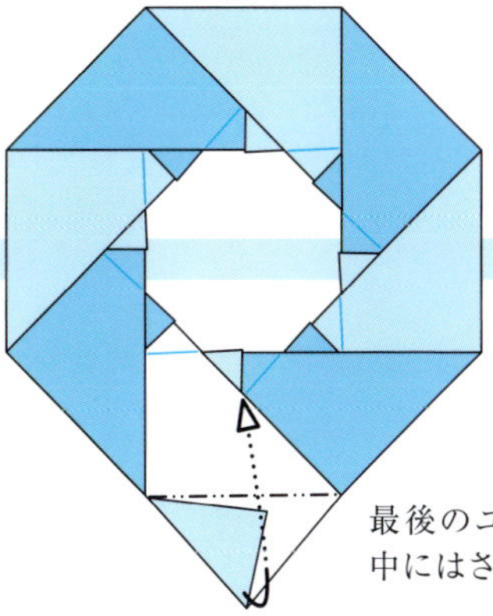

最後のユニットを
中にはさんで完成。

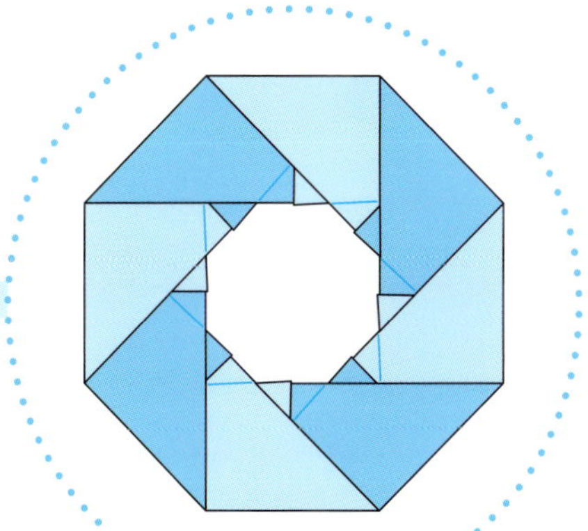

完成

試してみよう！

印をつける位置を計算で求めると、
組みあわせのしっかりしたコースターができます。

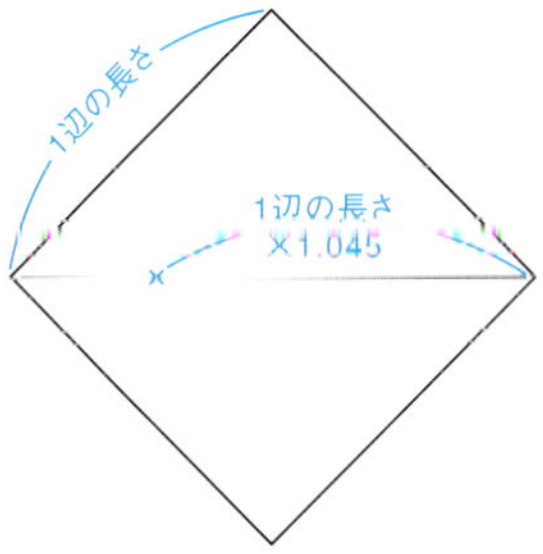

②で、1辺の長さの
1.045倍の位置に
印をつけ、
あとは⑦まで
同じに折ります。

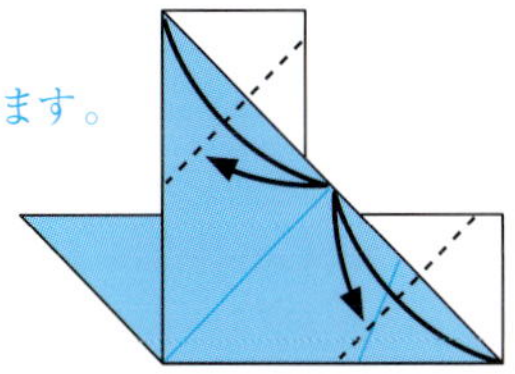

⑧では、まんなかに
合わせて
折り筋をつけます。

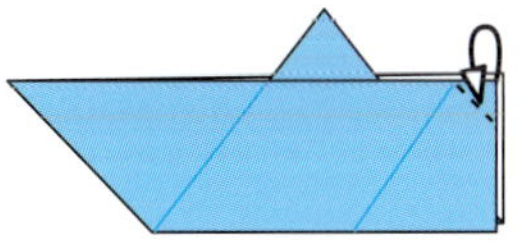

⑨とき、1枚だけ右上の
カドふたつを三角に
内側に折っておきます。
これが最後に組む
ユニットです。

⑩以降は同じように組みたてます。

折って使う

六角形のコースター

正方形の紙からユニット用紙を作ります。このユニットを作る長方形の紙の短い辺が、完成したコースターの向かいあったカドを結んだ長さと同じになるので、計算して好みの大きさの作品を作ることができます。

〈まず使用する紙を作ります〉 正方形の紙を使用します。

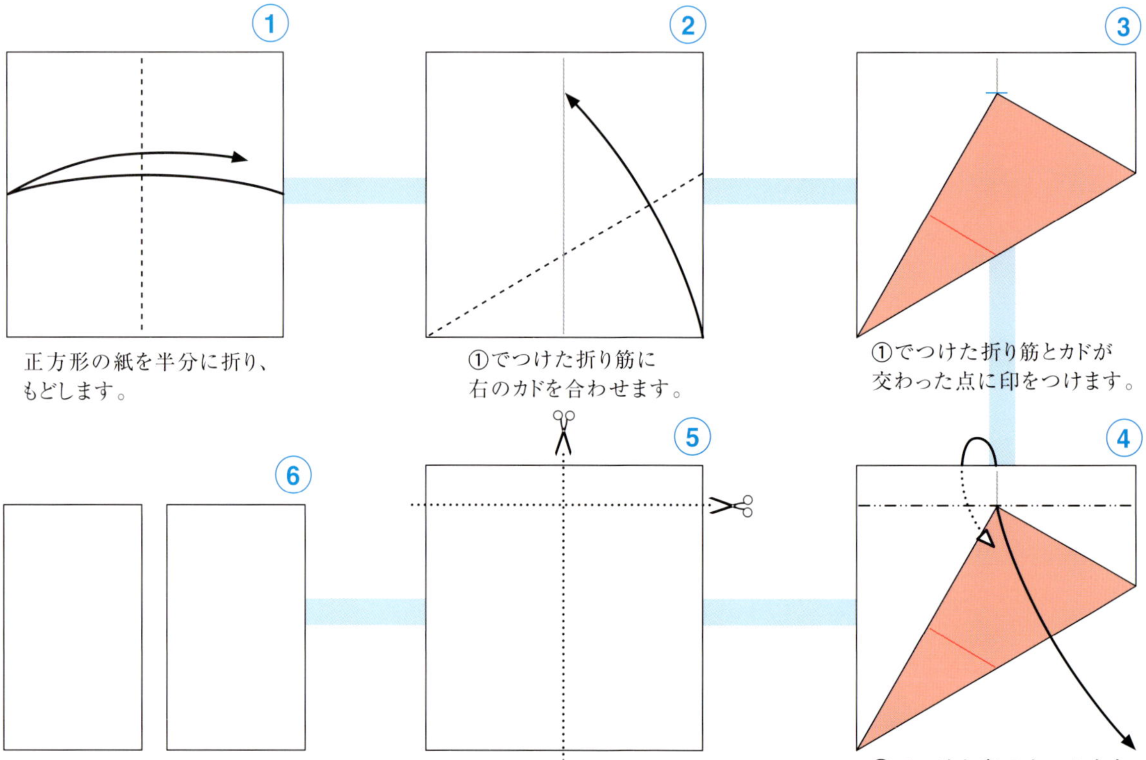

1 正方形の紙を半分に折り、もどします。

2 ①でつけた折り筋に右のカドを合わせます。

3 ①でつけた折り筋とカドが交わった点に印をつけます。

4 ③でつけた印で上のふちを山折りしてもどします。

5 折り筋通りに切ります。

6 コースターに使うユニット用の紙が2枚できました。同じものをあと4枚、合計6枚作ります。

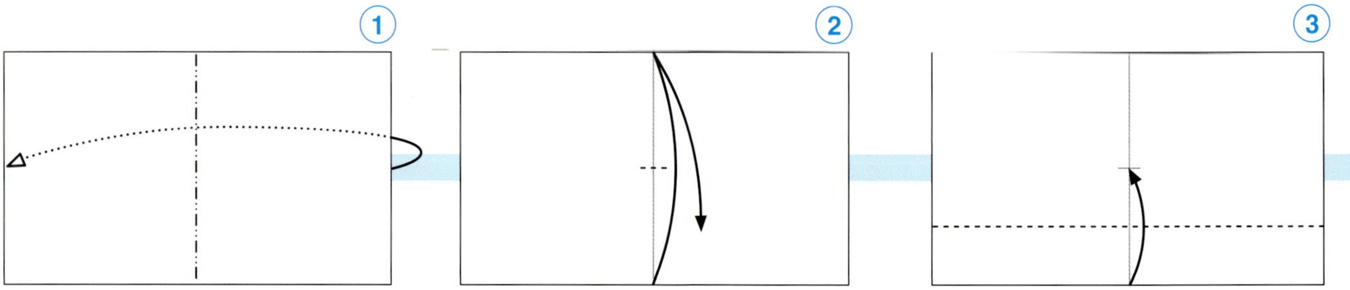

1 まんなかに山折りの筋をつけます。

2 横半分に折り、まんなかの縦の線と交わるところだけ折り筋をつけます。このようにして印をつけたら、残りの5枚を重ねてピンで印をつけます。

3 ②でつけた印に合わせて折ります。

④

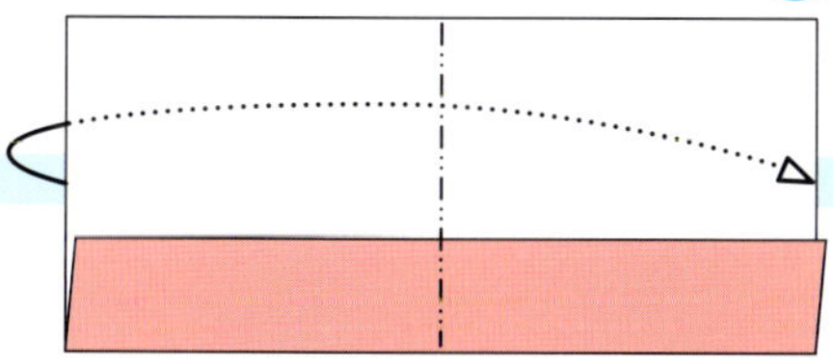

⑤

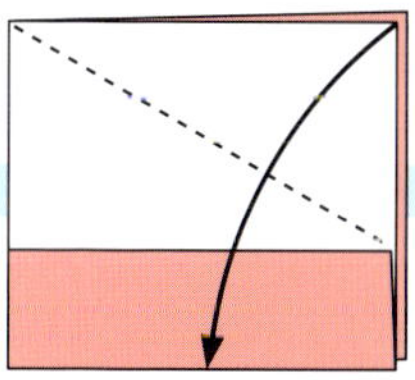

白い長方形の対角線で折ると
右上のカドが
手前のまんなかにきます。

⑥

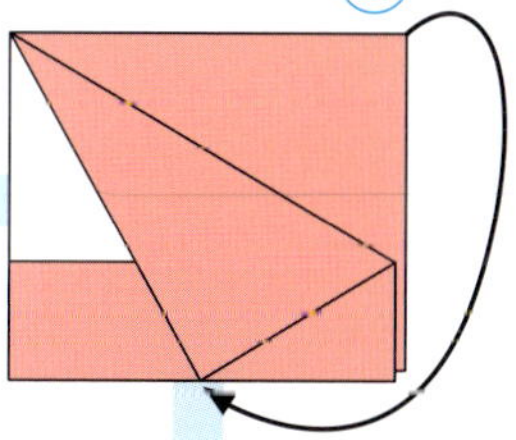

裏も同じに折ります。

⑦

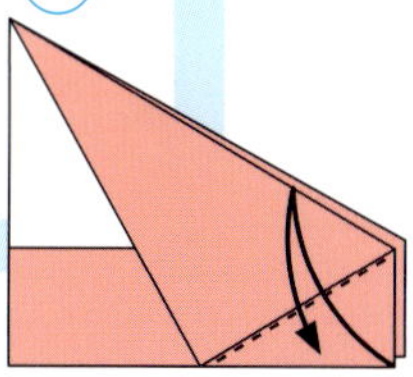

カドに折り筋をつけます。
裏も同じに折ります。

⑧

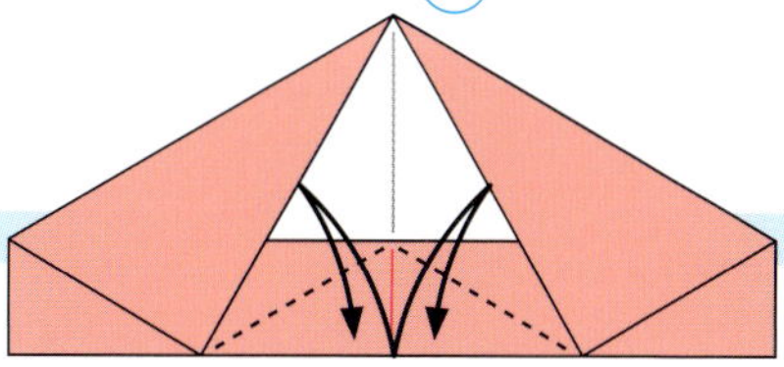

開いて、手前の辺を斜めのふちに
合わせて折り、
図のような折り筋をつけます。

⑨

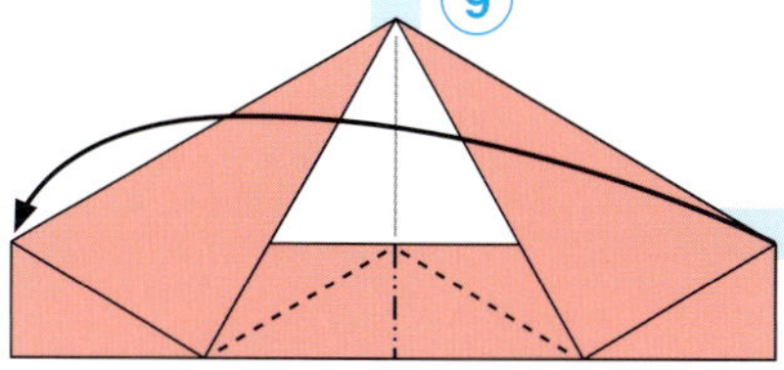

折り筋通りにたたみます。

⑩

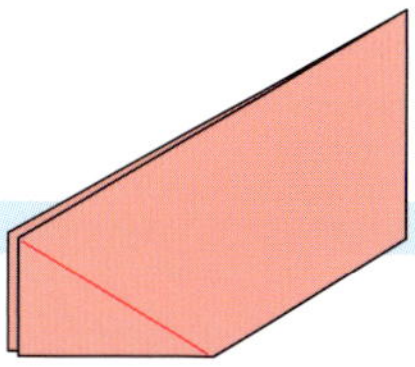

ユニットの完成。
同じものを6枚用意します。

⑪

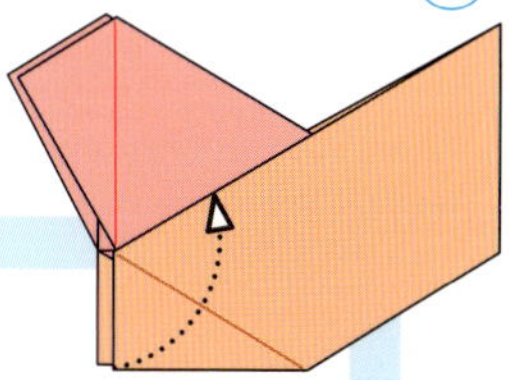

ユニット2枚を
図のように組んだら
左下の三角の部分を
内側に折りこみます。

⑫

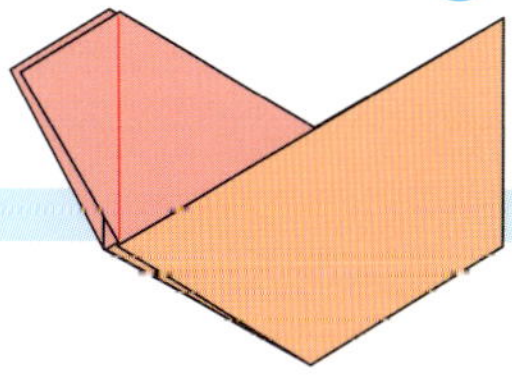

同じように6枚を
つぎつぎに組んでゆきます。

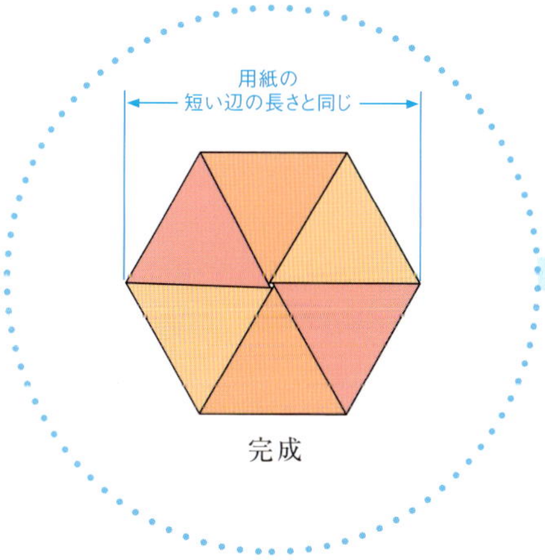

完成

ちなみに六角形の
向かいあったカドを結んだ長さは
ユニットを折った紙の
短い辺の長さと同じです。

折って
使う

イージーボックス

正方形・長方形どちらの紙でも折ることができます。
同じ大きさの紙を2枚用意して、《ふた》と《み》を作ります。
丈夫な紙で折ってランチボックスとして使い、からになったら折りたたむと便利です。

同じ大きさの紙を2枚用意して①～④を折ります。

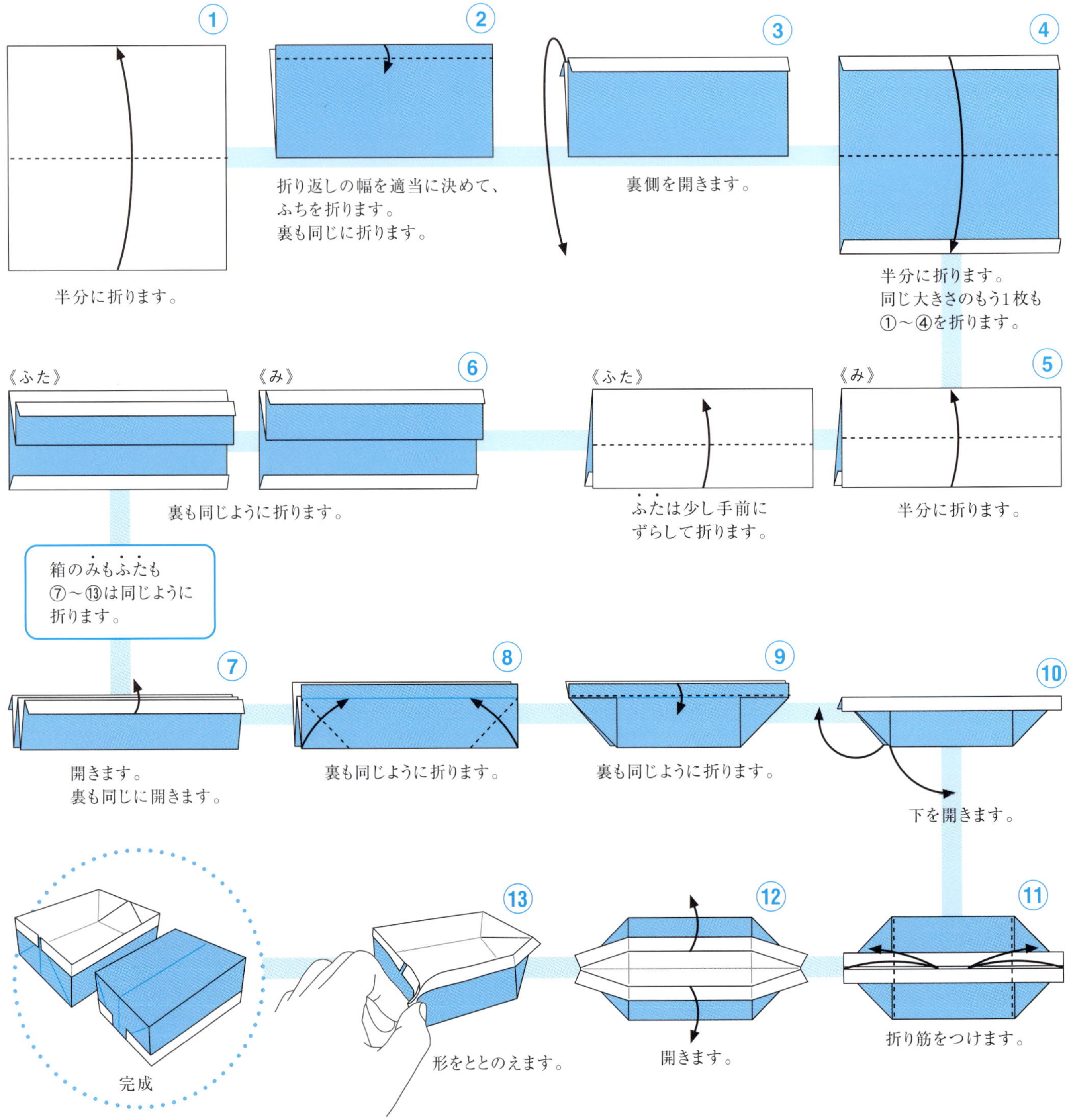

①
半分に折ります。
②
折り返しの幅を適当に決めて、
ふちを折ります。
裏も同じに折ります。
③
裏側を開きます。
④
半分に折ります。
同じ大きさのもう1枚も
①～④を折ります。
⑤
《み》
《ふた》
半分に折ります。
ふたは少し手前に
ずらして折ります。
⑥
《ふた》
《み》
裏も同じように折ります。
箱のみもふたも
⑦～⑬は同じように
折ります。
⑦
開きます。
裏も同じに開きます。
⑧
裏も同じように折ります。
⑨
裏も同じように折ります。
⑩
下を開きます。
⑪
折り筋をつけます。
⑫
開きます。
⑬
形をととのえます。
完成

折って使う

メッテリング1

©Mette Pederson

正方形の紙18枚でユニットを作り、組みあわせます。広告用紙などを利用するとよいでしょう。
これはアメリカのメッテ・ペデルソン（METTE PEDERSON）さんの考えた作品です。
メッテリングは世界的に有名でブローチとして愛されていますが、ここではコースターとして紹介します。

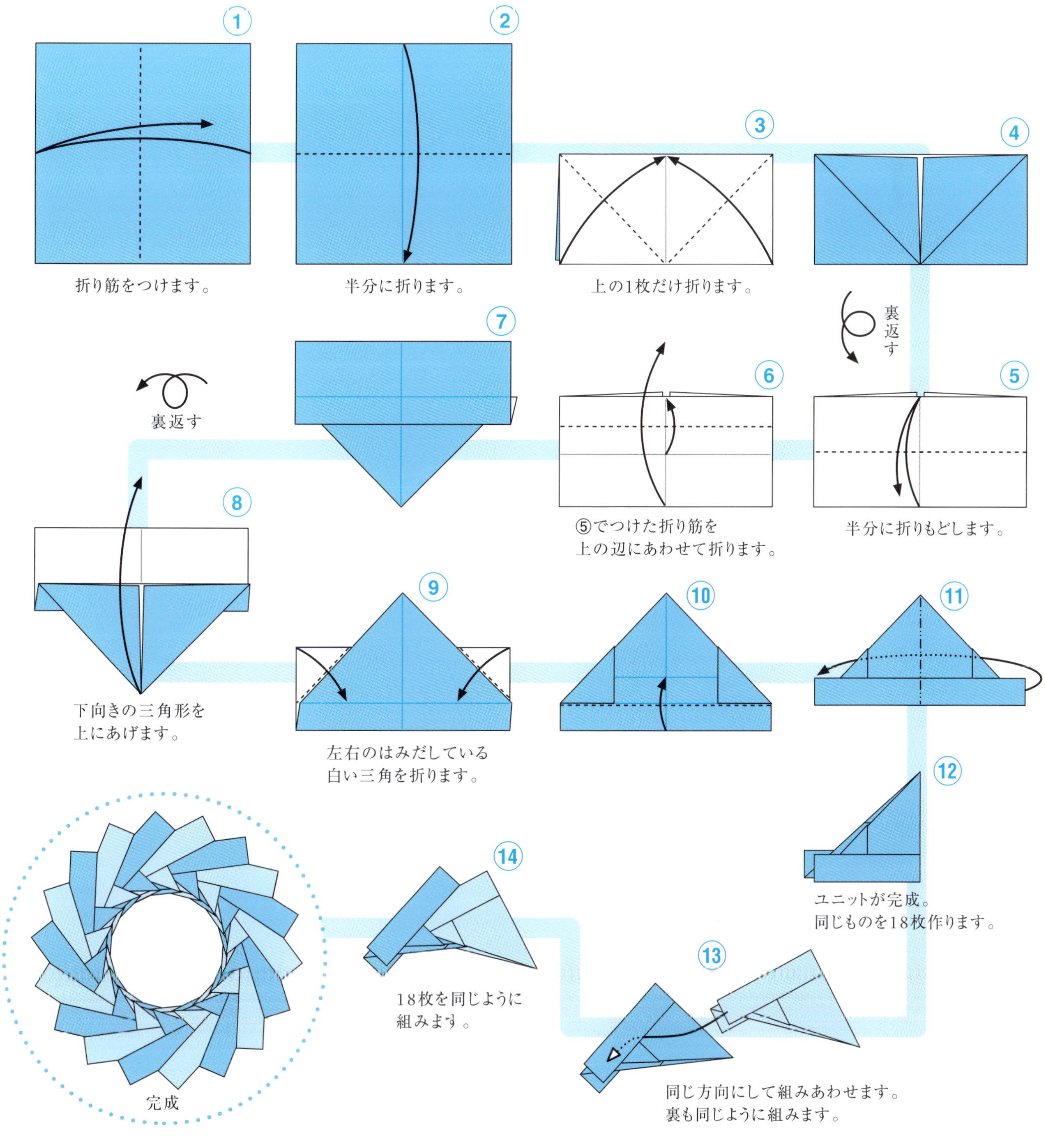

1
折り筋をつけます。
2
半分に折ります。
3
上の1枚だけ折ります。
4
裏返す
5
半分に折りもどします。
6
⑤でつけた折り筋を
上の辺にあわせて折ります。
7
裏返す
8
下向きの三角形を
上にあげます。
9
左右のはみだしている
白い三角を折ります。
10
11
12
ユニットが完成。
同じものを18枚作ります。
13
同じ方向にして組みあわせます。
裏も同じように組みます。
14
18枚を同じように
組みます。
完成

お菓子いれ

©Kazukuni Endo

正方形の紙で折ります。一見複雑なようですが、表と裏で同じ折り方をすればよいのです。
注意すべきは、底の正方形がもとの折り紙の正方形とは向きがずれていることです。
この折り筋さえしっかりついていれば、あとは大丈夫です。
これは小児科医の遠藤和邦氏が考えた作品です。

①

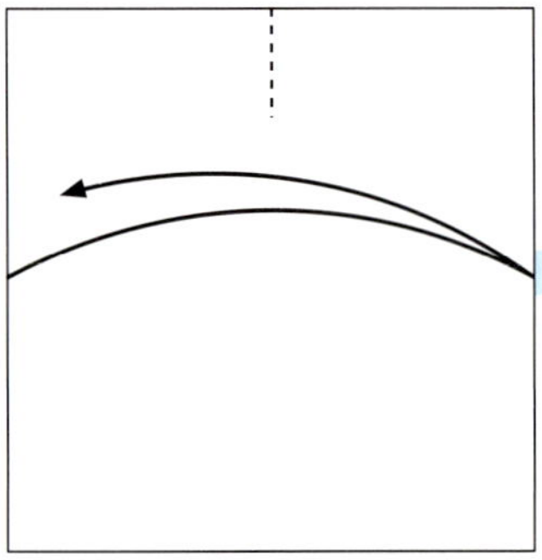

縦に半分に折り、
図のように端から少しのところまで
折り筋をつけます。

②

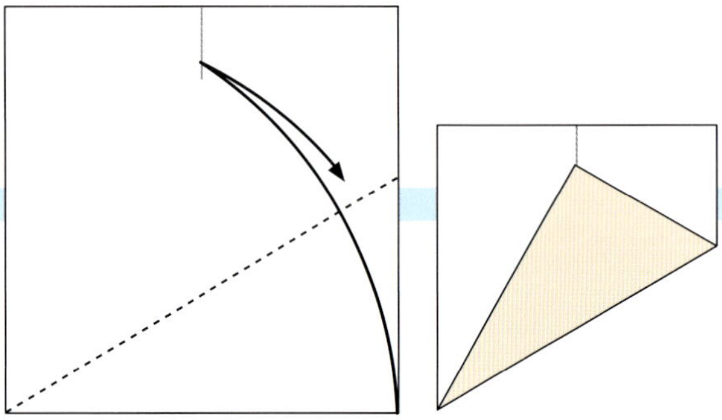

図のように左手前のカドを固定し、
右手前のカドを①でつけた線に合わせて
折り筋をつけます。

③

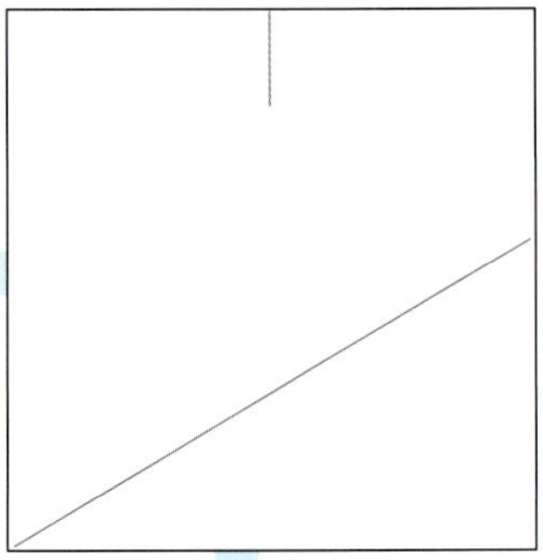

このように折り筋がついたら紙を
時計と反対方向にまわしながら、
同じようにあと3本の
折り筋をつけます。

④

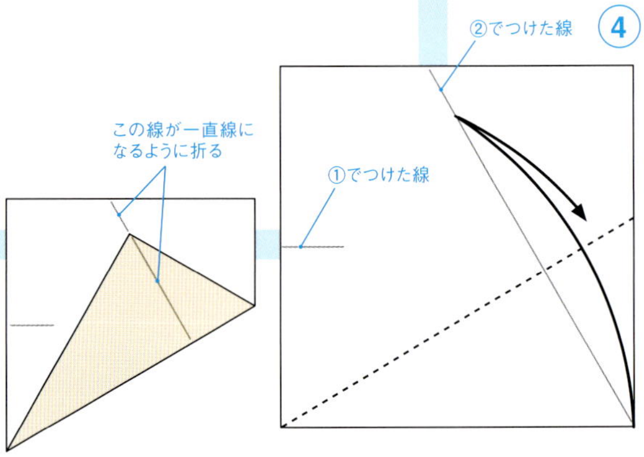
②でつけた線
①でつけた線
この線が一直線に
なるように折る

⑤

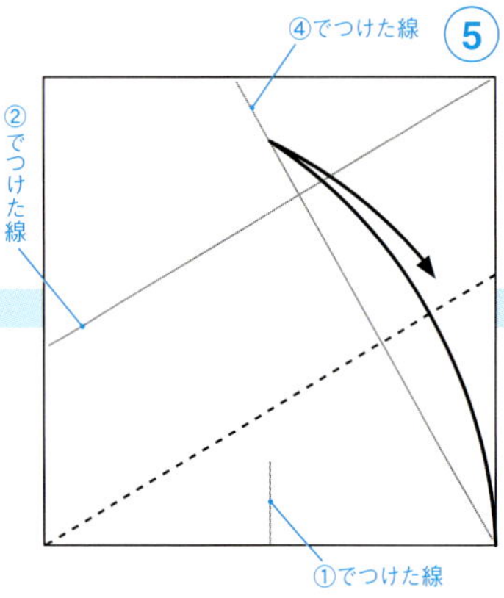
④でつけた線
②でつけた線
①でつけた線

⑥

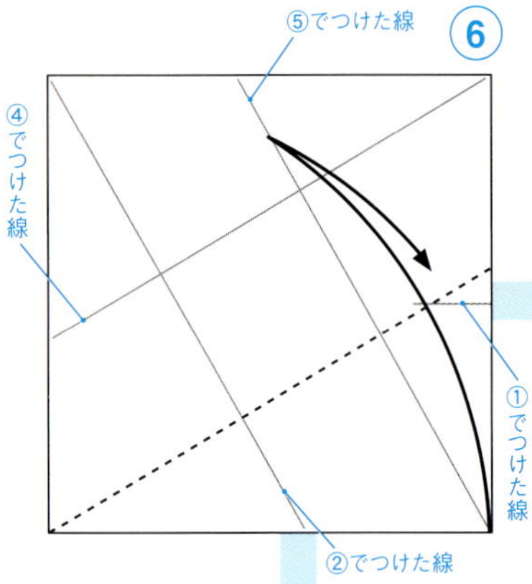
⑤でつけた線
④でつけた線
①でつけた線
②でつけた線

⑦

図のような折り筋がつきました。

裏返す

⑧

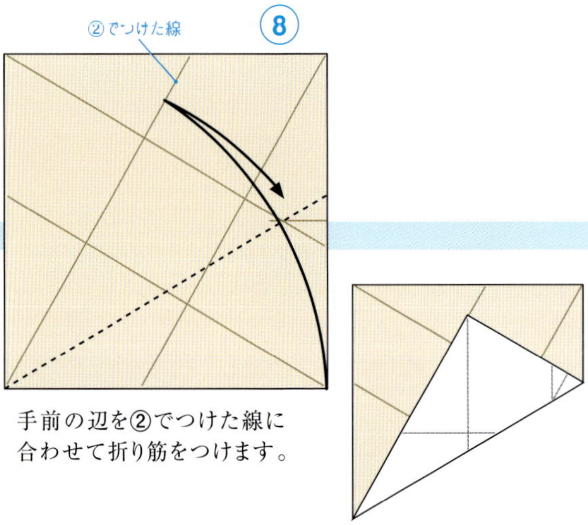
②でつけた線

手前の辺を②でつけた線に
合わせて折り筋をつけます。

⑨

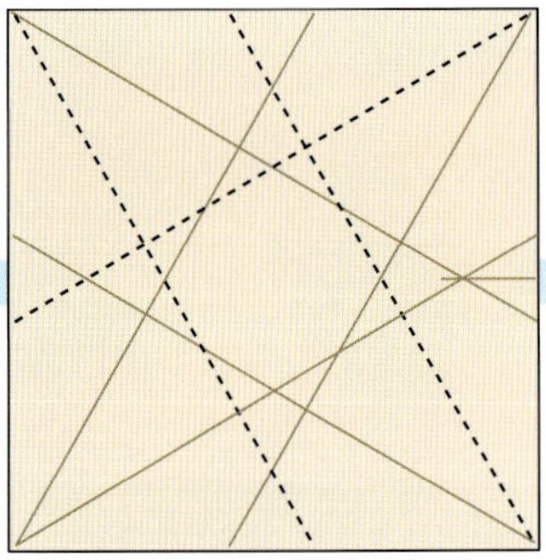

他の3箇所も④⑤⑥でつけた線に
合わせて折り筋をつけます。

裏返す

⑩

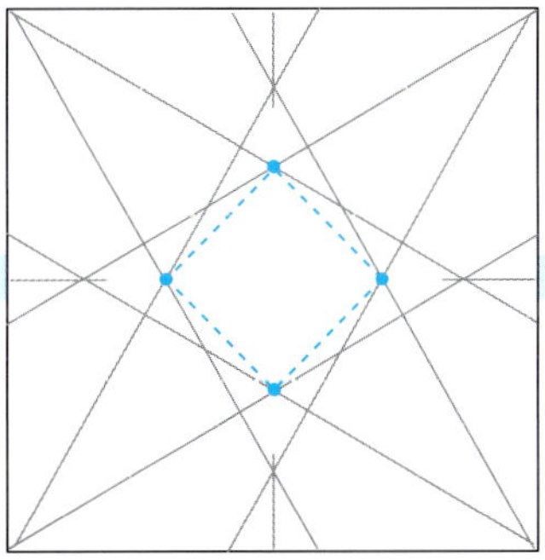

図のように●印を結んで定規などをあてて底に正方形の筋をつけます。この折り筋がしっかりついていないと⑫以降の作業が難しくなります。

裏返す

⑪

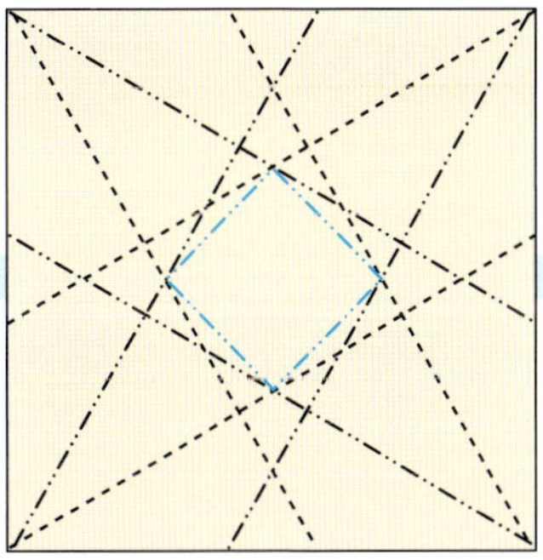

表の折り筋はこのようになっています。

⑫

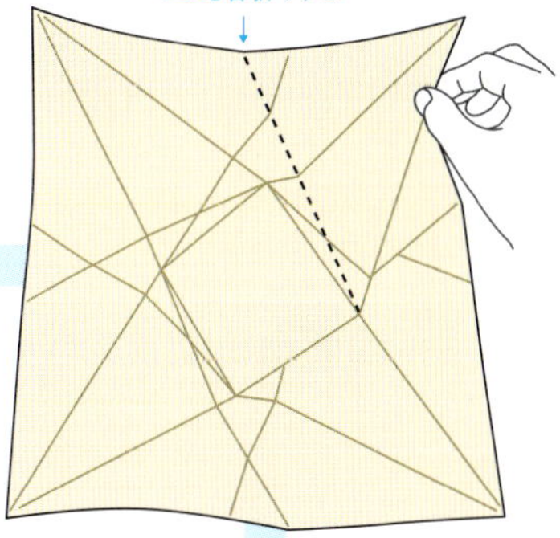
ここを谷折りする

右上の山折り線をつまんだまま図の谷折り線を折ります。

⑬

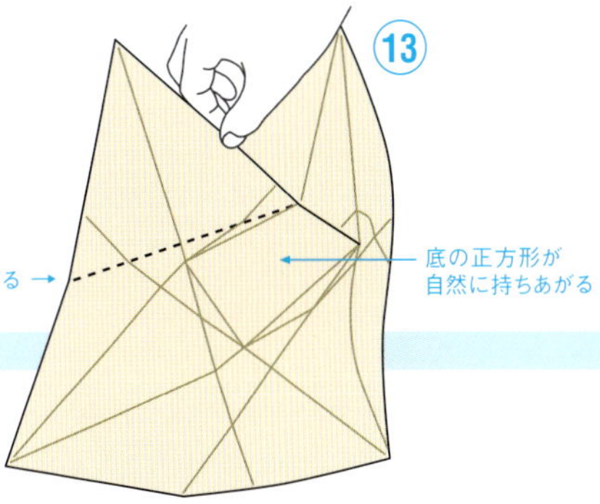
谷折りする
底の正方形が
自然に持ちあがる

折り筋がしっかりついていると自然に山折り、谷折りの線が決まって立体になってきます。

⑭

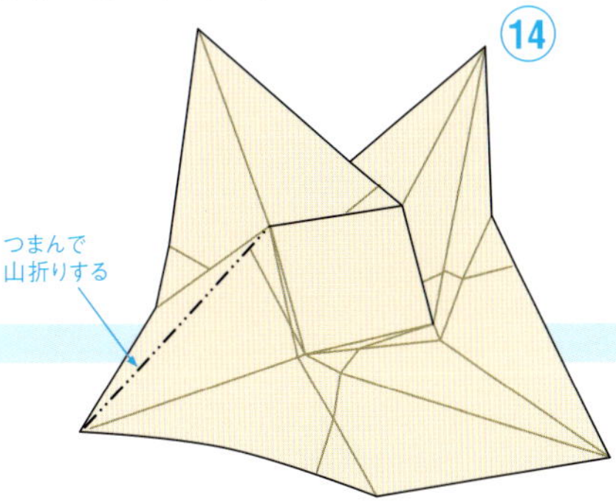
つまんで
山折りする

他の2箇所も⑫⑬と同じようにします。

⑮

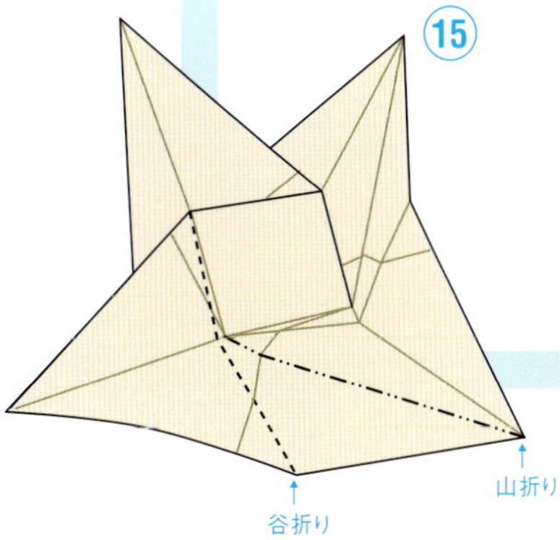
谷折り
山折り

⑯

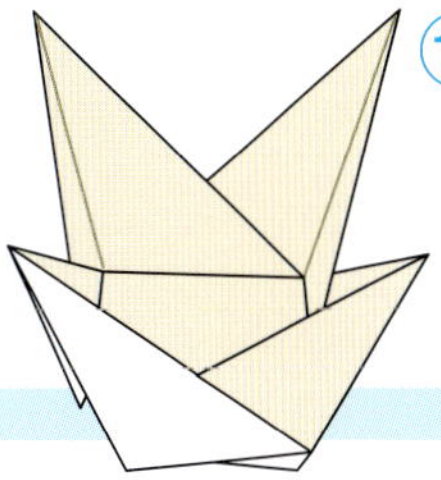

すべての谷折り線と山折り線を折ると図のように4本のつのがある形になります。

⑰

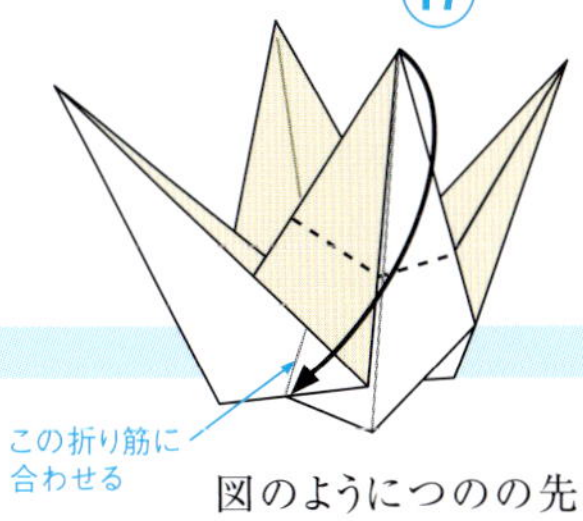
この折り筋に
合わせる

図のようにつのの先を折り筋に合わせて谷折りします。

⑱

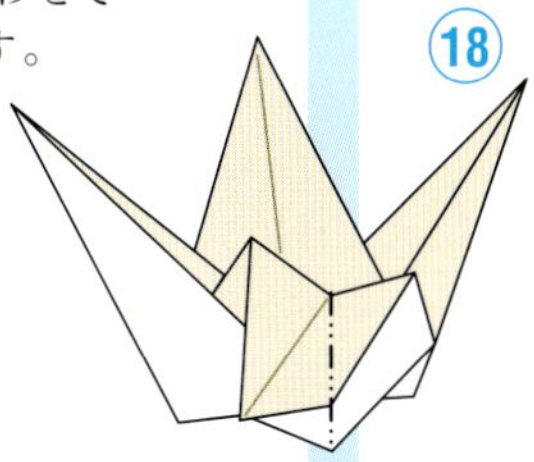

つまむようにしてカドを山折りします。

⑲

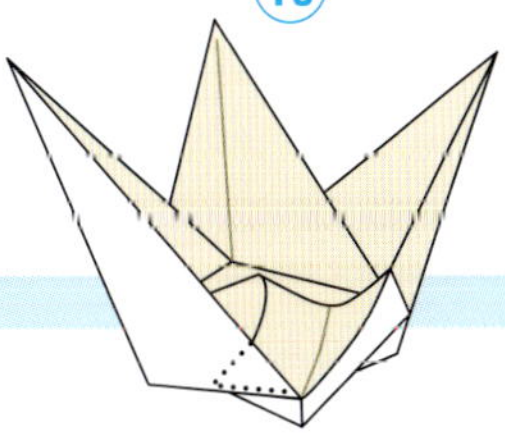

⑰⑱でつけた折り筋通りにポケットのようになっているところにつのを差しこみます。

⑳

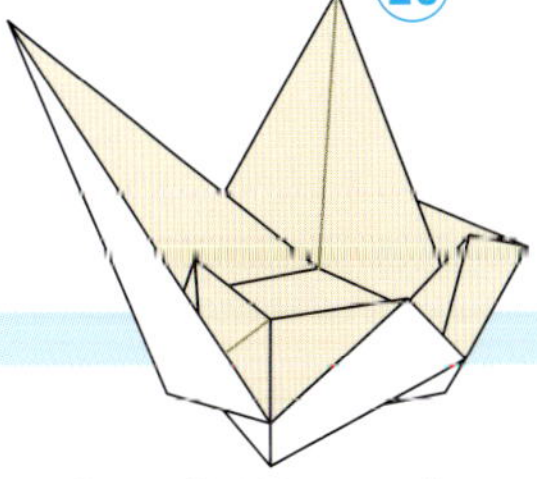

他の3箇所も同じように、しっかりと折り目をつけてから差しこみます。

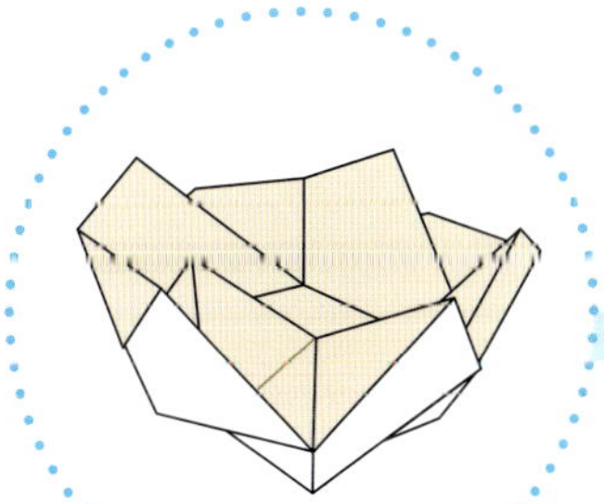

完成

折って使う

スリッパ

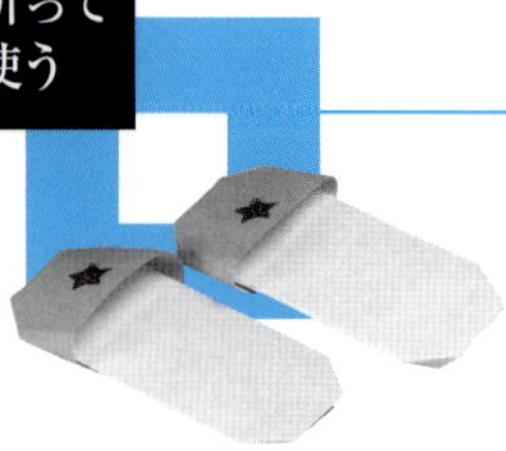

同じ大きさの長方形の紙を2枚使います。
固めの広告用紙や古いカレンダーなどを利用して折ると案外丈夫で旅行のときなどに役立ちます。
じゃまになったら惜し気もなく捨てられるというのもありがたいものです。

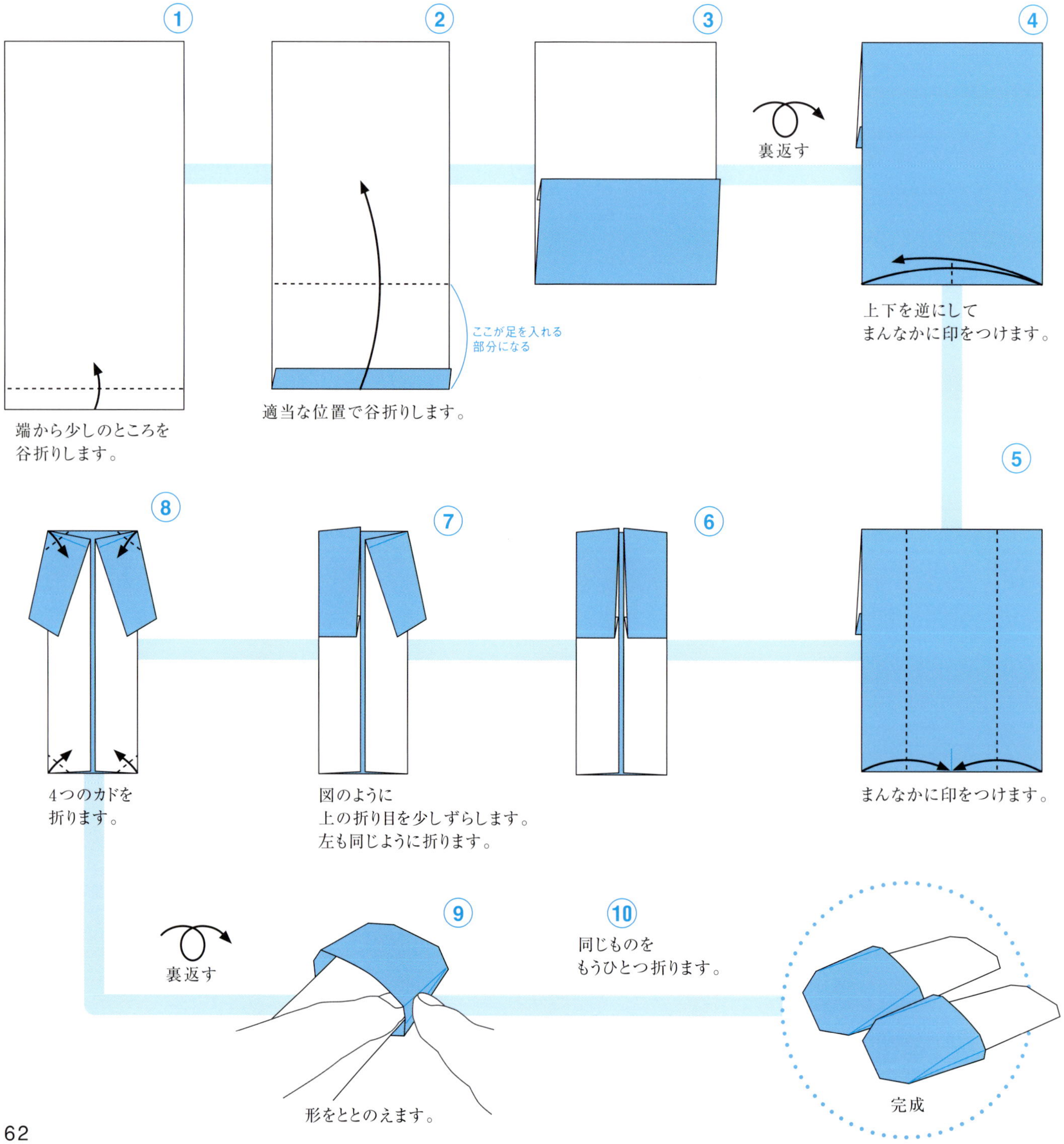

1
端から少しのところを谷折りします。
2
ここが足を入れる部分になる
適当な位置で谷折りします。
3
裏返す
4
上下を逆にしてまんなかに印をつけます。
5
まんなかに印をつけます。
6
7
図のように上の折り目を少しずらします。左も同じように折ります。
8
4つのカドを折ります。
裏返す
9
形をととのえます。
10
同じものをもうひとつ折ります。
完成

簡単ないれもの【伝承作品】

長方形の用紙で折ります。きれいな包装紙で折ってお菓子を入れたり、広告の紙を利用して果物の皮を捨てるのに使ったりと使いみちいろいろの便利なものです。昔から伝わる作品です。

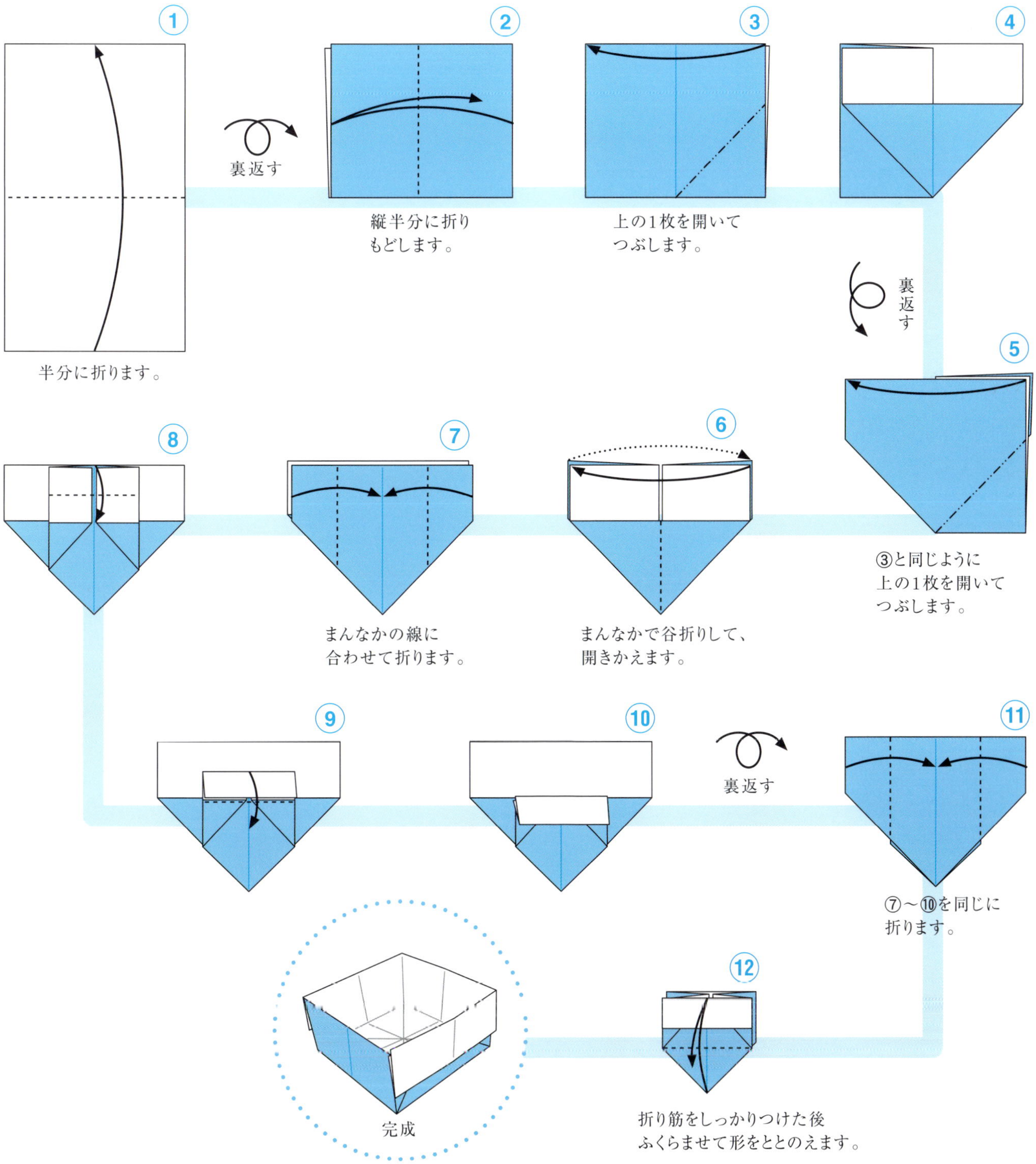
①
半分に折ります。
裏返す
②
縦半分に折りもどします。
③
上の1枚を開いてつぶします。
④
裏返す
⑤
③と同じように上の1枚を開いてつぶします。
⑥
まんなかで谷折りして、開きかえます。
⑦
まんなかの線に合わせて折ります。
⑧
⑨
⑩
裏返す
⑪
⑦～⑩を同じに折ります。
⑫
折り筋をしっかりつけた後ふくらませて形をととのえます。
完成

折って使う

重ね箱【伝承作品】

正方形の紙を使用します。きれいな模様の包装紙や厚手の紙で作ってみてください。
作りたい大きさの箱が決まっているときは次のように計算します。
［（箱の幅×2）＋（箱の高さ×4）］÷1.4 の正方形の紙を用意しましょう。
同じものを2枚用意して高さを変えて折ればふたのある箱ができます。

①

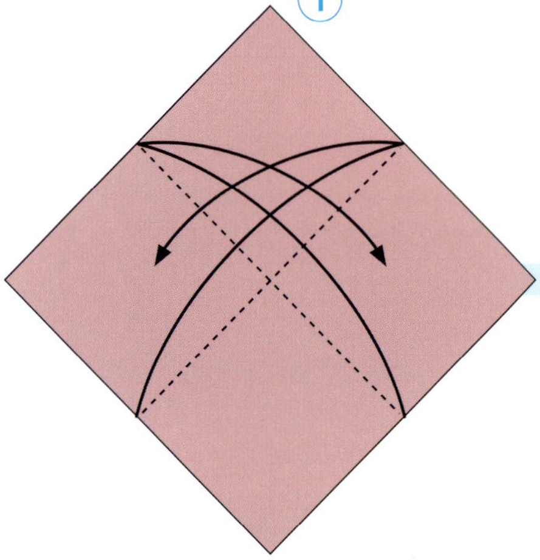

折り筋をつけます。

裏返す

②

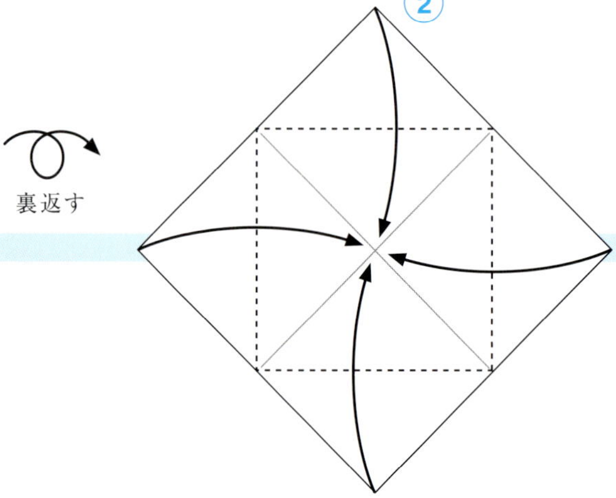

4つのカドを中心に合わせて折ります。

③

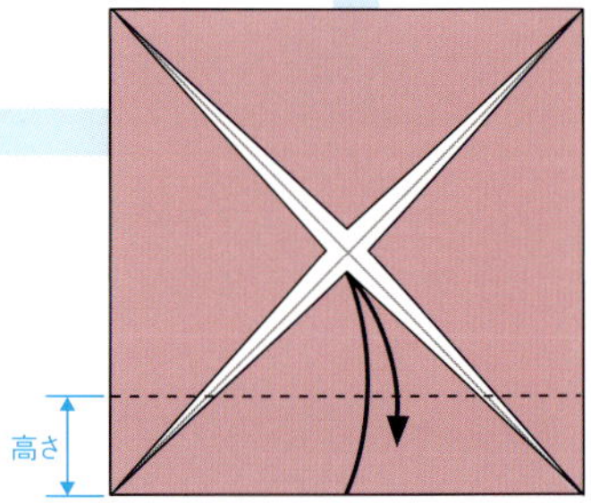

この高さを変えることで底の大きさを変えることができます。高くすると底が小さくなり、低くすると大きくなります。同じ大きさの紙で高さを少しずつ変えることで何重にも重なる箱ができます。

箱の高さを決め折り筋をつけます。
手前の辺を中央に合わせるとき
（高さが底面の半分）は、
次の④で3の折り筋だけつけます。

④

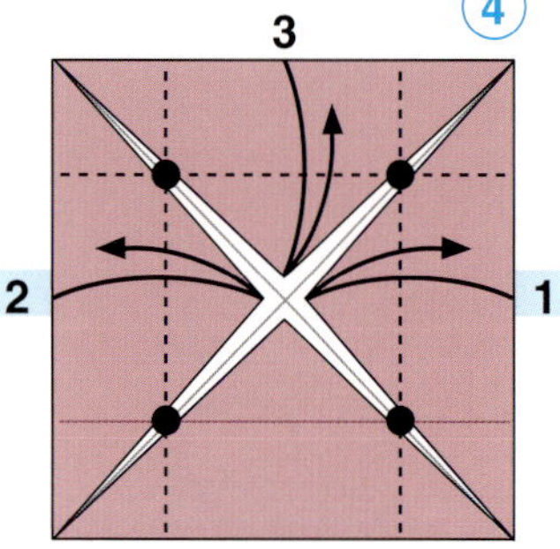

③でつけた折り筋と
同じ幅になるように
●印を目安に1～3の順に
折り筋をつけます。

⑤

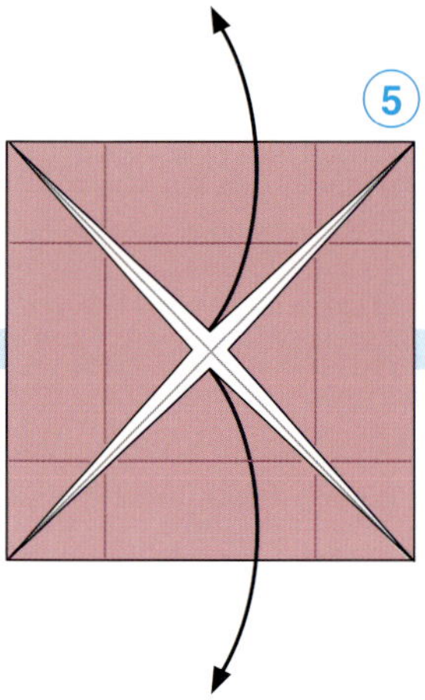

開きます。

⑥

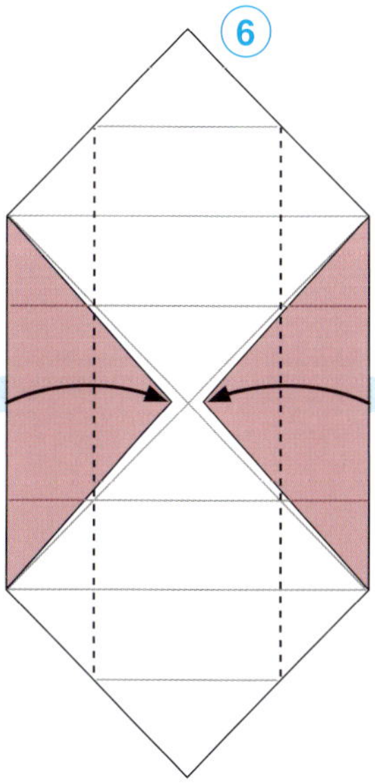

④でつけた折り筋で両側を
谷折りします。

⑦

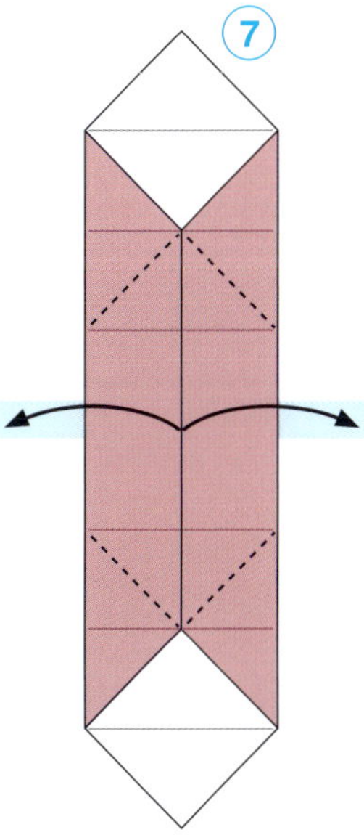

両側を開いて立てます。

⑧

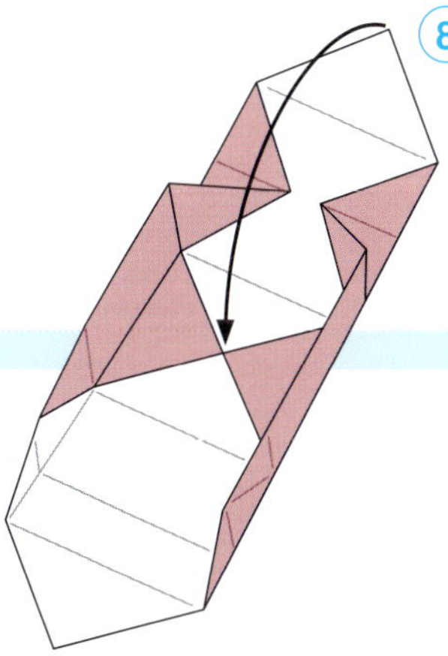

折り筋通りにたたんで
組みたてます。

⑨

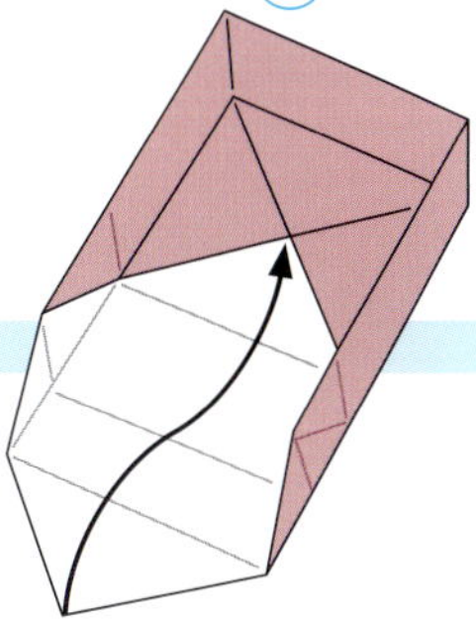

もう一方も折り筋通りに
折ります。

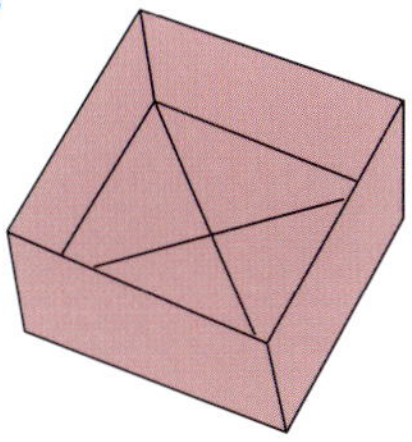

完成

包装紙などで箱の中央にもってきたい図柄を正方形のまんなかに合わせると、すてきな箱ができあがります。

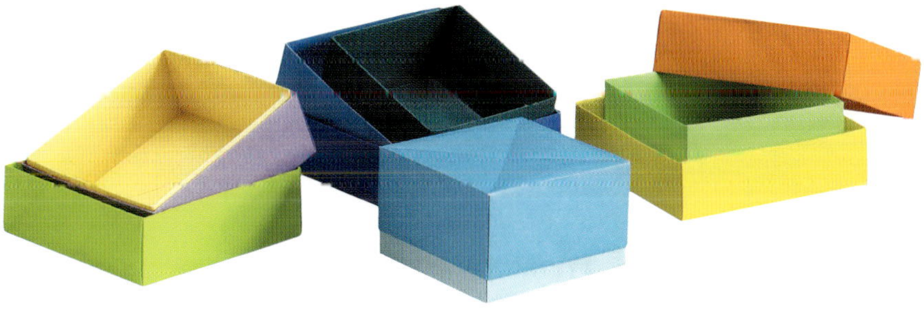

折って使う

6つの仕切りのある箱

正方形を半分に切った紙(縦と横の割合が2:1)を2枚使用。
同じ大きさの紙で箱も仕切りも作ることができ、折る位置を1箇所ずらすだけで、ふたもできます。
丈夫な紙で作れば小物を整理するのに便利です。

①
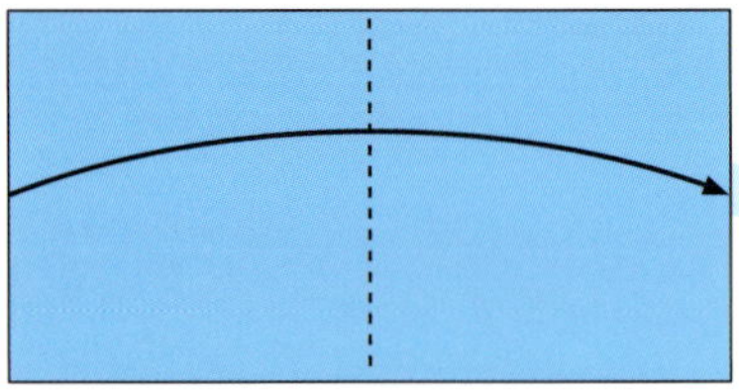
縦に半分に折ります。

②
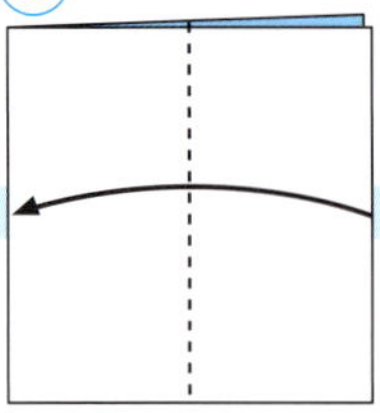
2枚いっしょにまんなかで谷折りします。
ふたを作るときは、まんなかより少し右で谷折りします。あとは、みと同じに折ります。

③
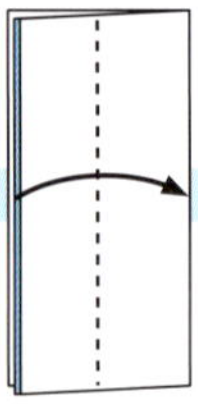
上の2枚を半分に折ります。

④
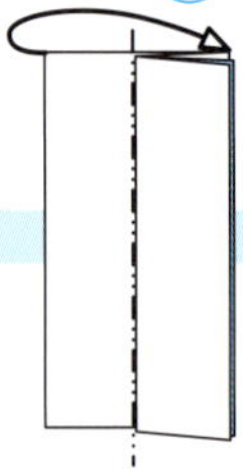
裏側も③と同じように半分に山折りします。

⑤

折り目をしっかりつけたら開きます。

⑥
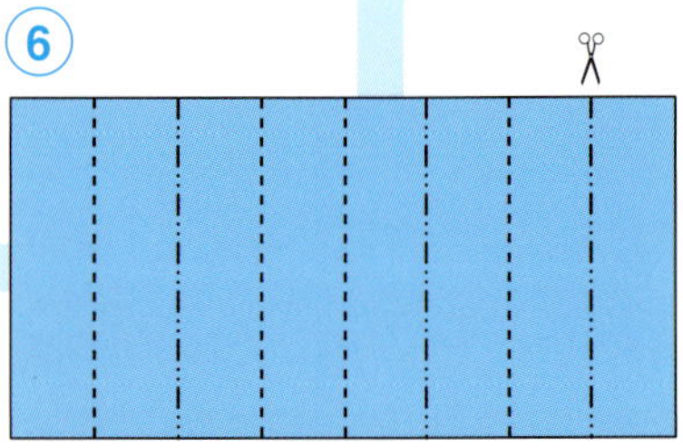
全部開くと図のような折り筋がついています。右側の山折り線を切りとります。この折り筋を利用して作業するのでカットする位置を間違えないように気をつけてください。

⑦
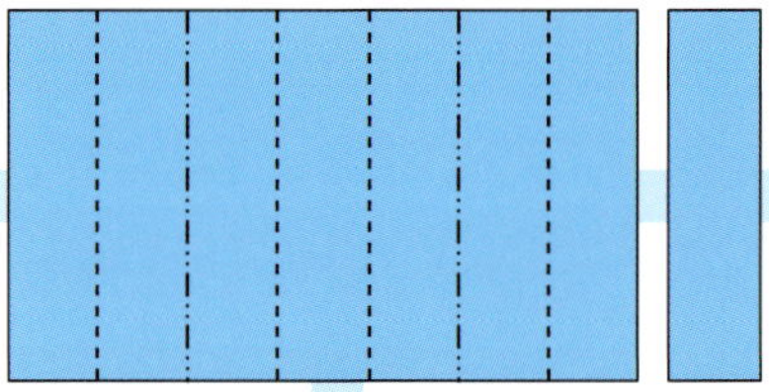
大きいほうだけを使います。

箱

⑧
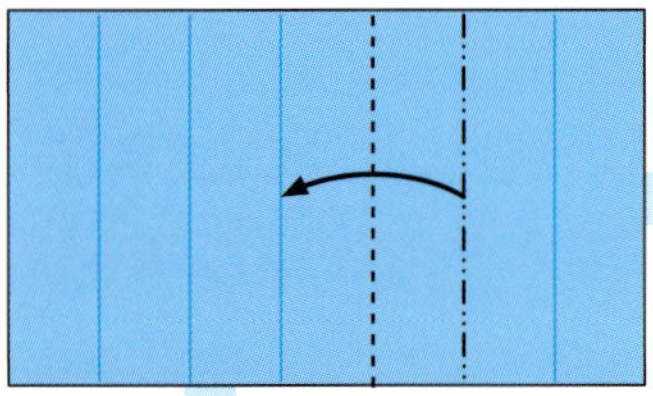
右から2本目の山折り線をつまんで左隣の線で谷折りします。

⑨
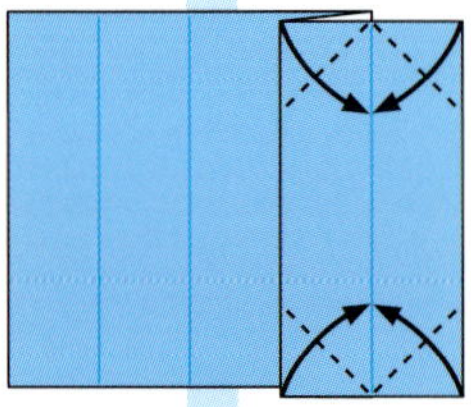
4つのカドを三角に折ります。

⑩
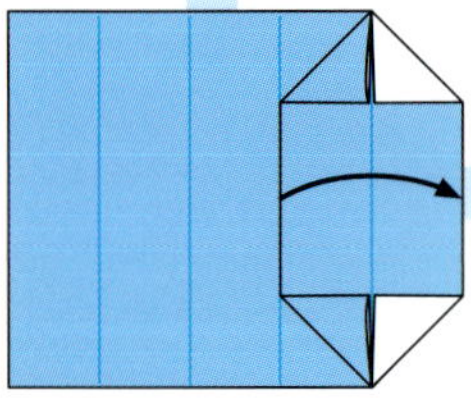
左の重なっているところを右に倒します。

⑪
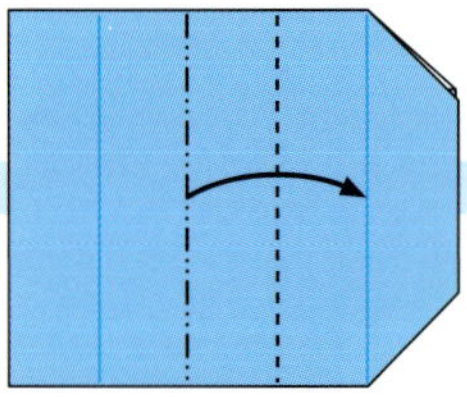
左から2本目の山折り線をつまんで右隣の線で谷折りします。

⑫
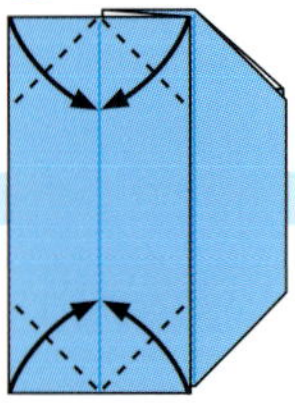
⑨と同じように4つのカドを三角に折ります。

⑬
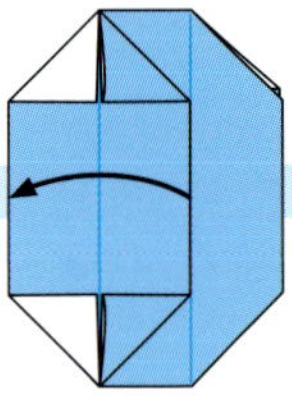
重なっているところを左に倒します。

仕切り

裏返す

⑧
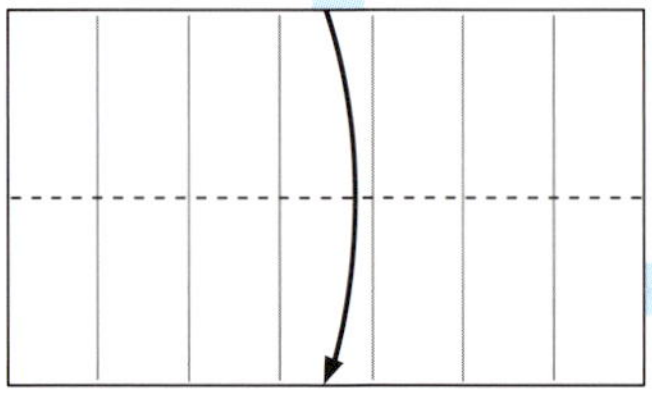
図のように半分に折ります。
箱より2〜3ミリ小さめの紙を使うと無理なくおさまります。

⑨
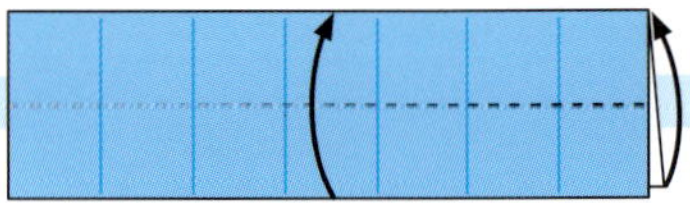
上の1枚をまんなかで折り、裏側も同じに折ります。

⑩

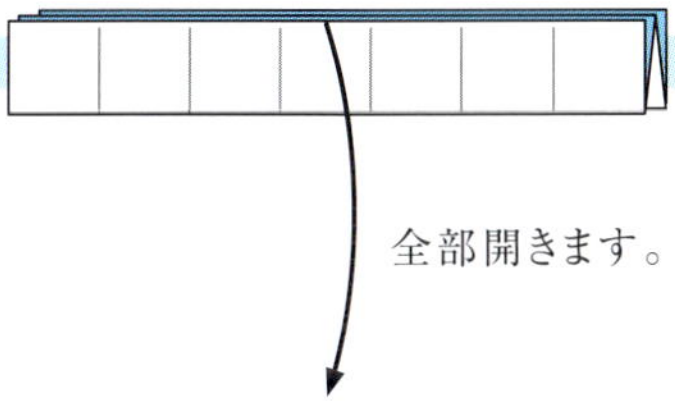

全部開きます。

⑪

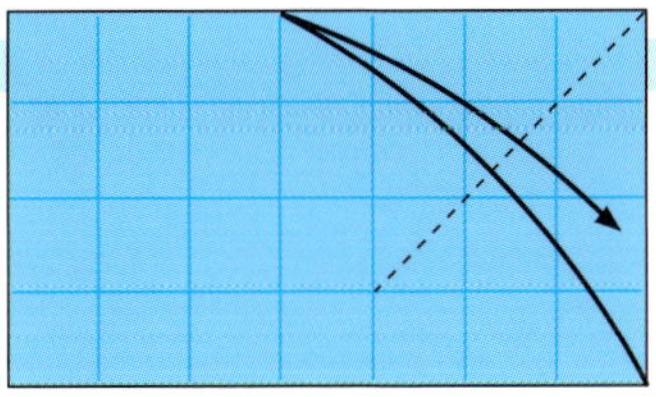

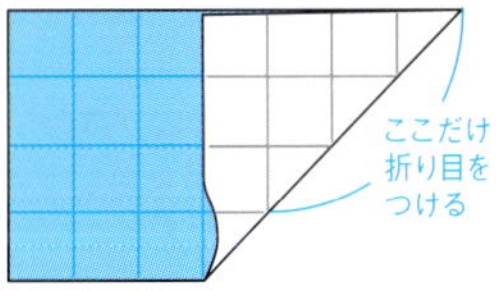
ここだけ
折り目を
つける

図のように折り筋をつけます。

⑫

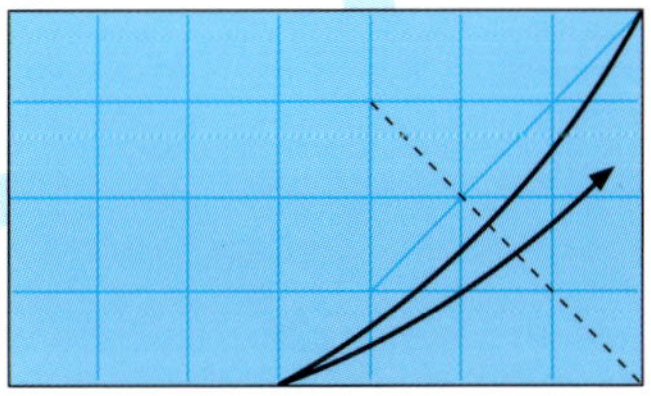

図のように折り筋をつけます。

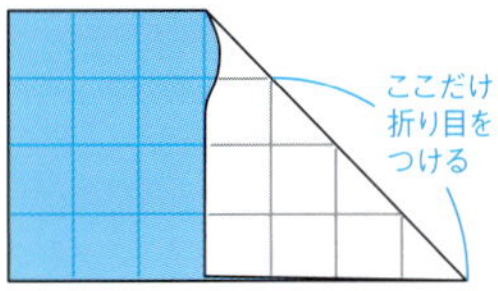
ここだけ
折り目を
つける

⑬

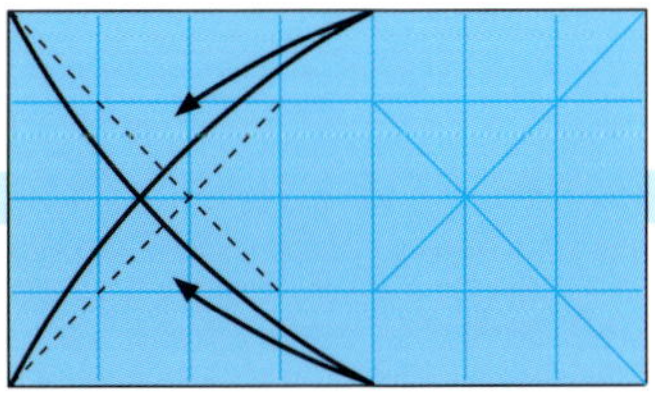

⑪、⑫と同じように左側も折ります。

⑭

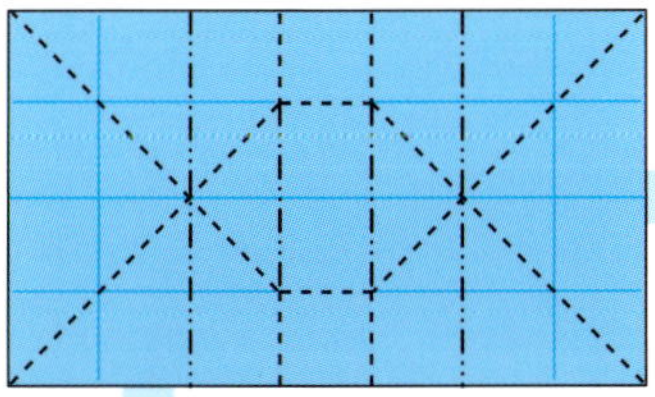

このような折り筋がついています。

⑮

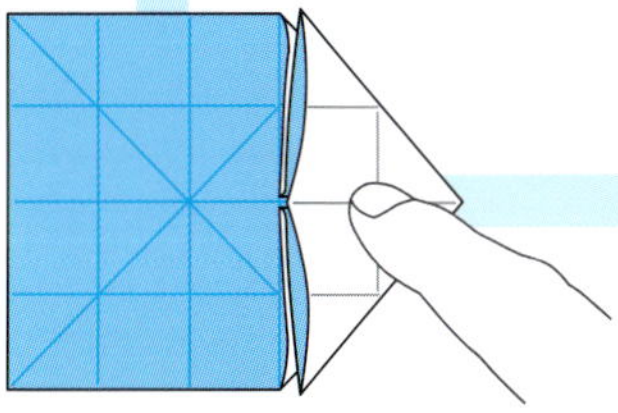

右側を折り筋通りに折ると
図のようになります。

⑯

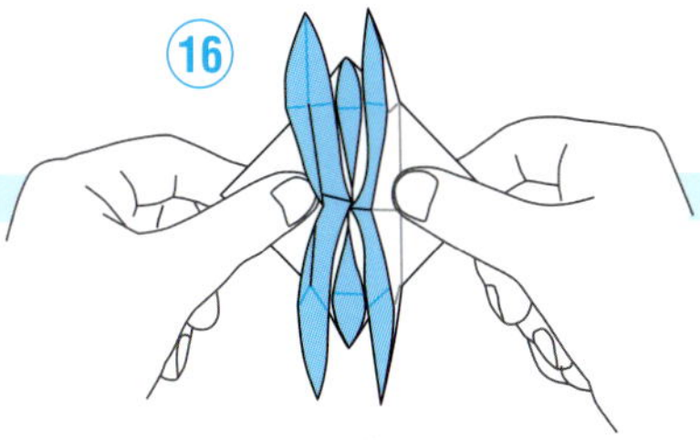

⑮と同じように左側も折ります。

⑰

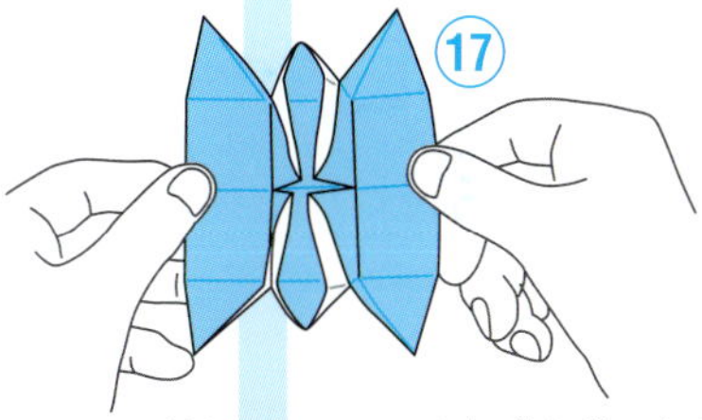

両側に出ている三角形を持ったまま
上の1枚を倒して一緒に持ちます。

⑱

まんなかの折り筋で
両側から山折りにします。

⑲

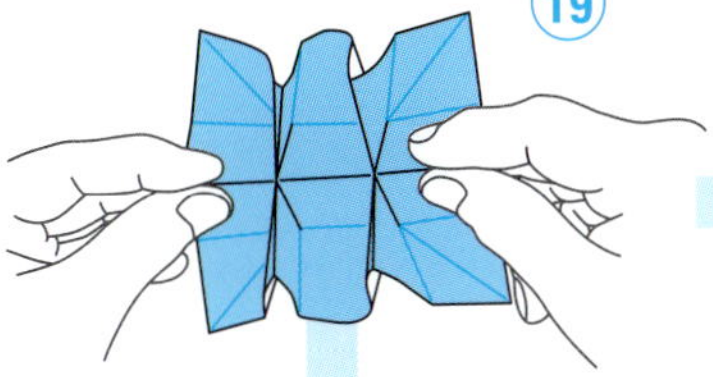

⑳

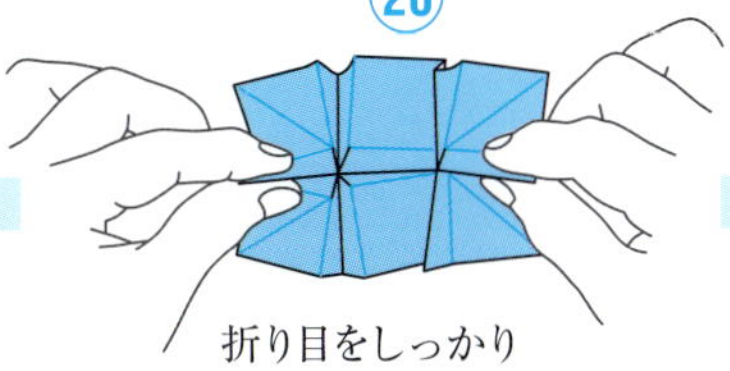

折り目をしっかり
押さえて仕切りの完成です。

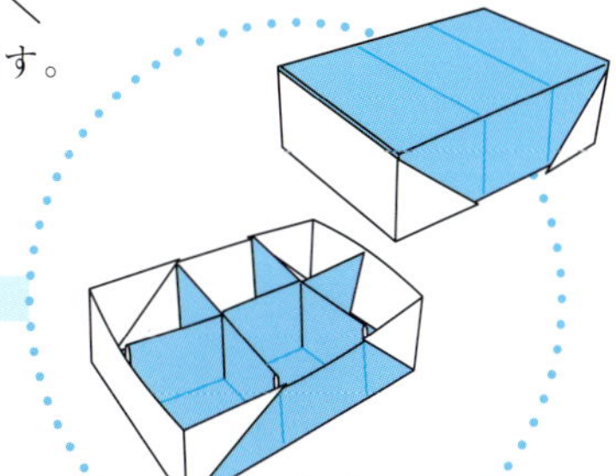

完成

⑭

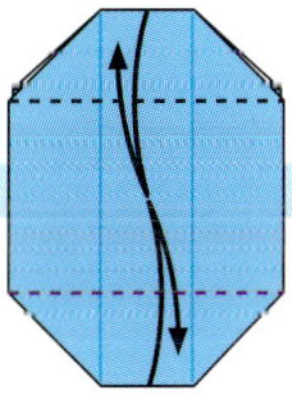

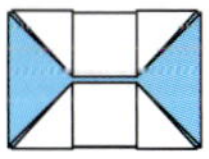
折ったとき
このようになっている

上下をしっかり
谷折りしてもどします。

裏返す

⑮

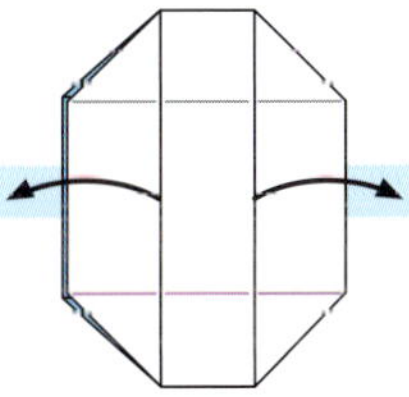

左右の重なっている部分を
両側に開いて立てます。

⑯

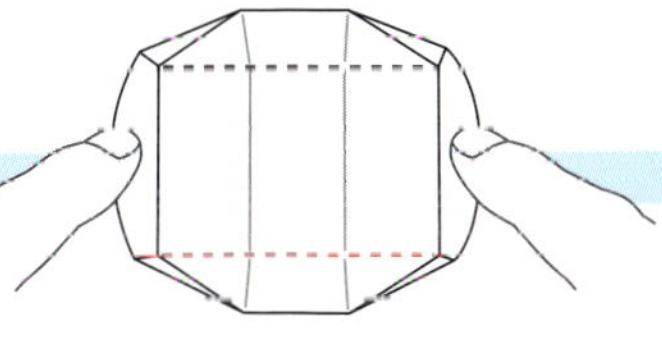

左右に開くと自然に他も
もちあがってきます。
図の谷折り線をしっかりつけなおします。

⑰

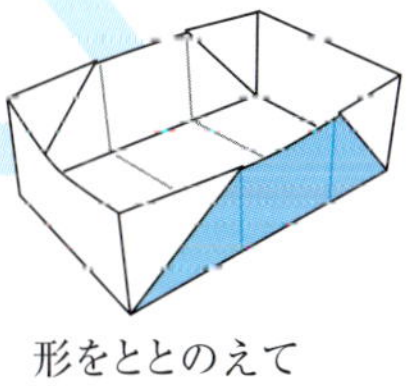

形をととのえて
できあがり。

折って考える

折って
考える

1枚の紙で折る正四面体

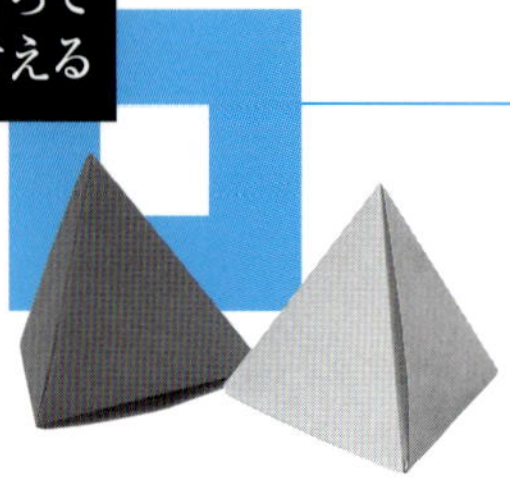

正方形の紙から使用する紙を作ります。
折り筋さえ間違えなければ簡単にできます。
無地の厚い紙で折って、4面に絵や漫画を描くのも楽しいものです。

〈まず使用する紙を作ります〉 正方形の紙を使用します。

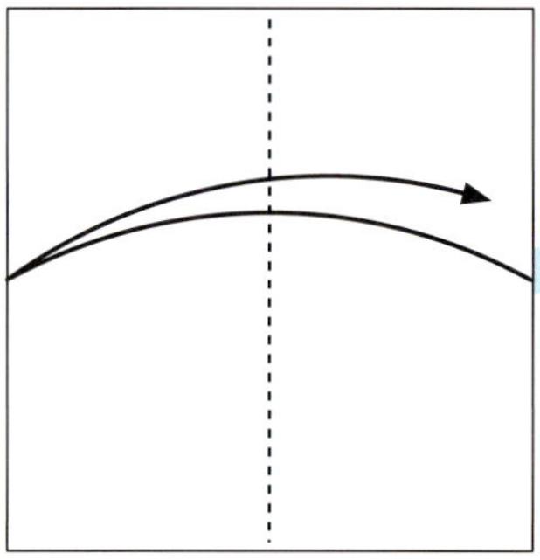

1 正方形の紙を半分に折り、もどします。

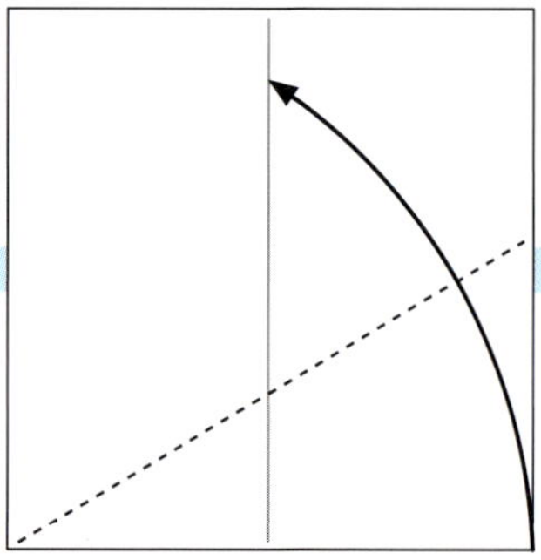

2 ①でつけた折り筋に右のカドを合わせます。

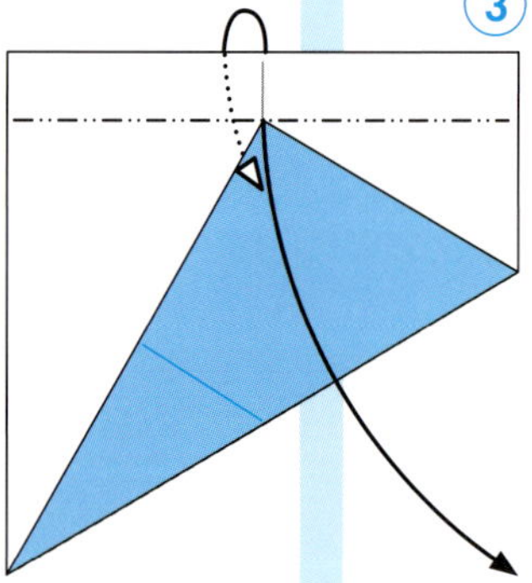

3 折ったカドとまんなかの線が合ったところを目印に上のふちを山折りします。

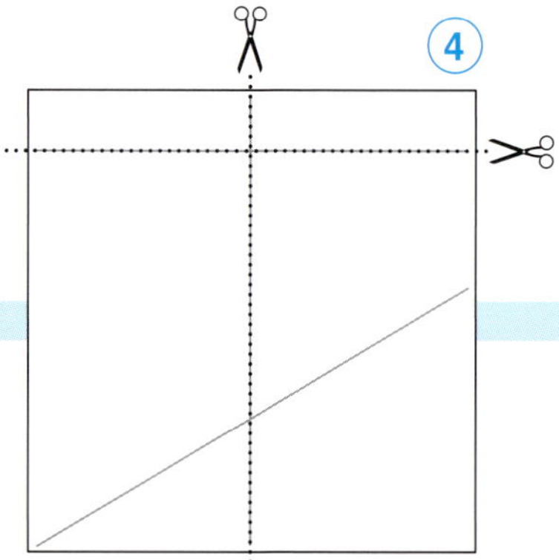

4 折り筋通りに切ります。

5 大きいほうを使います。

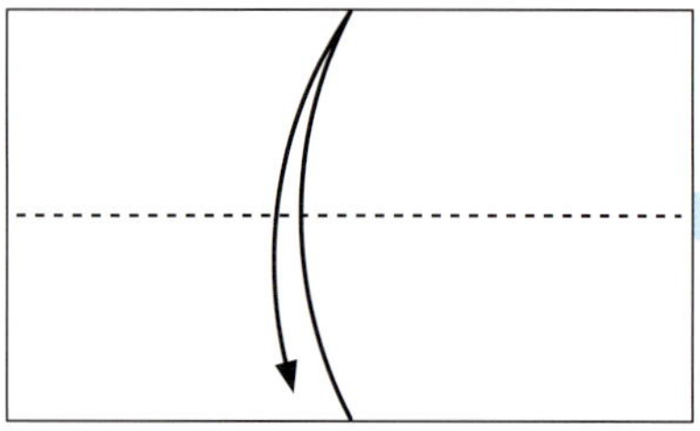

1 半分に折って、もどします。

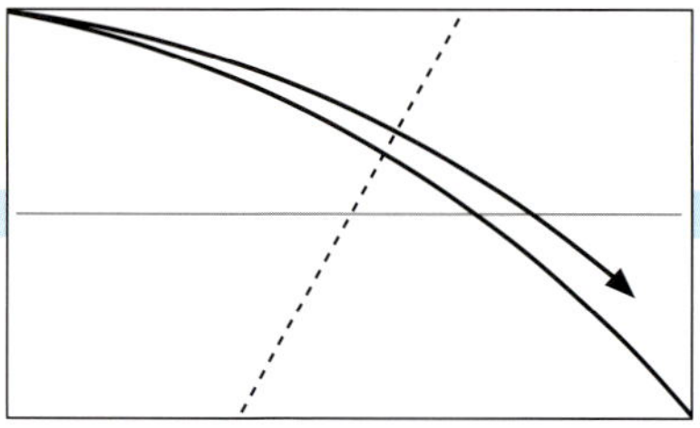

2 右下のカドを左上のカドに合わせて折り筋をつけます。

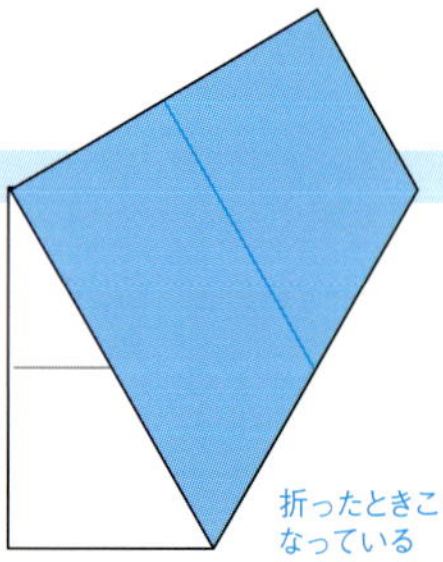
折ったときこのようになっている

③

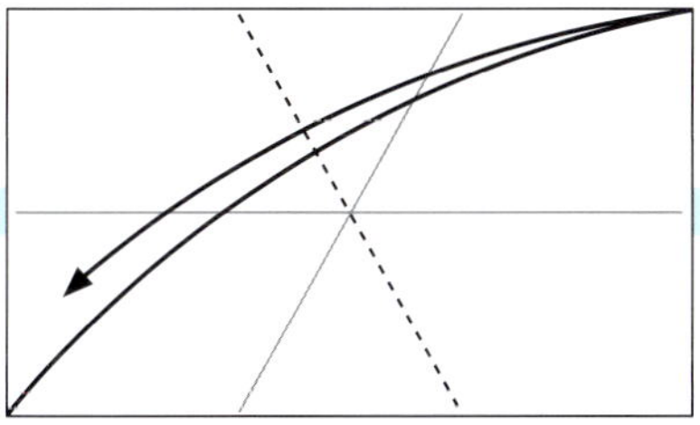

左下のカドを右上のカドに合わせて
折り筋をつけます。

④

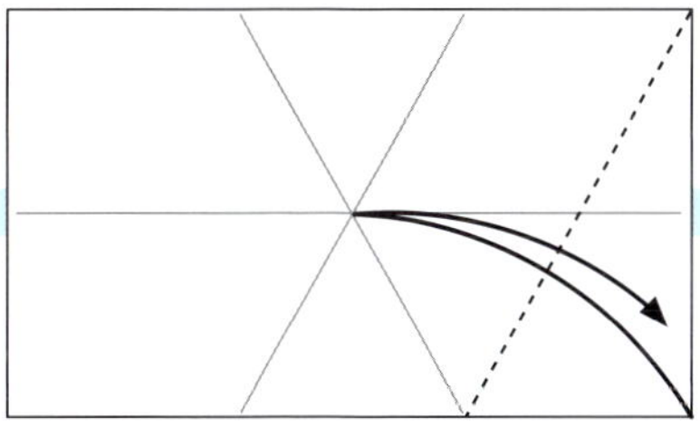

右下のカドを中心に合わせて折り、
もどします。

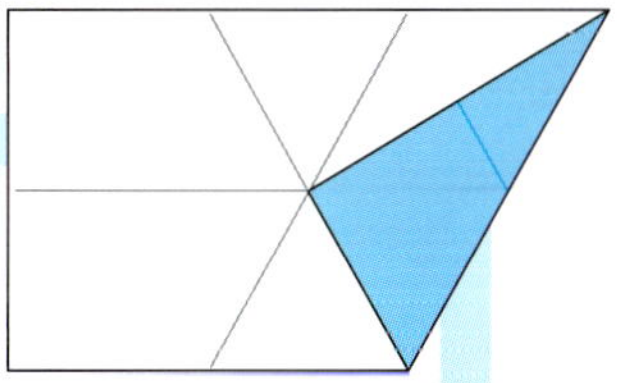

折ったときこのように
なっている

⑤

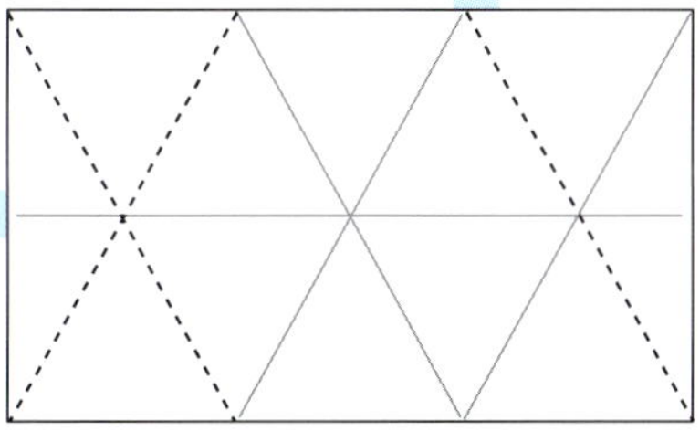

④と同じようにして残り
3本の折り筋をつけます。

⑥

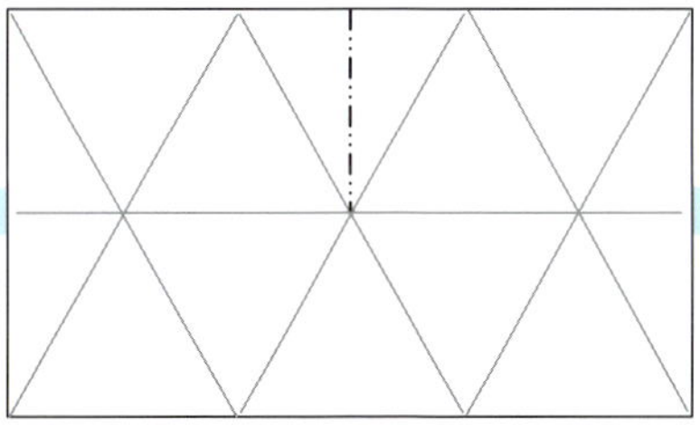

上半分だけ、まんなかに
山折り筋をつけます。

⑦

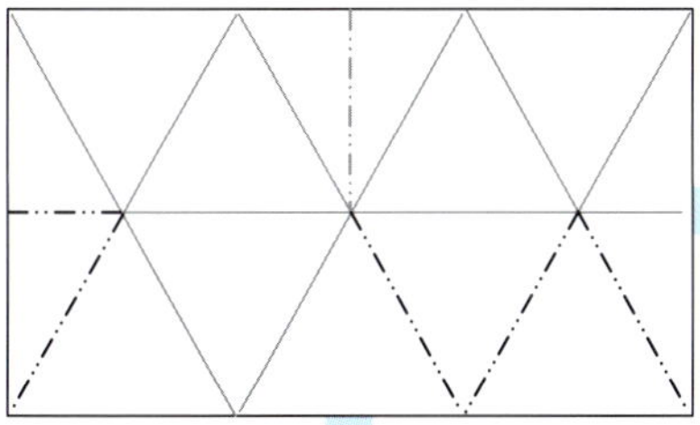

⑥でつけた線以外に計5箇所を
谷折りから山折り筋につけなおします。

⑧

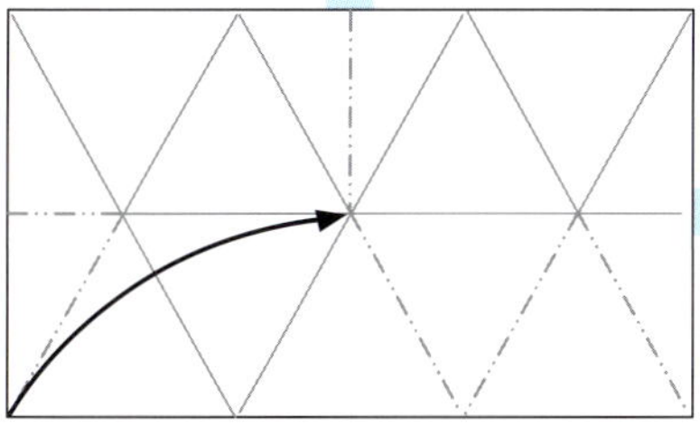

左下のカドを中心に合わせて折ります。

⑨

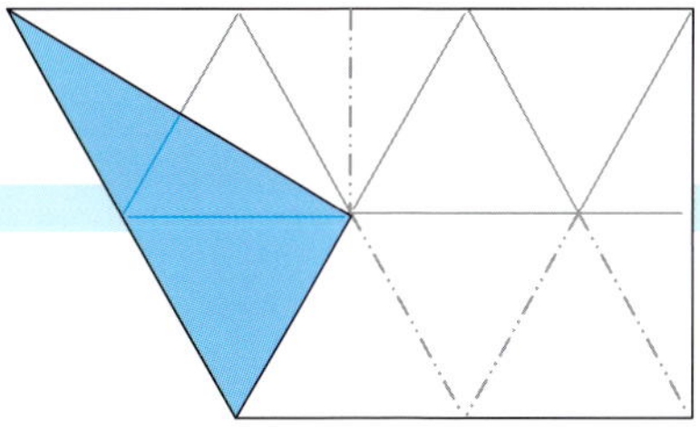

⑩

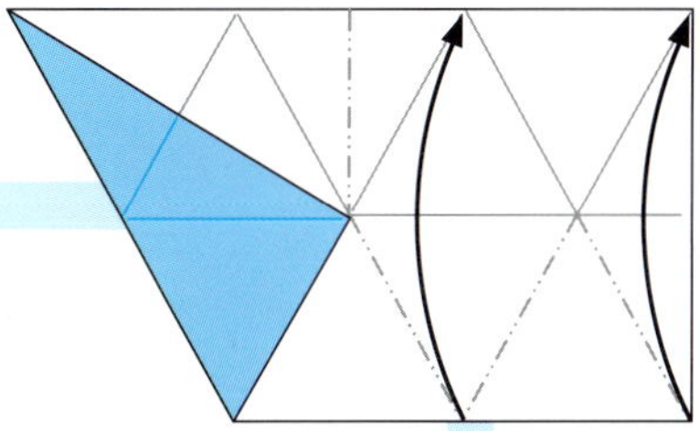

下のふちを上に合わせます。
このとき、右下はしっかりと合わせ、
左下は自然にうかせておきます。

⑪

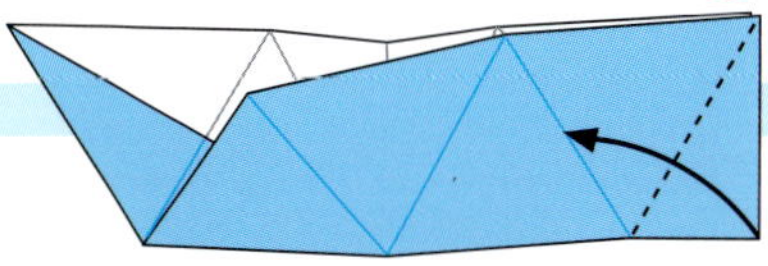

右の小さい三角を谷折りします。

⑫

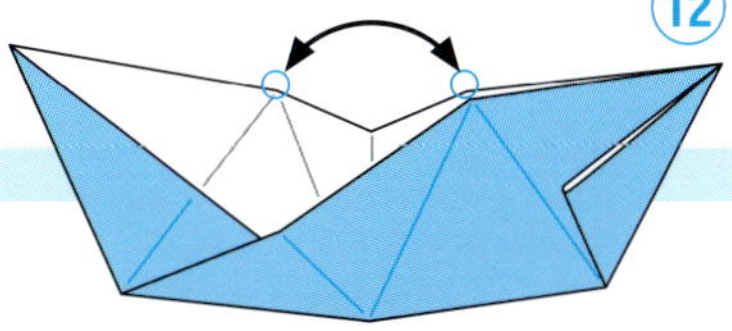

○と○を合わせます。

⑬

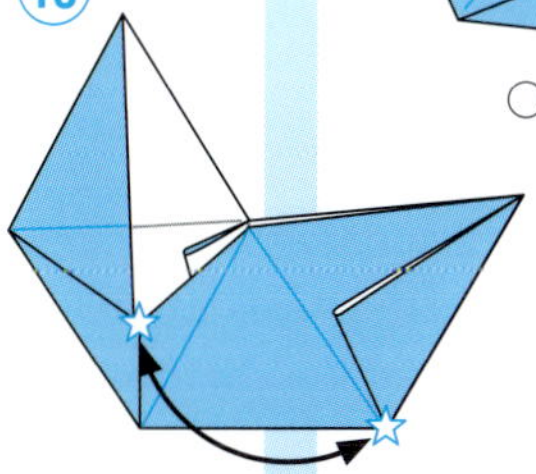

☆と☆を合わせます。

⑭

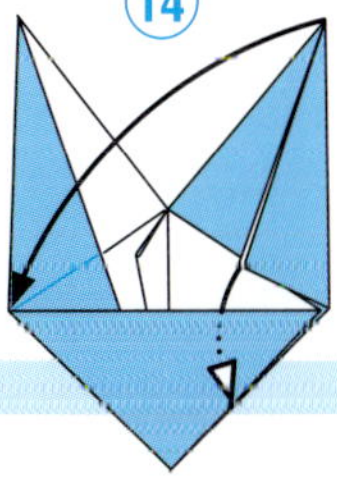

右側の小さい三角を
下に折りこみながら
矢印の方向に倒します。

⑮

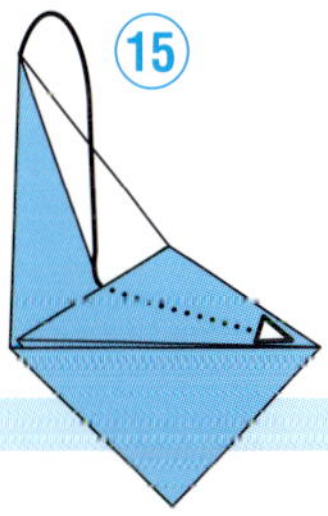

ふたのように1枚残っている
三角形を⑭で折った
三角形（2枚重なっている）の
間に押しこみます。

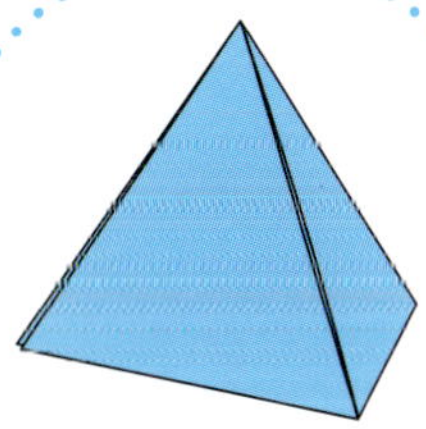

完成

折って考える

1枚の紙で折る正八面体

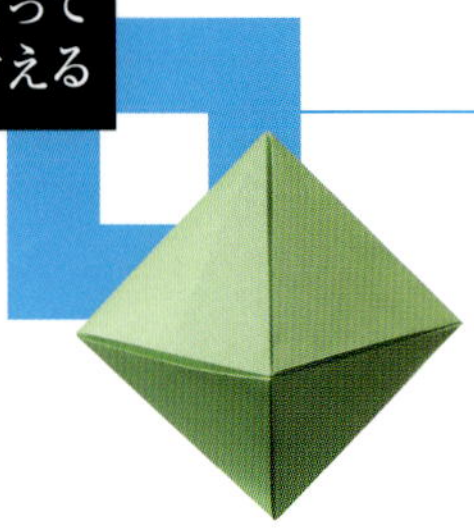

まず使用する紙を作ります。たくさんの折り筋をつけますが、どれも規則的なので、
もし間違ってもひとめでおかしなところがわかるはずです。
丈夫な紙で折って、なかにお菓子や小さなおもちゃをいれてプレゼント用にも使えます。

〈まず使用する紙を作ります〉 正方形の紙を使用します。

①

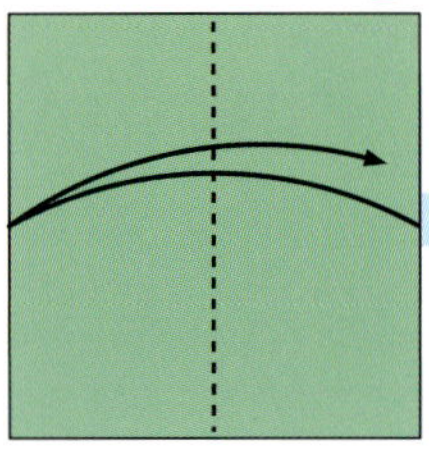

まんなかで谷折りして
もどします。

②

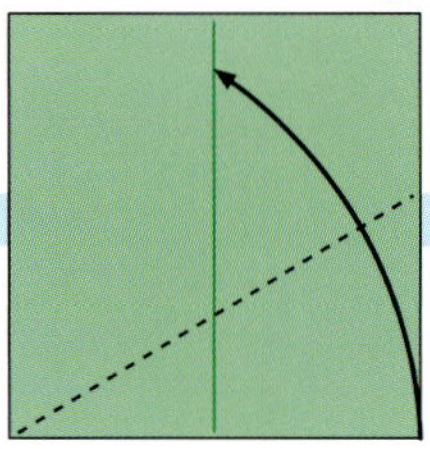

まんなかの線に
合わせて右下のカドを
折ります。

③

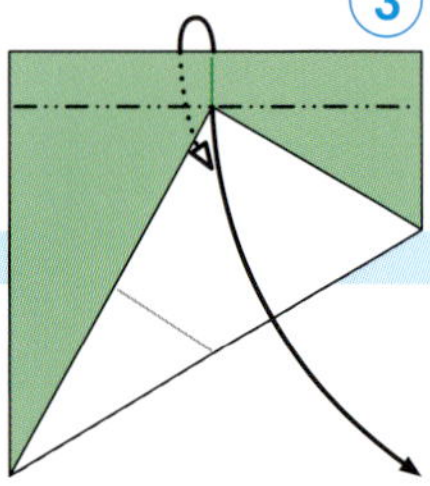

折ったカドとまんなかの
線が合ったところを
目印に上のふちを山折りします。

④

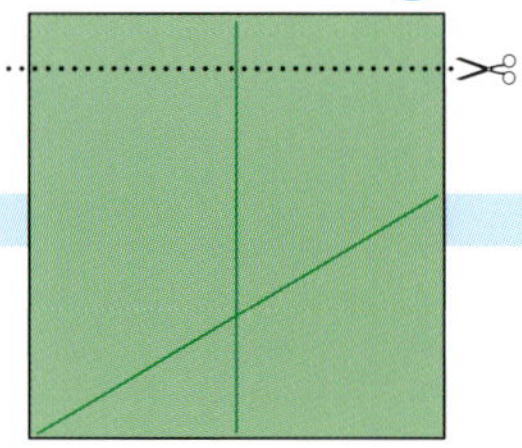

折り筋通りに切ります。

⑤

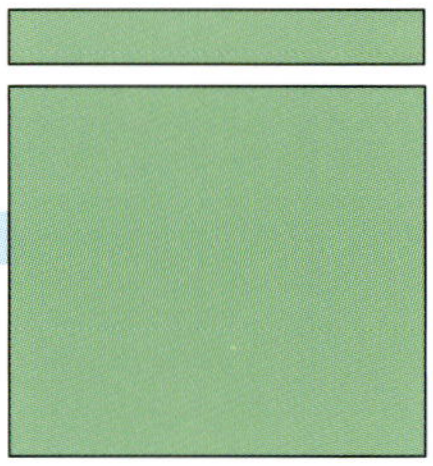

大きいほうの紙を
使用します。

①

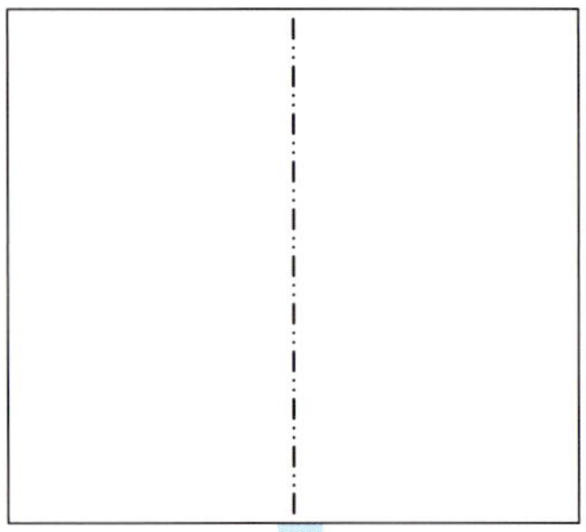

紙を作るときにつけた
山折り筋を確認してください。

②

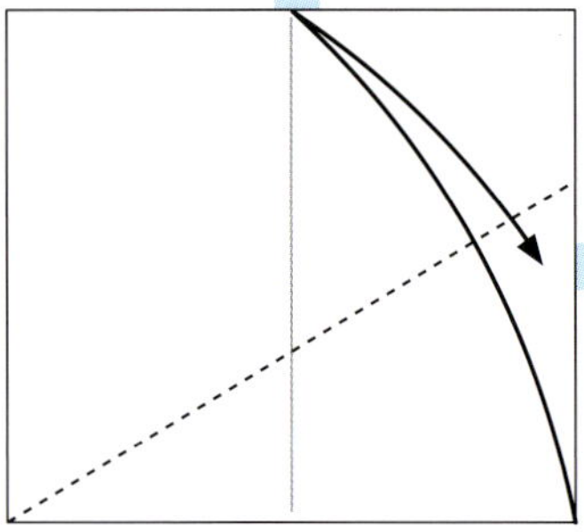

手前の右カドを
まんなかの線に合わせて折り、
もどします。

③

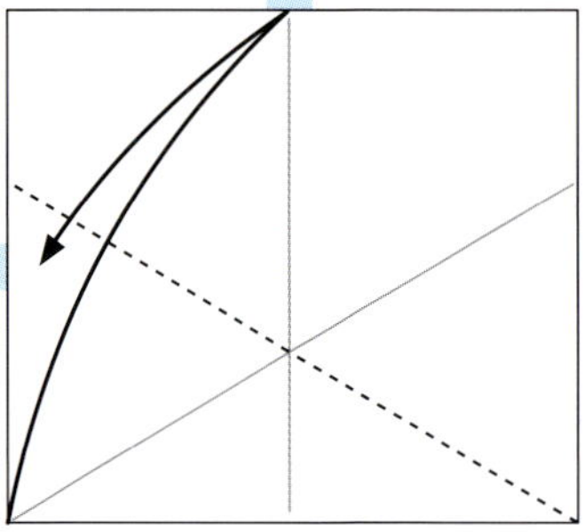

左側も同じように折り、もどします。

④

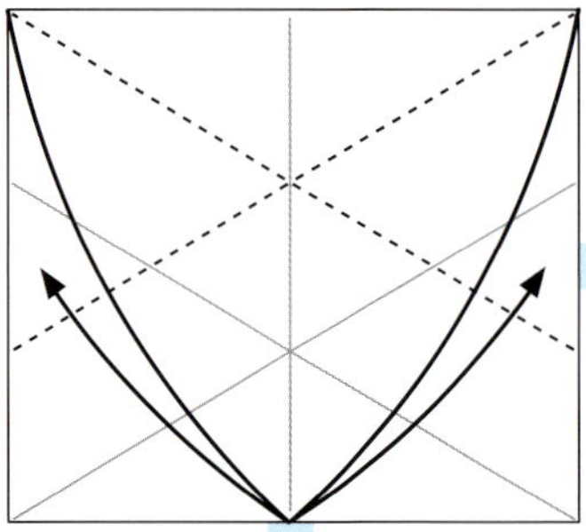

上の左右のカドも
②・③と同じように折り筋をつけます。

⑤

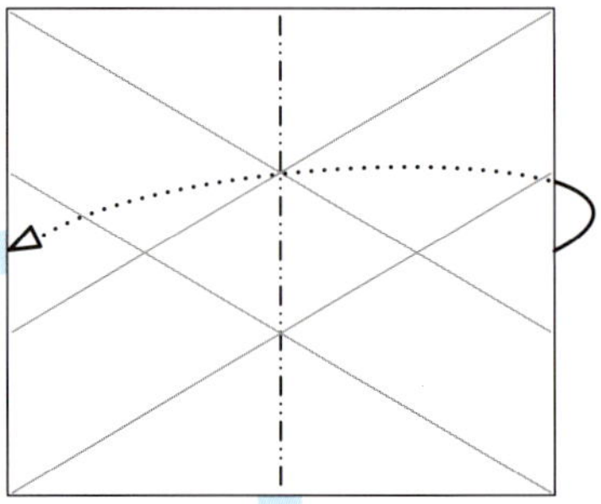

まんなかで山折りします。

⑥

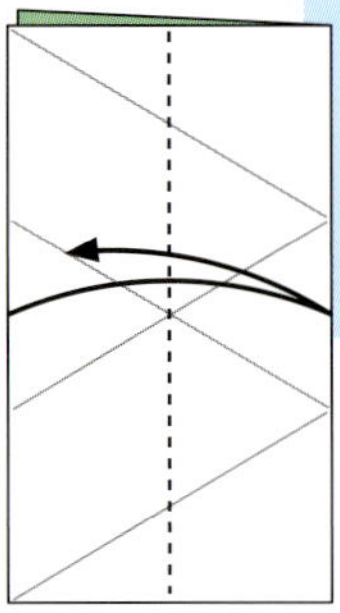

上の1枚だけ
まんなかに谷折りの線を
つけてもどします。

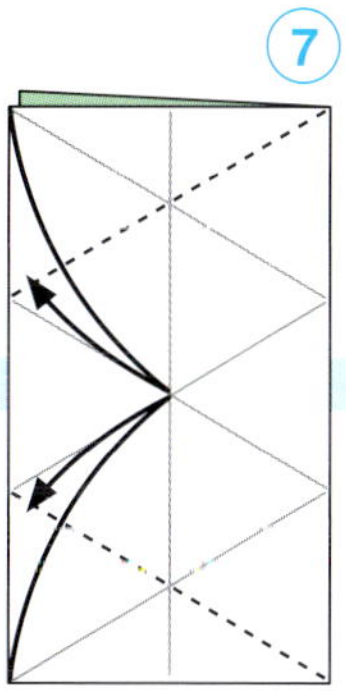
7

左側の上下のカドを
それぞれ中心に合わせて折り、
もどします。
裏の1枚も⑥～⑦と
同じように折り筋をつけて
全部開きます。

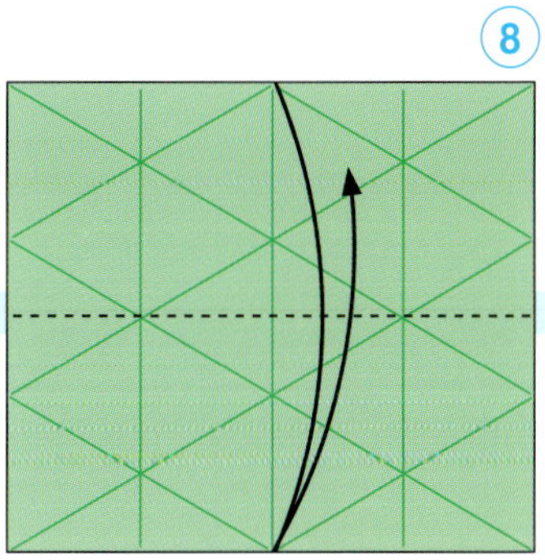
8

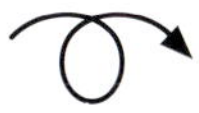
裏返す

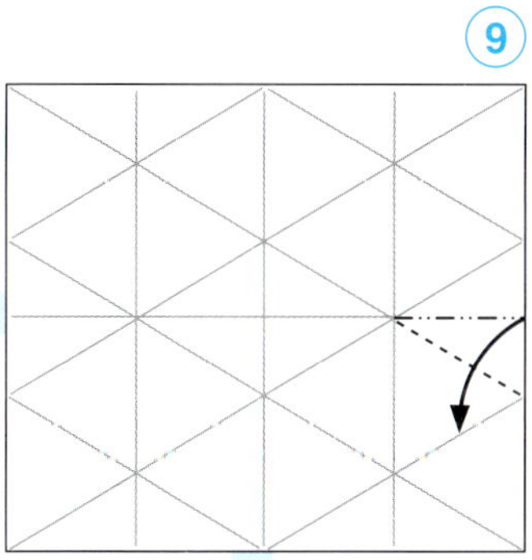
9

右のまんなかの山折り線をつまみ、
すぐ下の谷折り線で折ります。

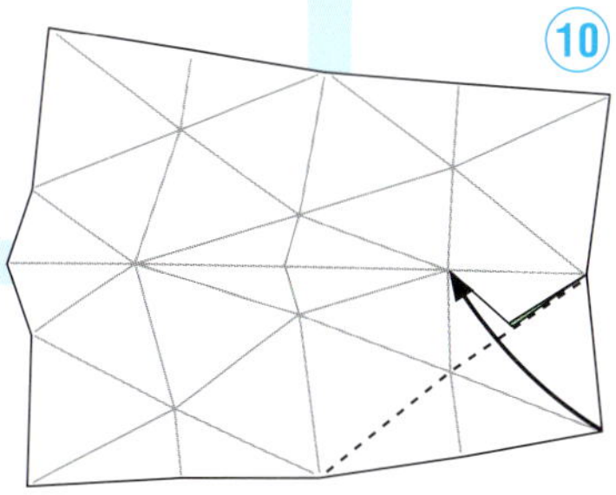
10

⑨で折ったところを押さえるように
右のカドを谷折りします。

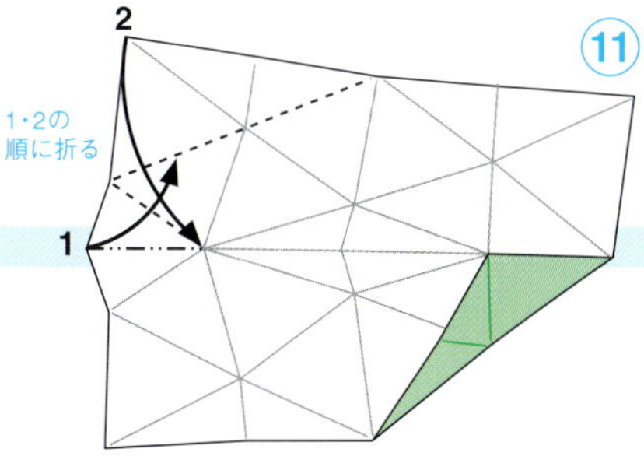
11
2
1・2の
順に折る
1

⑨～⑩と同じように
左側の上も折ります。

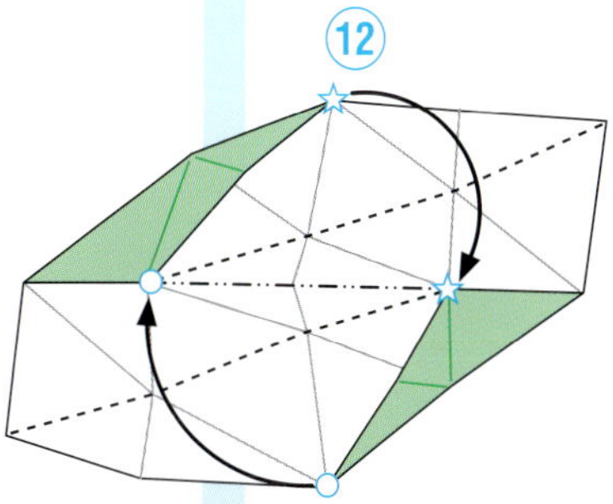
12

図のような立体になります。
○と○、☆と☆を合わせながら
中央の横線を山折りして
たたみます。

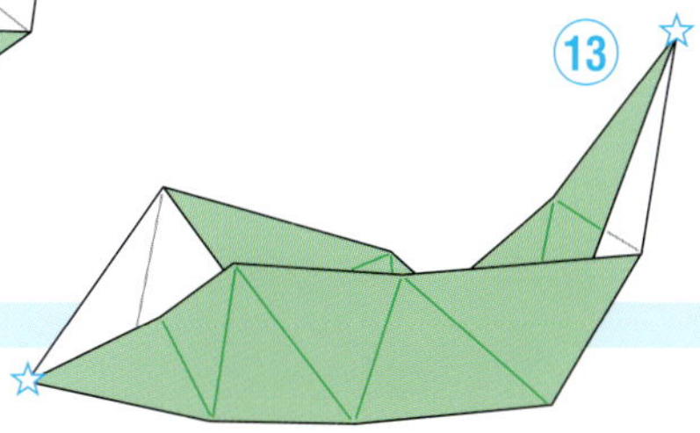
13

☆と☆がてっぺんで出合うように
ぴったりたたみます。

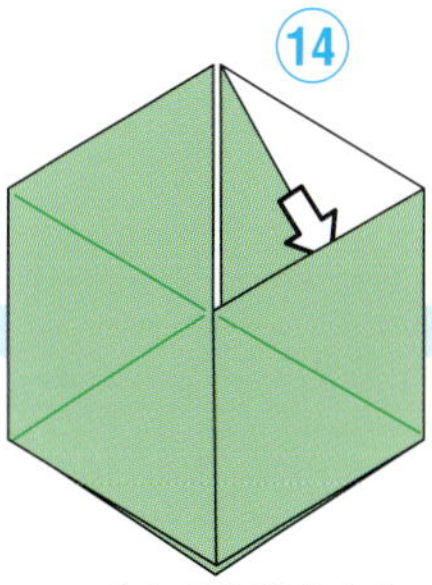
14

⇨のところを開きます。

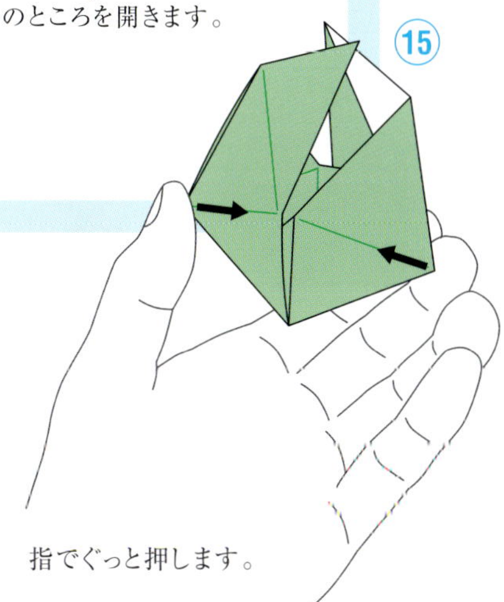
15

指でぐっと押します。

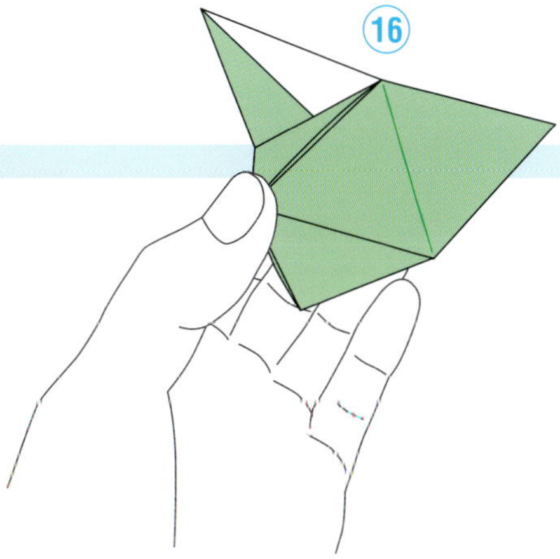
16

2箇所のでっぱっているところを、
それぞれなかに差しこみます。

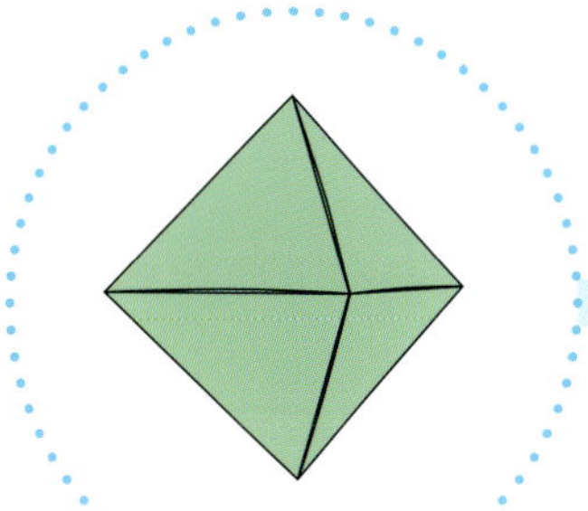

完成

1枚の紙で折る正二十面体

正四面体と同じ長方形の紙を用います。
これもたくさんの折り筋がつきますが、どれも規則的な折りなので間違いが一目瞭然。
組みたては正四面体や正八面体よりむしろ簡単かもしれません。

〈まず使用する紙を作ります〉 正方形の紙を使用します。

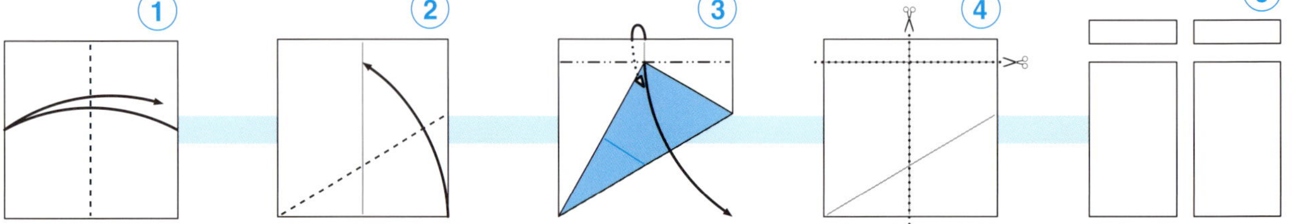

1 まんなかで谷折りして
もどします。

2 ①でつけた折り筋に
右のカドを合わせます。

3 上部を山折りして
開きます。

4 折り筋通りに
切ります。

5 大きいほうを
1枚使います。

1

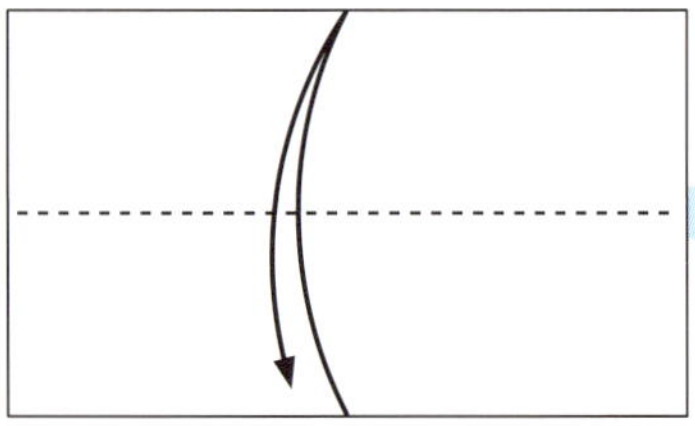

半分に折って、もどします。

2

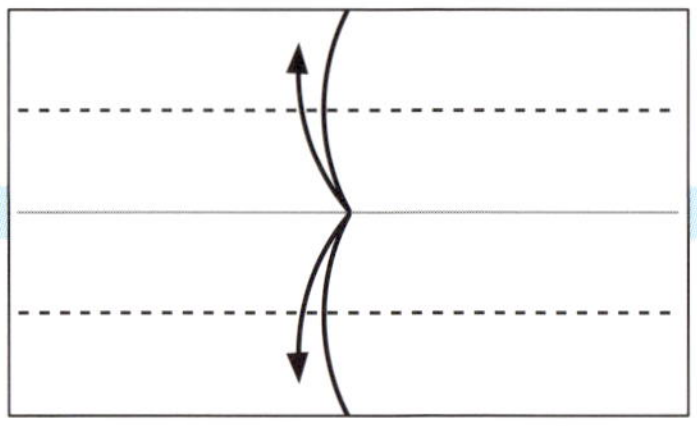

まんなかの線に合わせて
上下ともに半分に折り、もどします。

3

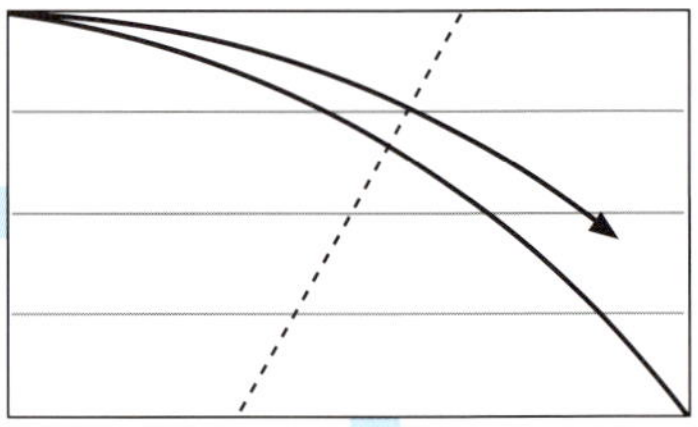

右下のカドを左上のカドに
合わせて折り、もどします。

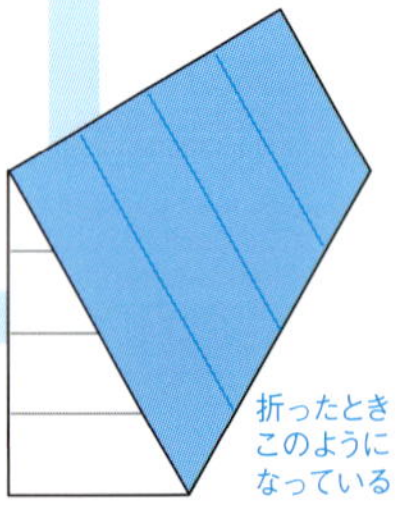

折ったとき
このように
なっている

4

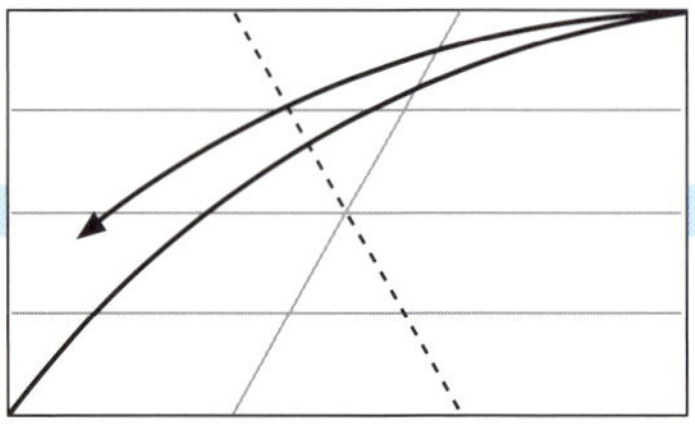

③と同じように反対のカドも折り、
もどします。

5

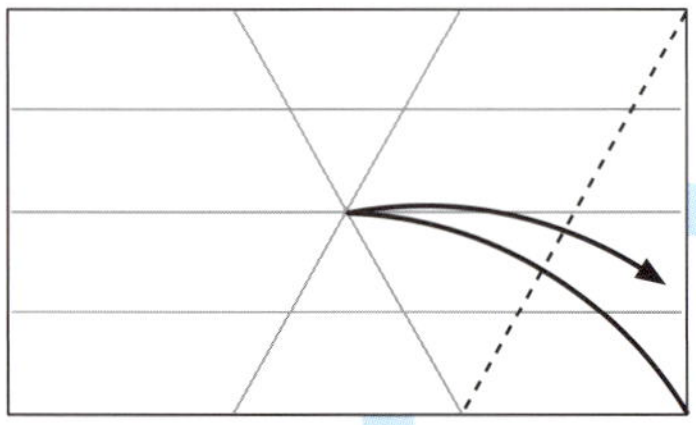

右下のカドを中心に合わせて折り、
もどします。

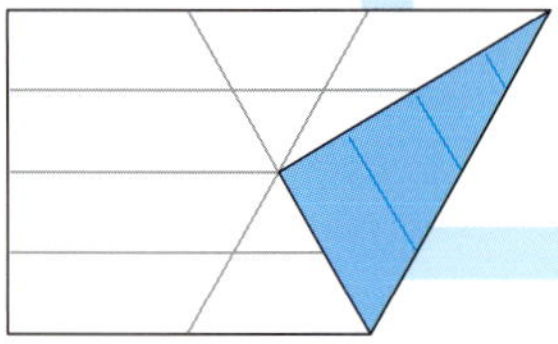

折ったときこのようになっている

6

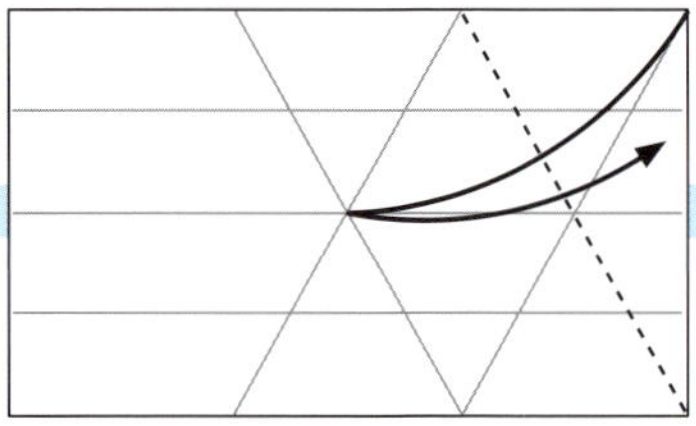

右上のカドを中心に合わせて折り、
もどします。

7

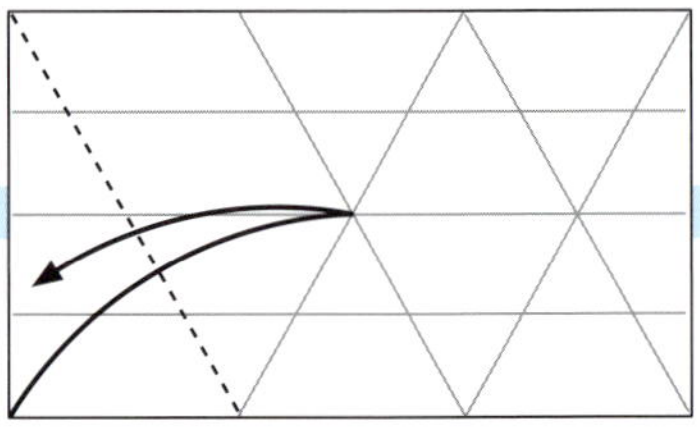

左下のカドを中心に合わせて折り、
もどします。

8

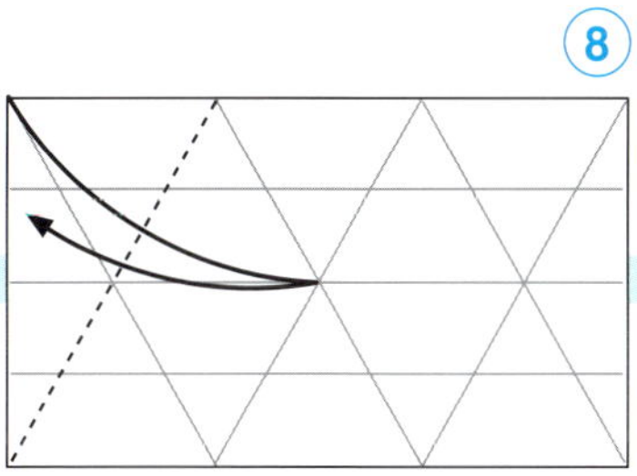

左上のカドを中心に合わせて折り、
もどします。

9

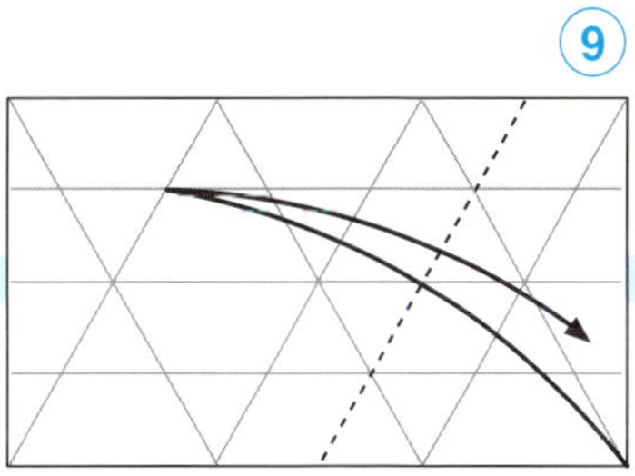

右下のカドを矢印のように折り、
もどします。

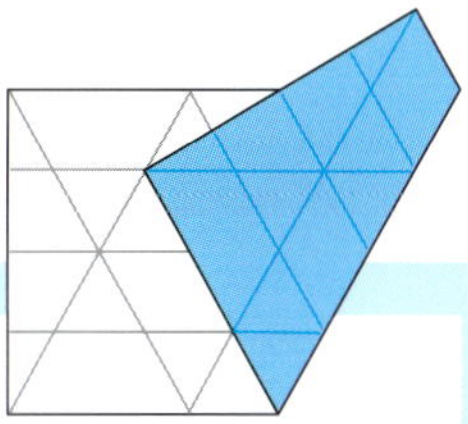

折ったときこのように
なっている

10

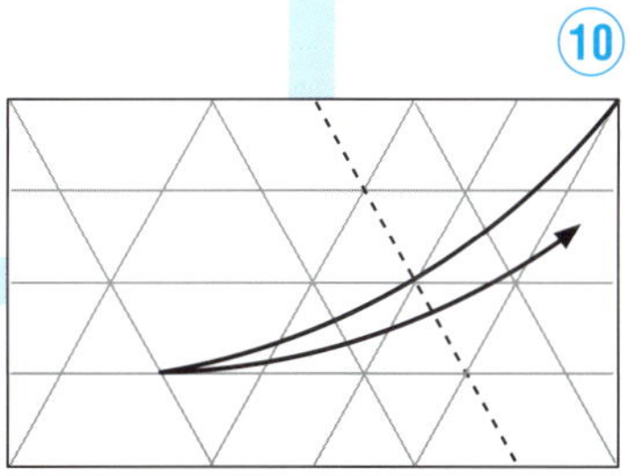

⑨と同じように右上のカドも
折ってもどします。

11

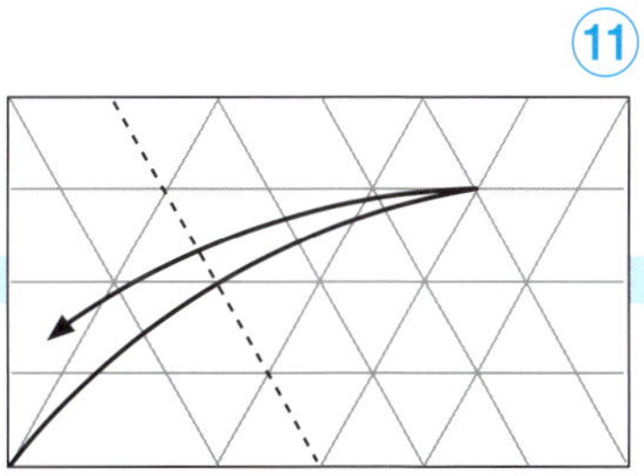

左下のカドを折ってもどします。

12

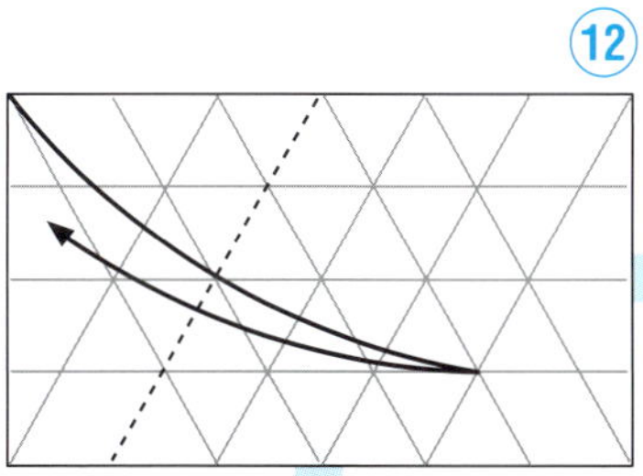

左上のカドも同じように
折ってもどします。

13

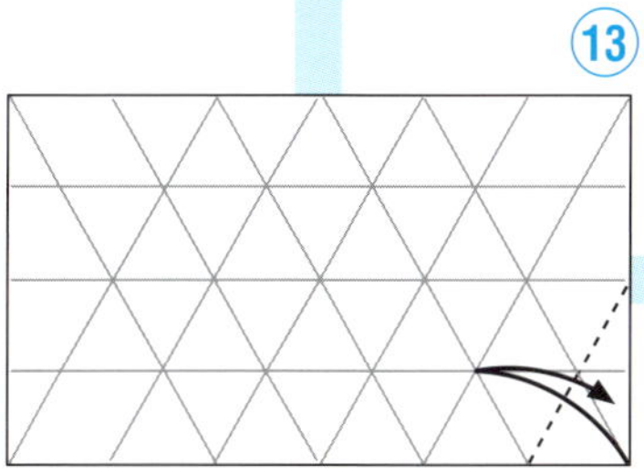

右下のカドを図のように
折ってもどします。

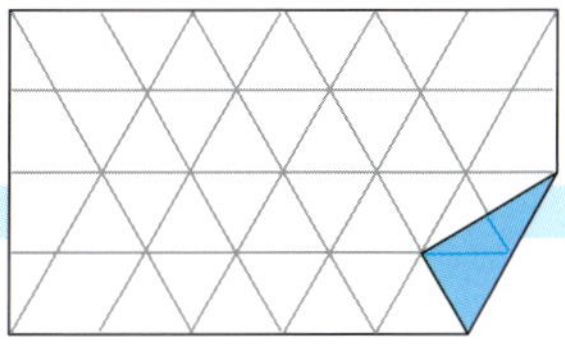

折ったときこのようになっている

14

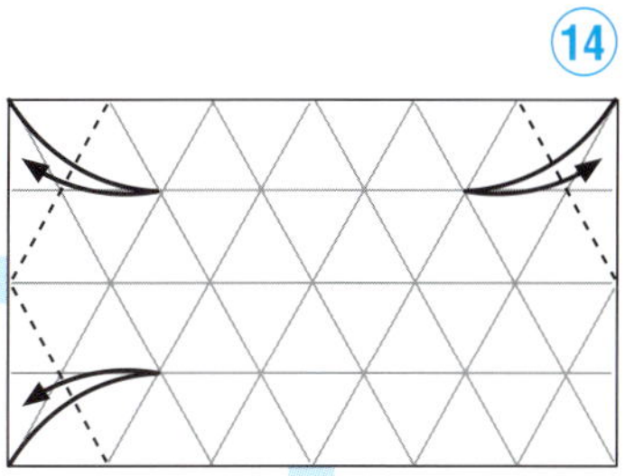

残りの3つのカドも同じように
折り筋をつけます。

15

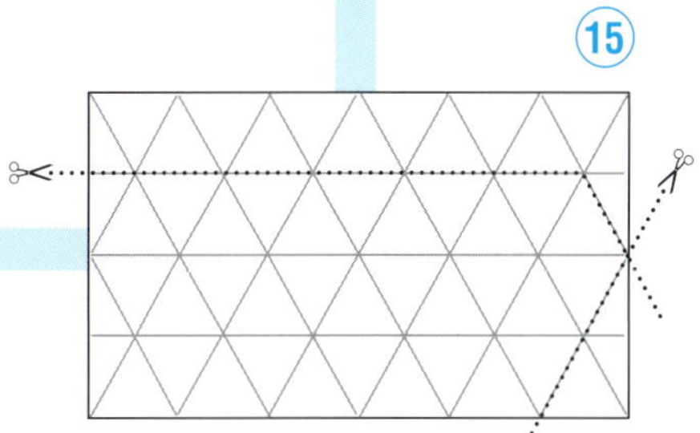

図のように切ります。

裏返す

16

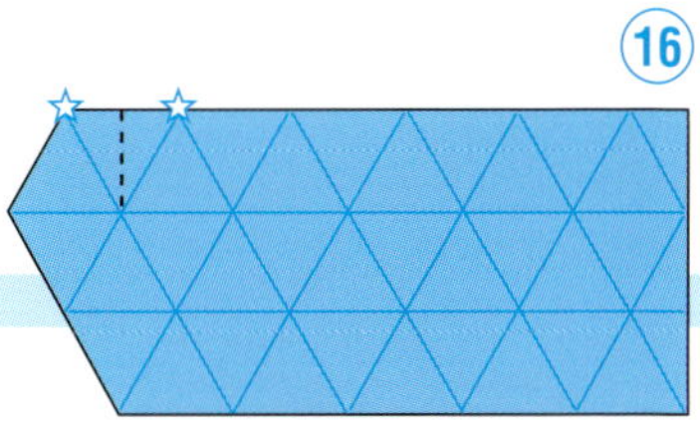

☆と☆を合わせて
谷折りします。

17

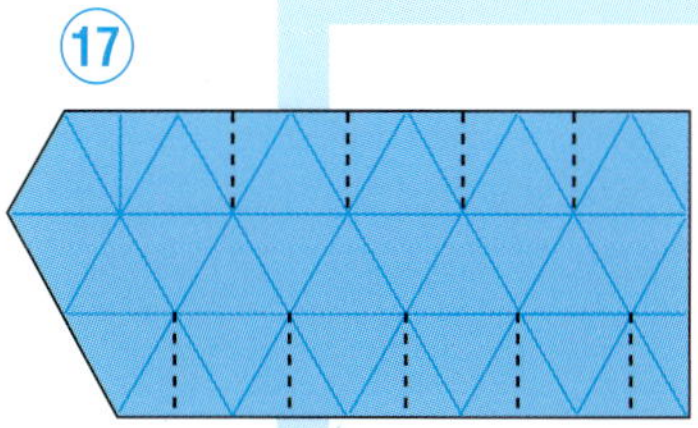

⑯と同じように他の9箇所も
谷折り筋をつけます。

18

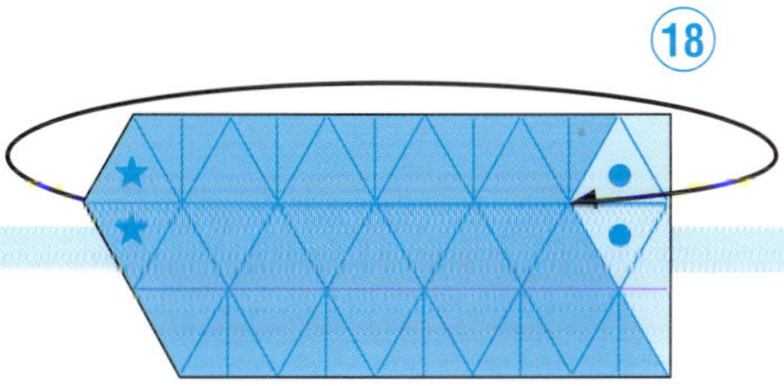

▭のところにのりをぬり、筒状に丸めて、
★印を●印にぴったりかぶせて
貼りあわせます。

19

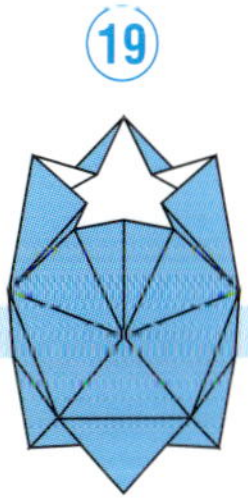

上と下を折り目通りにたたみ、
のりで貼りあわせます。

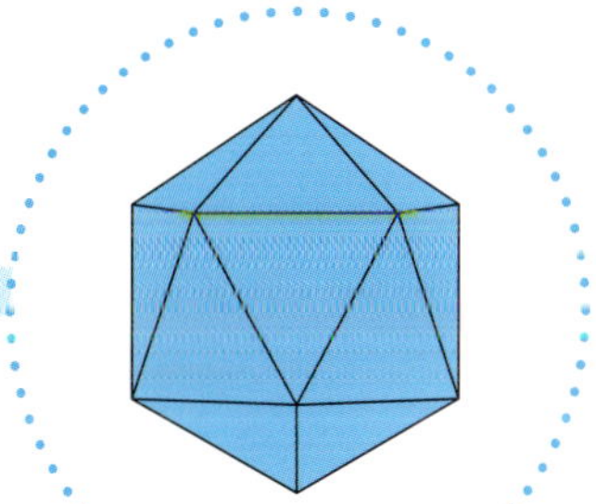

完成

折って
考える

正三角形ユニットで作る
正四面体、正八面体、こんぺいとう

〈正三角形ユニット用の紙の作り方〉 正方形の紙を使用します。

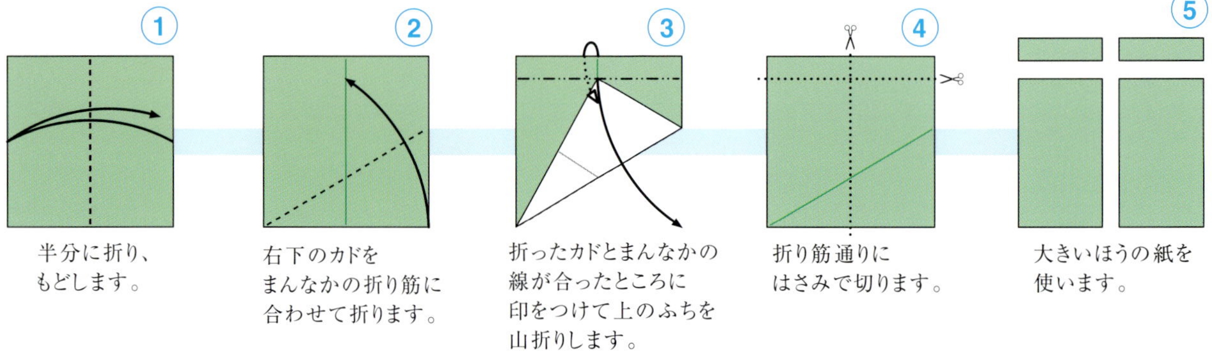

1
半分に折り、
もどします。
2
右下のカドを
まんなかの折り筋に
合わせて折ります。
3
折ったカドとまんなかの
線が合ったところに
印をつけて上のふちを
山折りします。
4
折り筋通りに
はさみで切ります。
5
大きいほうの紙を
使います。

左右が逆のふたつの正三角形ユニットA・Bを用意します。

ユニットAの作り方

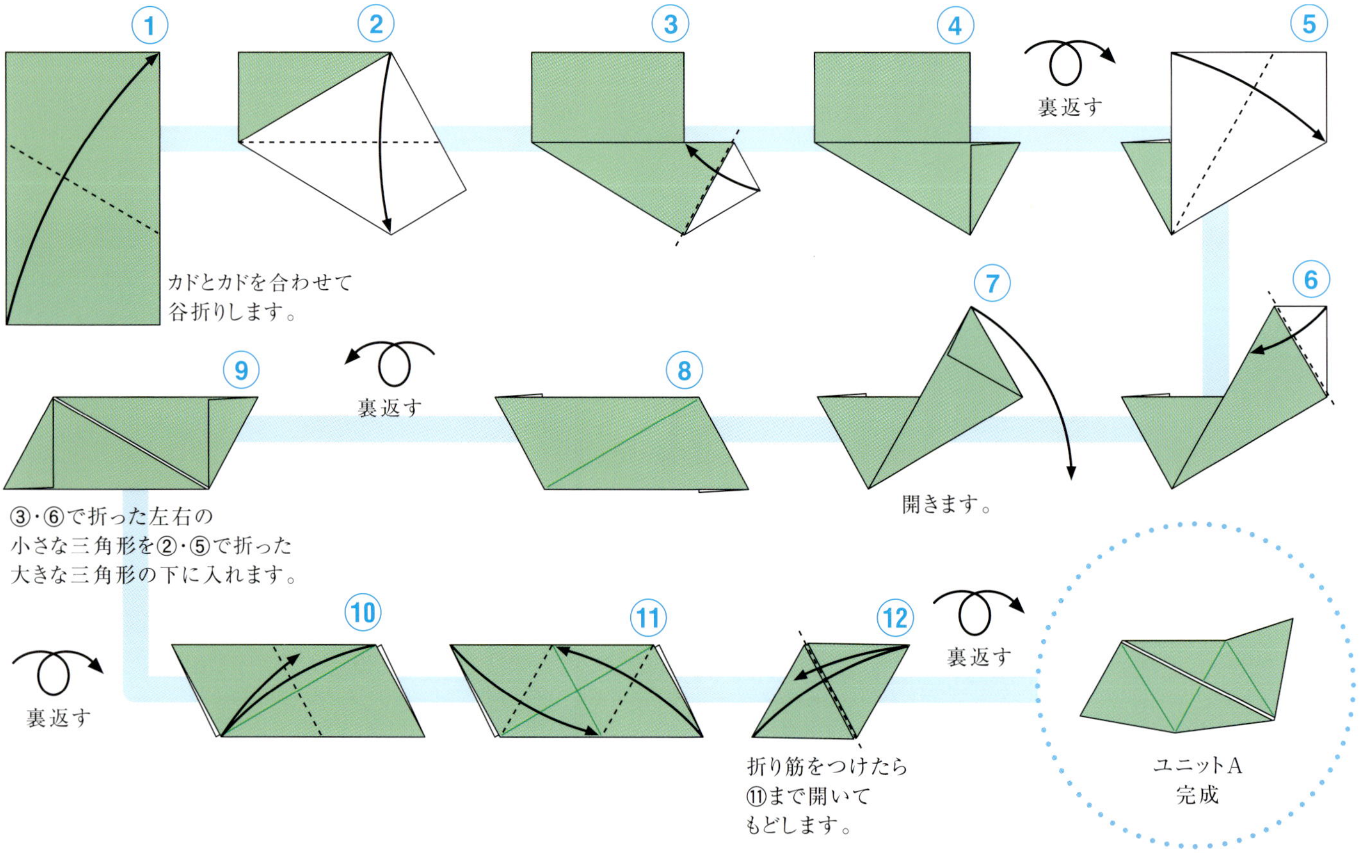

1
カドとカドを合わせて
谷折りします。
2
3
4
裏返す
5
6
7
開きます。
8
裏返す
9
③・⑥で折った左右の
小さな三角形を②・⑤で折った
大きな三角形の下に入れます。
裏返す
10
11
12
折り筋をつけたら
⑪まで開いて
もどします。
裏返す
ユニットA
完成

ユニットBとこんぺいとうユニットの作り方

止三角形ユニットで組みたてた正八面体がなかにすっぽりおさまってしまうこんぺいとう型の立体を作るためのこんぺいとうユニットを折ります。
これは正三角形ユニットBと途中まで折り方は同じです。

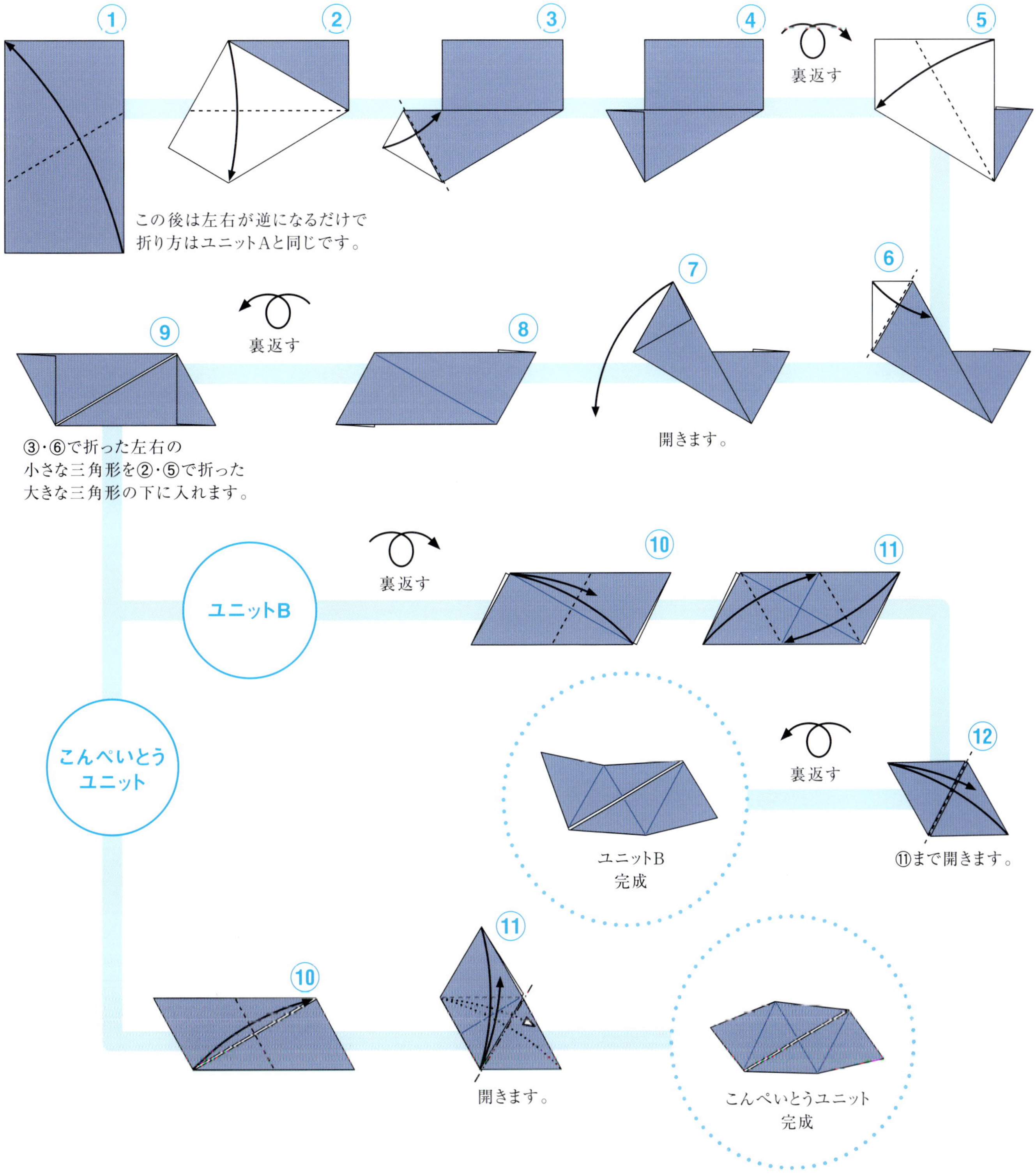

1
2
3
4
裏返す
5
この後は左右が逆になるだけで
折り方はユニットAと同じです。
6
7
開きます。
8
裏返す
9
③・⑥で折った左右の
小さな三角形を②・⑤で折った
大きな三角形の下に入れます。
ユニットB
裏返す
10
11
ユニットB
完成
裏返す
12
⑪まで開きます。
こんぺいとう
ユニット
10
11
開きます。
こんぺいとうユニット
完成

折って
考える

正三角形ユニットで作る正四面体の組み方

76〜77ページで作った正三角形ユニットのA・Bをそれぞれ1枚使います。
A・Bともに同じ大きさなので差しこんだときにきっちりと組みあわせることができます。
ユニットの色を変えてカラフルにしたり、大きさを変えて入れ子にするのも楽しいものです。

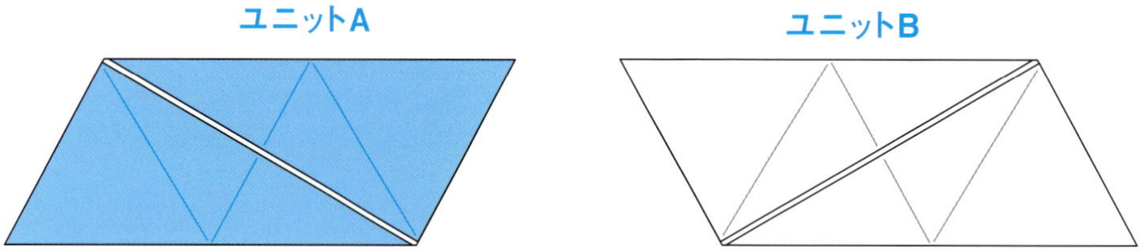

AとBを1枚ずつ使って組みたてます。

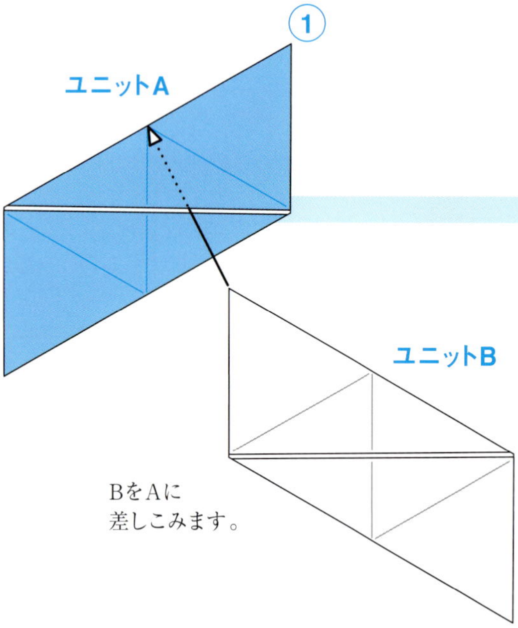

BをAに
差しこみます。

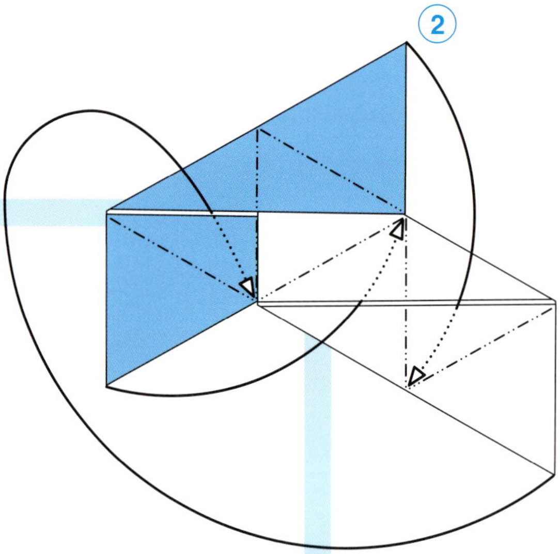

折り筋通りにたたみ、
でっぱっている
三角形のカドを矢印の
ところに差しこみます。

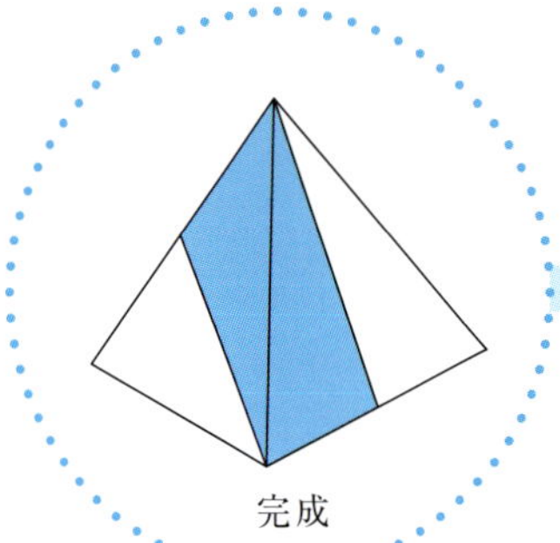

完成

折って
考える

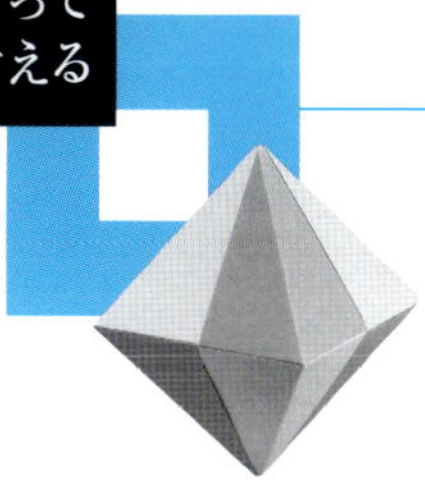

正三角形ユニットで作る正八面体の組み方

ユニットのA・Bいずれを使用してもかまいませんが、必ず同じユニットを4枚使います。
ここではユニットAで組む場合を図にしていますが、Bを使っても同じようにできます。
AとBは向きが逆なのでユニット同士を差しこむ方向が変わるだけです。

ユニットAを使う場合

2色のユニットを2枚ずつ使うと組みやすい。

①

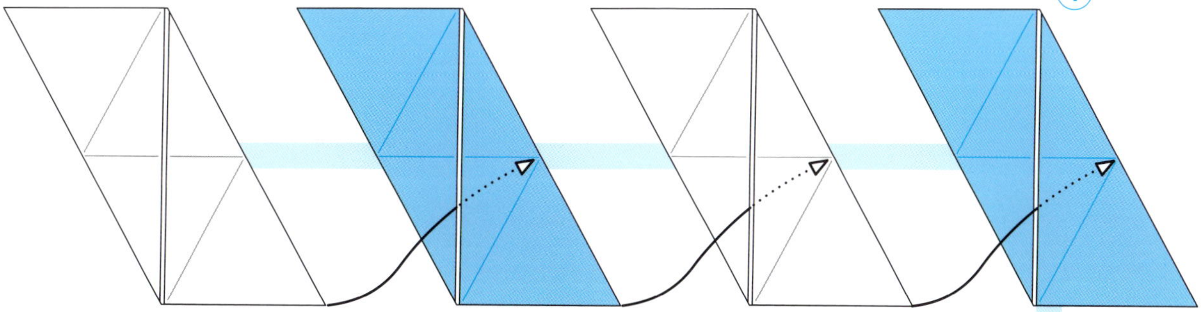

4枚を同じ方向に並べ、右から順番に差しこみます。

②

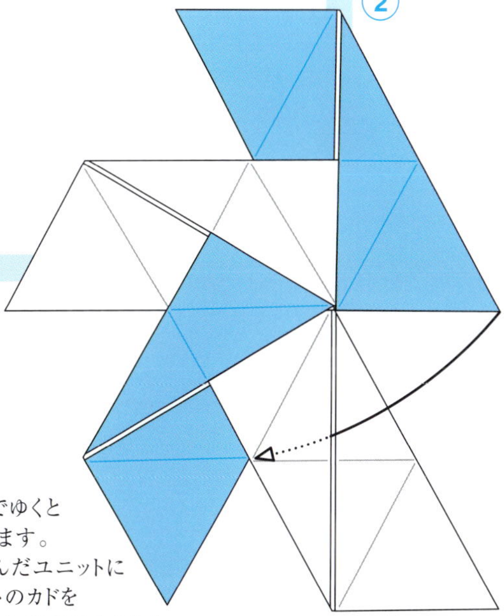

順に差しこんでゆくと
図のようになります。
最後に差しこんだユニットに
最初のユニットのカドを
差しこむと自然に立体になります。

③

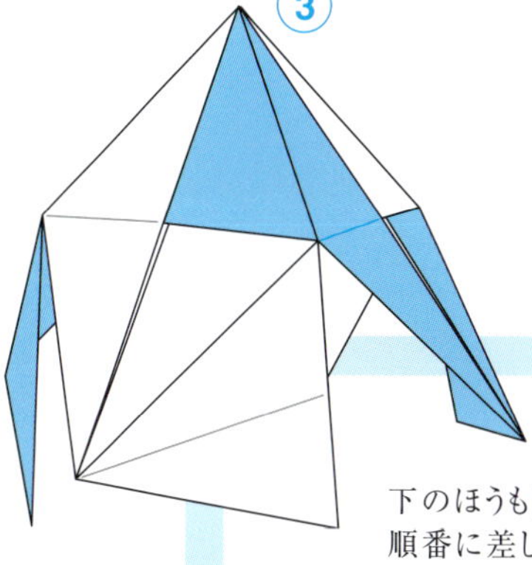

下のほうも同じように
順番に差しこんで
組みたてます。

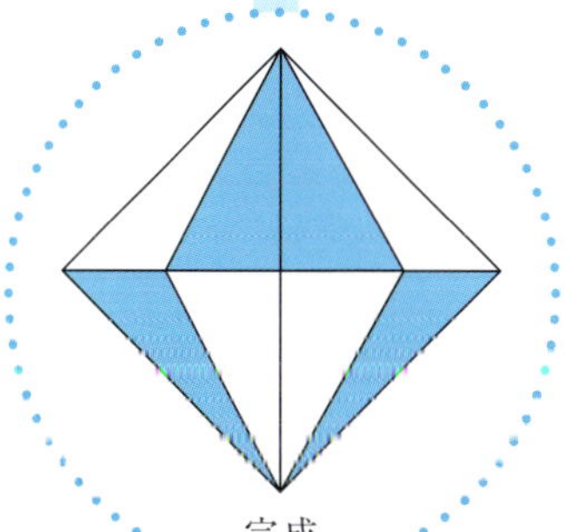

完成

試してみよう!

正三角形ユニットA5枚、B5枚の計10枚で**正二十面体**が組みたてられます。Aユニット5枚、Bユニット5枚をそれぞれ同じ方向に、正八面体を組むのと同じ要領で合わせてゆき、最後にAとBを組みあわせます。

※1枚1枚組んでゆく方法もありますが、現在の表記法では説明しにくいので上記の組み方にしました。
次ページのこんぺいとうも同様です。

折って考える

正八面体にぴったりかぶさるこんぺいとうの組み方

こんぺいとうユニット（作り方は77ページ）を12枚使います。
紙を3色使うと組みあわせるときにわかりやすいでしょう。最後まで1枚ずつ組みたてていってもよいのですが、3つのユニットの組みあわせをまず4組作って、それを組んでゆくほうが、形がイメージしやすいかもしれません。

①

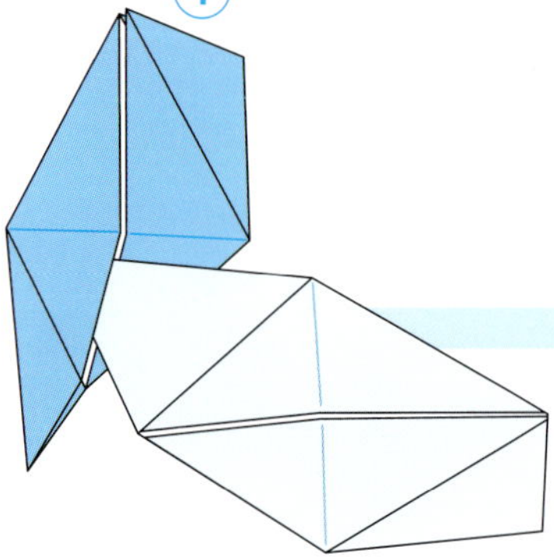

こんぺいとうユニットを
図のように差しこみます。

②

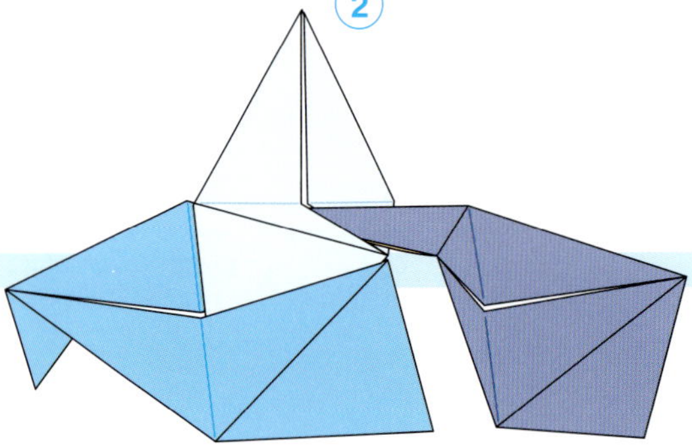

3つめのユニットを差しこんで
立体の部分が
三角錐（正四面体）になるようにします。

③

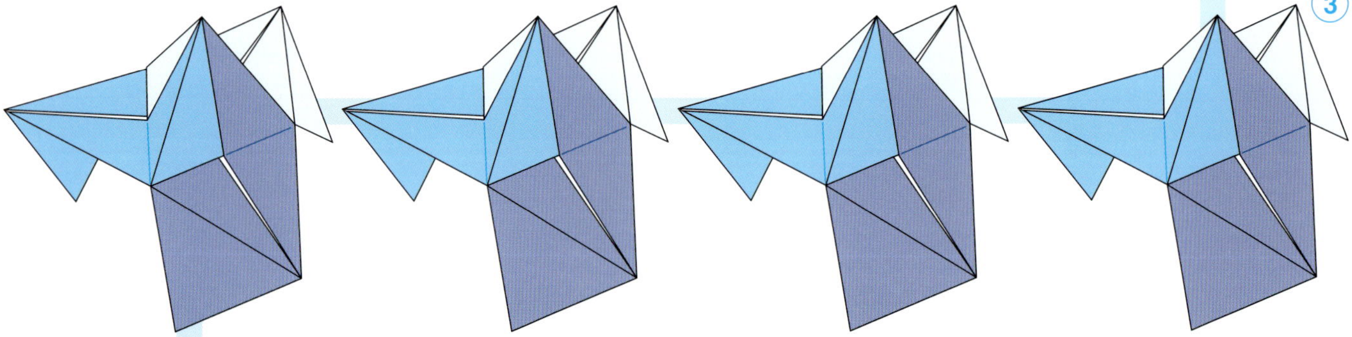

3つのユニットを組みあわせて作った図のような形を4組作り、これを組みあわせます。
組むときには、、必ず違う色の紙同士を組みあわせるようにすると
配色が規則的になり、きれいにできます。

④

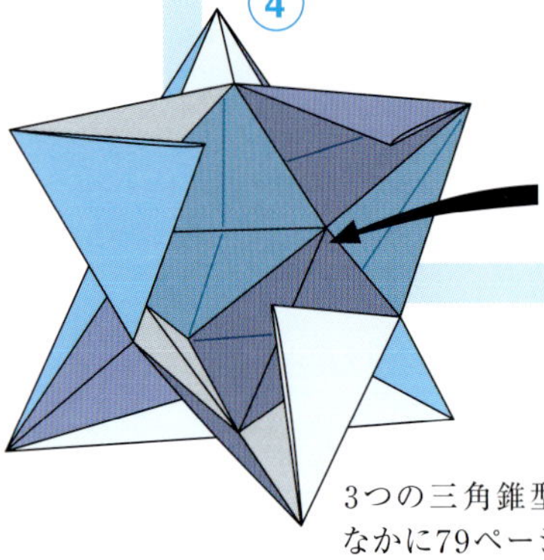
ここから正八面体を
入れる

3つの三角錐型のユニットを組みあわせたら、
なかに79ページで作った正八面体をすっぽり入れ、
最後に残っているユニットを組みあわせます。

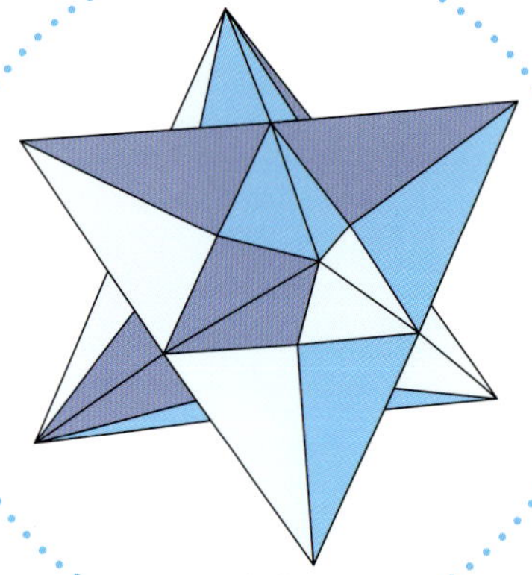

完成

折って
考える

こんぺいとうにぴったりかぶさる立方体

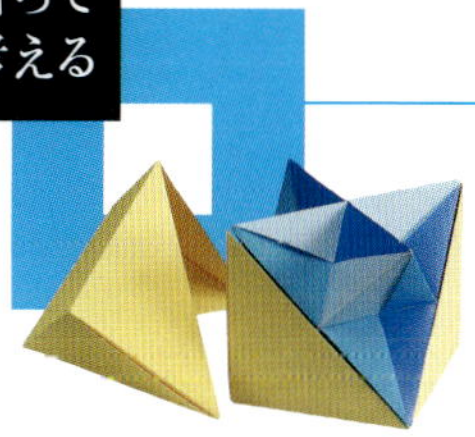

80ページで組みたてたこんぺいとうの長い辺の2倍が1辺となる、正方形の紙を2枚用意します。
折り方は大変簡単ですが、折り筋をしっかりつけるようにしてください。

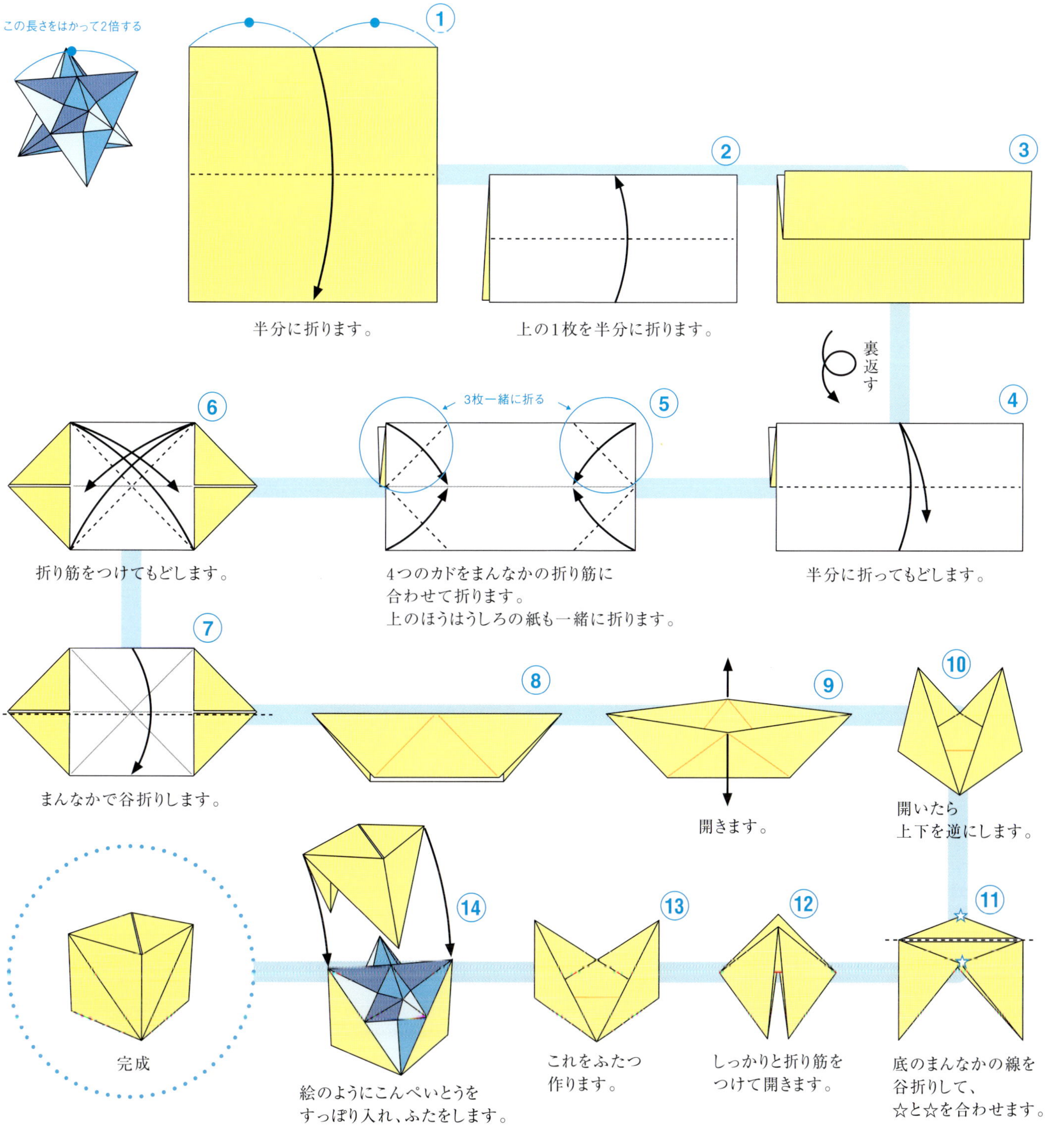

この長さをはかって2倍する
1
半分に折ります。
2
上の1枚を半分に折ります。
3
裏返す
4
半分に折ってもどします。
5
3枚一緒に折る
4つのカドをまんなかの折り筋に
合わせて折ります。
上のほうはうしろの紙も一緒に折ります。
6
折り筋をつけてもどします。
7
まんなかで谷折りします。
8
9
開きます。
10
開いたら
上下を逆にします。
11
底のまんなかの線を
谷折りして、
☆と☆を合わせます。
12
しっかりと折り筋を
つけて開きます。
13
これをふたつ
作ります。
14
絵のようにこんぺいとうを
すっぽり入れ、ふたをします。
完成

折って
考える

正五角形ユニットで作る正十二面体

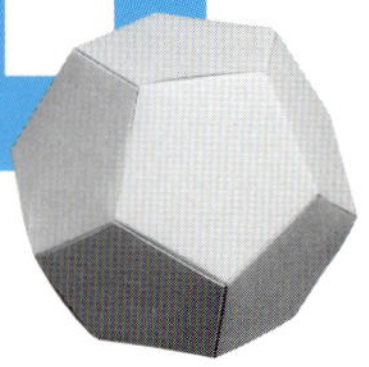

ユニット用の紙を正方形用紙から折り、これを12枚用意します。
次ページの「試してみよう!」の計算で用紙を作るほうが簡単で正確です。
正十二面体のすべての面は正五角形なので、まずは正五角形ユニットを12枚折り、これを組みあわせます。
このユニットは49ページのコップがヒントになって考えついたものなので、基本的には同じ折り方です。

〈用紙の作り方〉 正方形の紙を使用します。

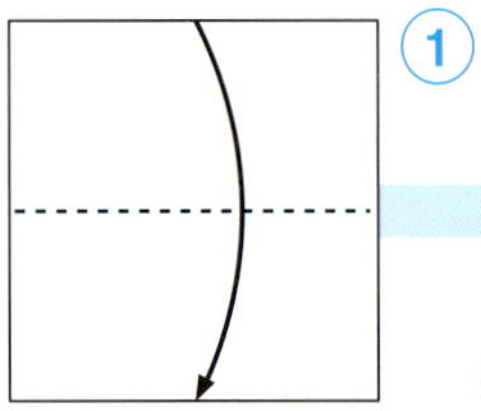

1

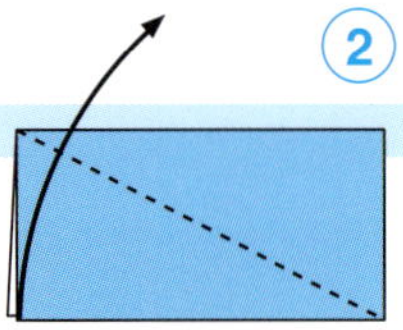

2

上の1枚だけ、
ななめに半分に
折ります。

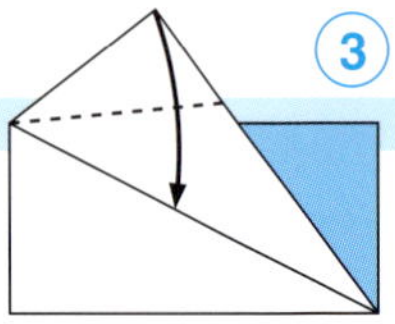

3

②で折った線に
合わせて、上に出ている
カドを折ります。

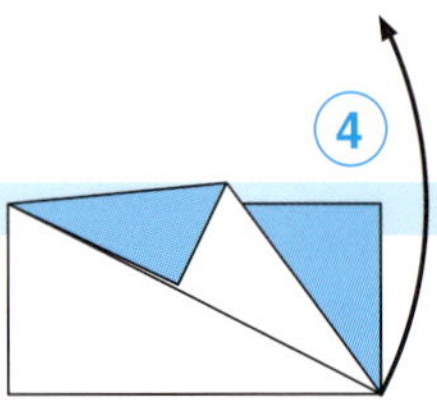

4

③で折ったところだけ
残して開きます。

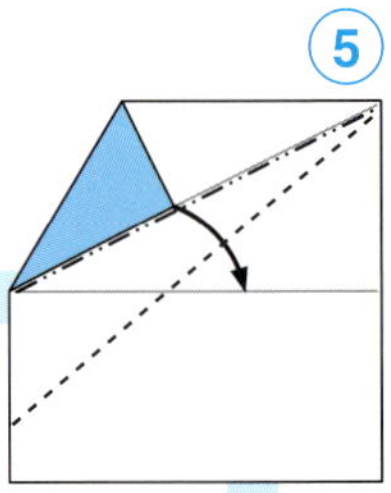

5

左上の三角形のカドが
まんなかの線に合うように
右上のカドから
2枚重ねたまま折ります。

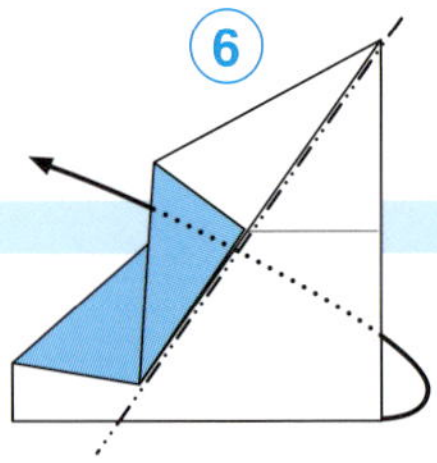

6

⑤で折った辺に合わせて
山折りします。

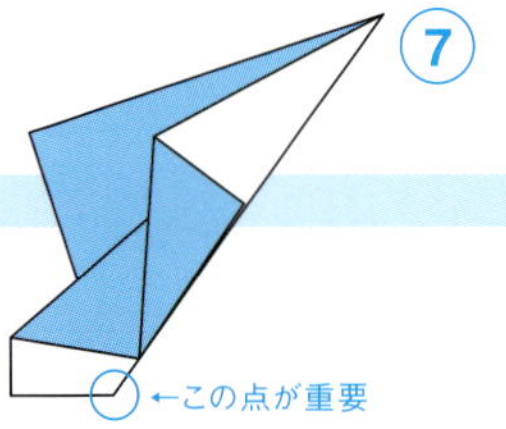

7
←この点が重要

図の○印のところが
しっかり折れていることを
確かめてから全部開きます。

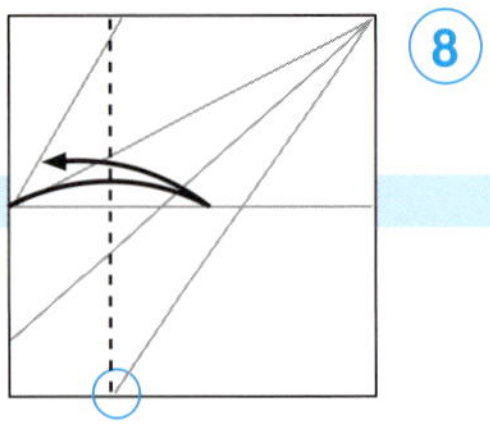

8

○印を基点に
折り筋をつけます。

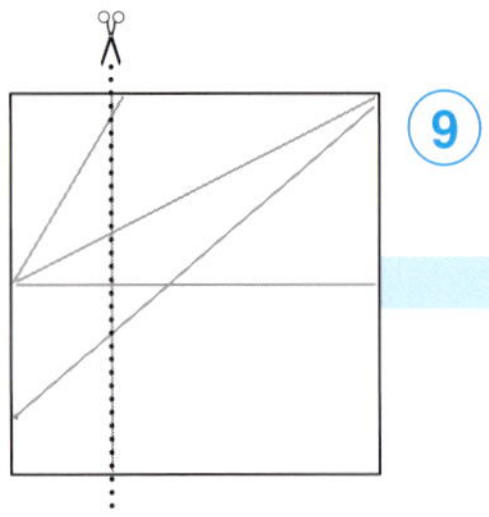

9

はさみで切り、
大きいほうの紙を
12枚用意します。

〈正五角形ユニットの作り方〉

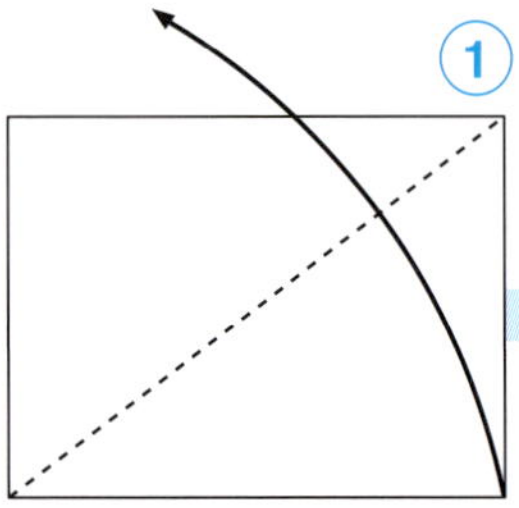

1

対角線で折ります。

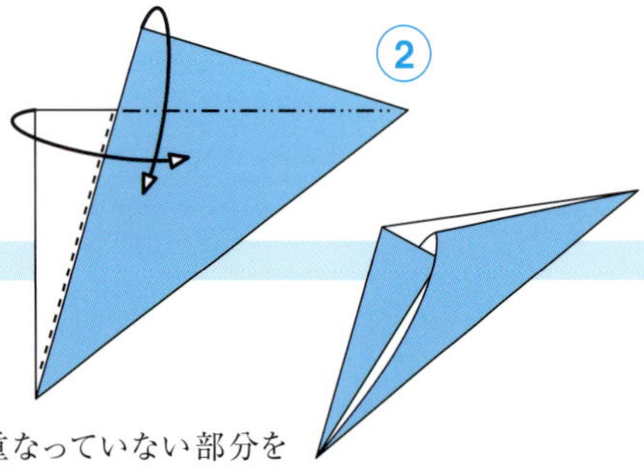

2

重なっていない部分を
内側に折りこんで組みあわせます。

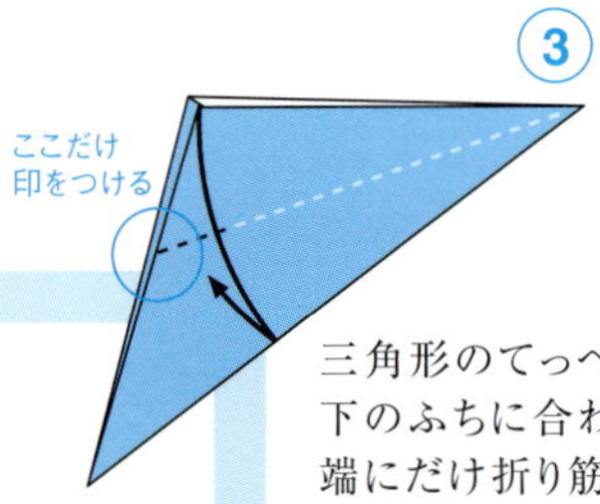

3
ここだけ
印をつける

三角形のてっぺんを
下のふちに合わせて、
端にだけ折り筋をつけます。
以降はコップの折り方と
同じです。

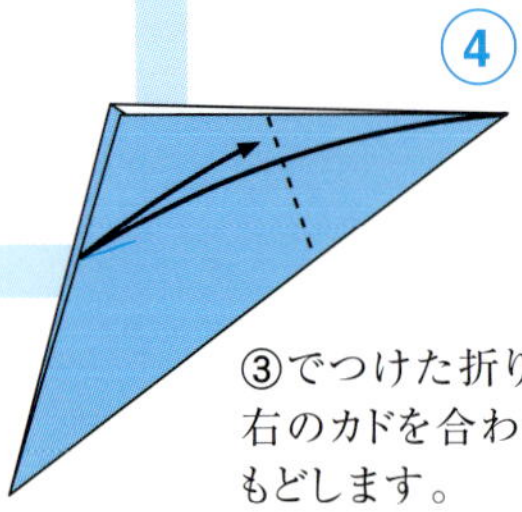

4

③でつけた折り筋に
右のカドを合わせて折り、
もどします。

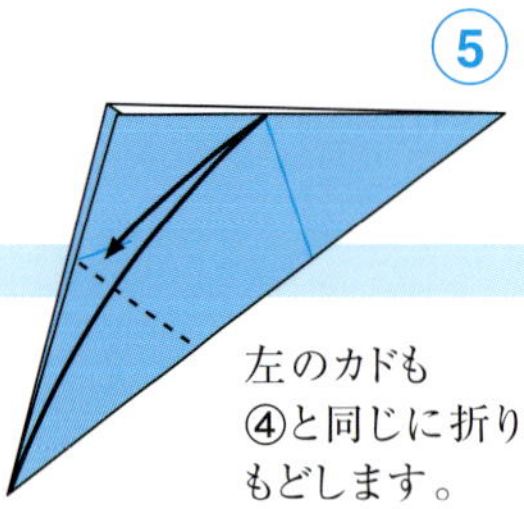

5

左のカドも
④と同じに折り、
もどします。

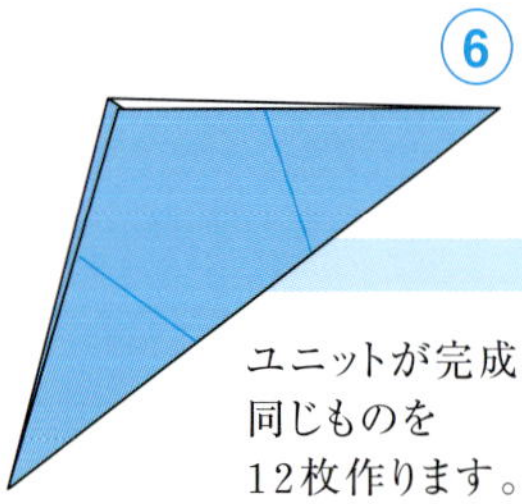

6

ユニットが完成。
同じものを
12枚作ります。

〈正五角形ユニットの組みあわせ方〉

ユニットを差しこむときに注意すること

常に、左側の差しこみ部分は左側のすきまに、右側の差しこみは右側のすきまに差しこむようにします。

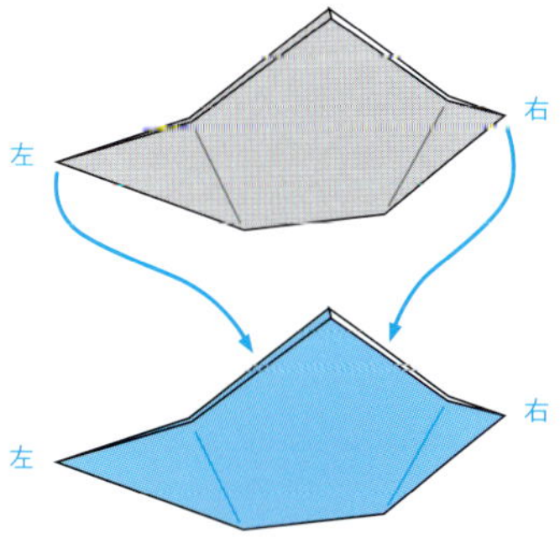

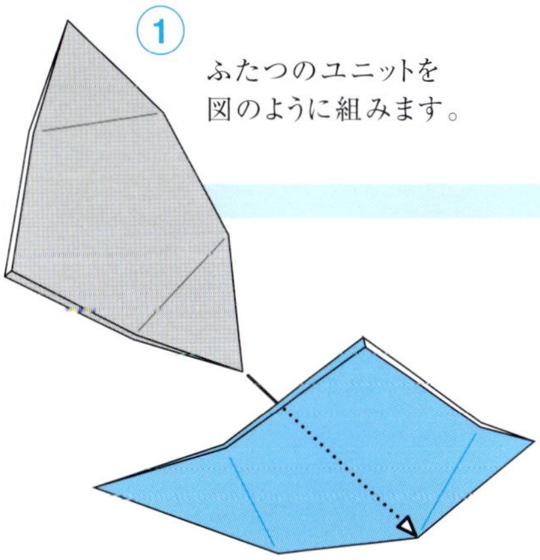

① ふたつのユニットを図のように組みます。

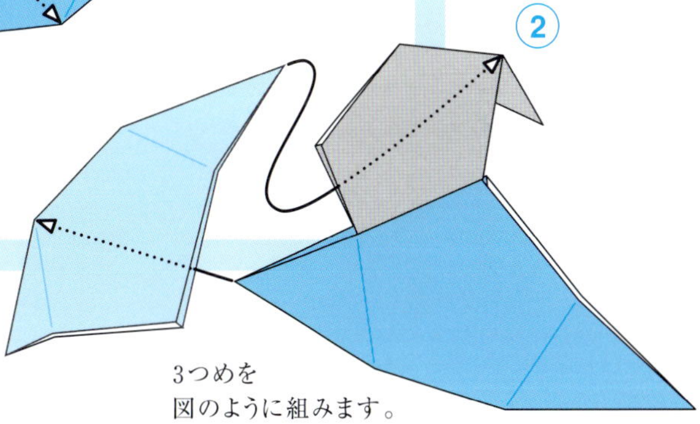

② 3つめを図のように組みます。

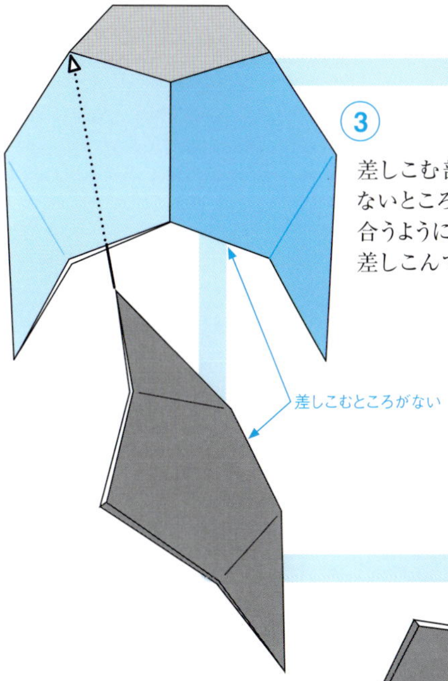

③ 差しこむ部分がないところ同士が合うようにして順々に差しこんでゆきます。

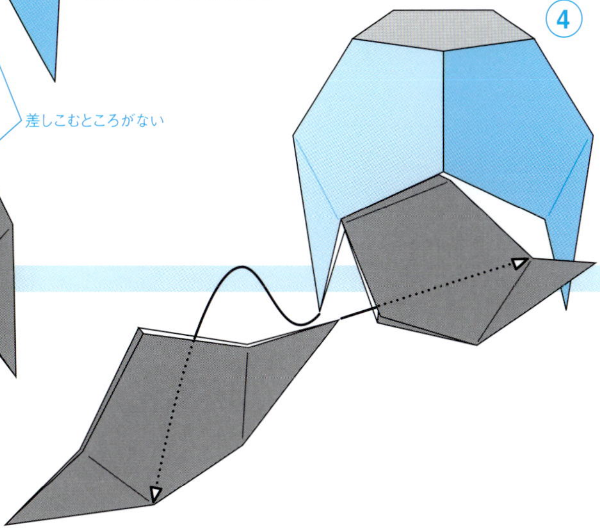

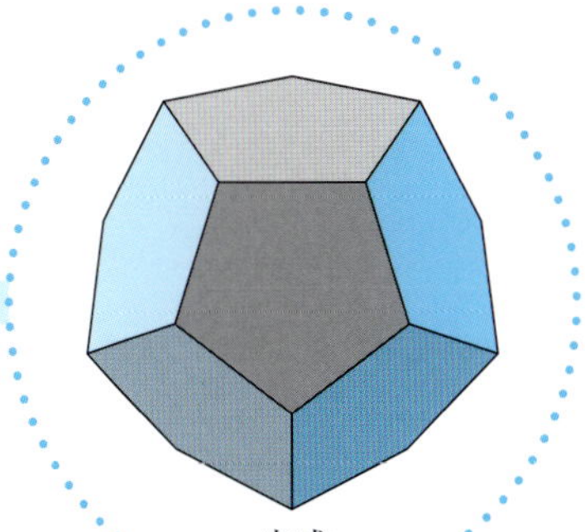

完成

試してみよう！

ユニットを作る**紙を計算で求める**こともできます。

○紙の短辺×1.376=紙の長辺
○紙の長辺÷1.376=紙の短辺

例えば長辺を150ミリとした場合は（市販の折り紙の1辺は150ミリ）150÷1.376=109.01162となり、長辺150ミリ・短辺109ミリの紙でユニットを作ればよいことになります。

長辺	短辺
150ミリ	109ミリ
100ミリ	72～73ミリ

折って飾る

折って飾る

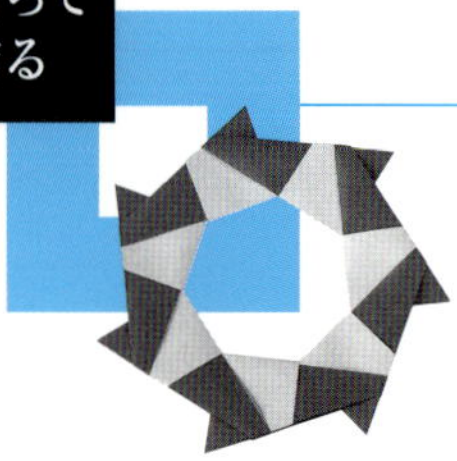

七角形のリース

正方形の紙を7枚使います。星やリボンなどを飾ってクリスマス用に。
また、うしろに厚紙を貼って写真を飾ったりと、使いみちもいろいろです。

1

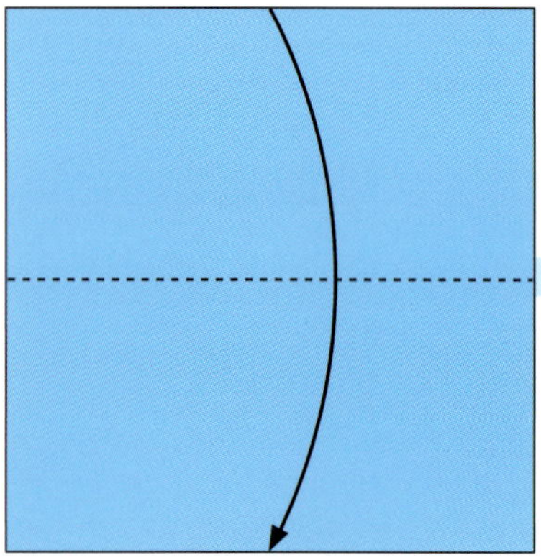

半分に折ります。

2

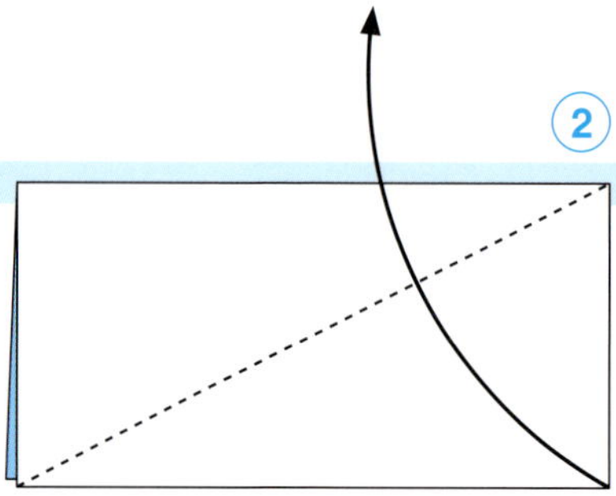

上の1枚を図のように谷折りします。

3

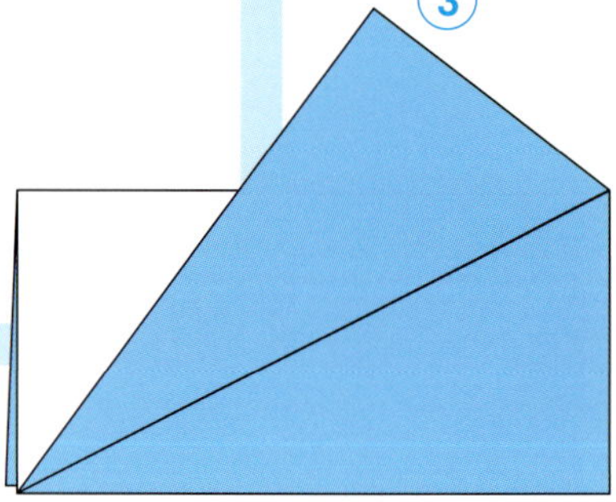

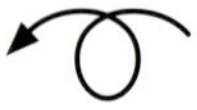

裏返す

4

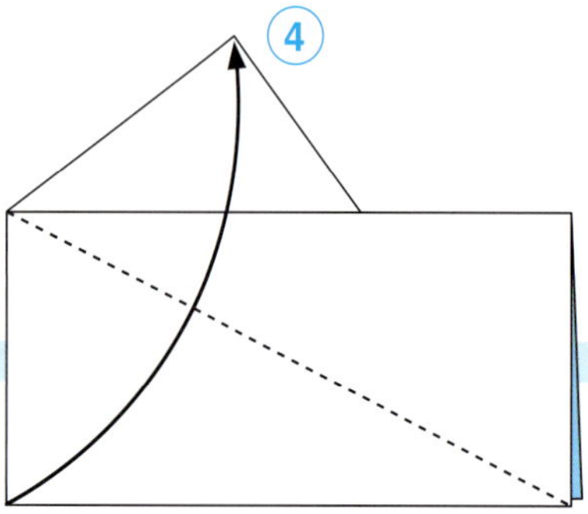

裏に合わせて谷折りします。

5

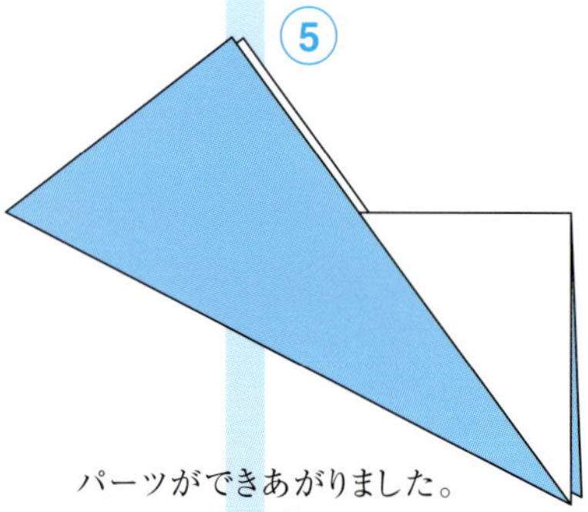

パーツができあがりました。
同じものを7枚作ります。

6

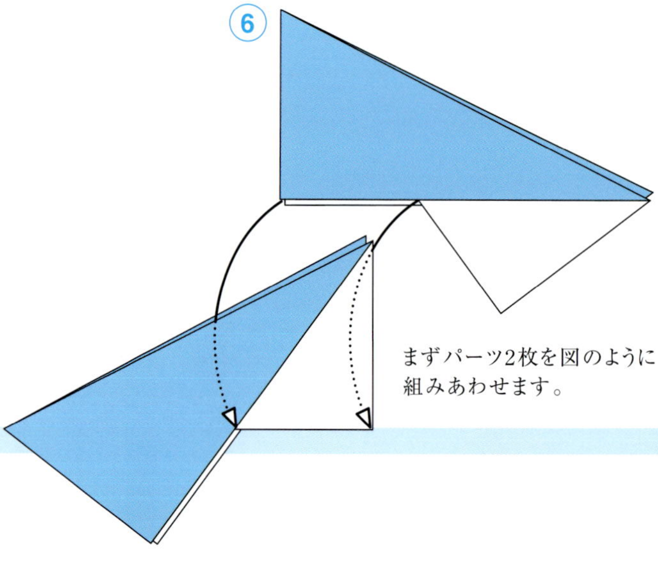

まずパーツ2枚を図のように
組みあわせます。

7

組みあわせたパーツの上側の
でっぱった部分を内側に折りこみます。

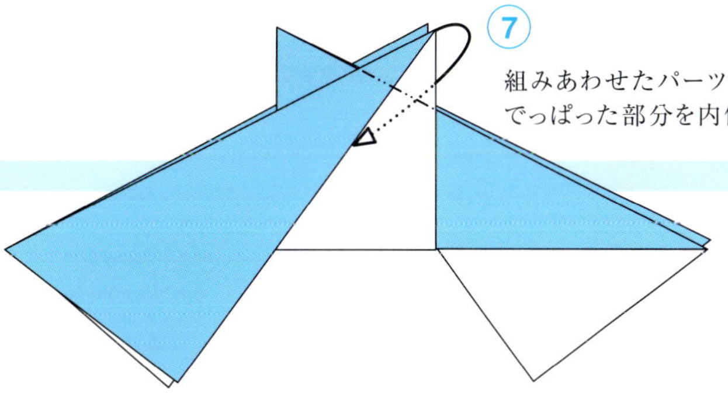

8

うしろ側も⑦と
同じように
折りこみます。

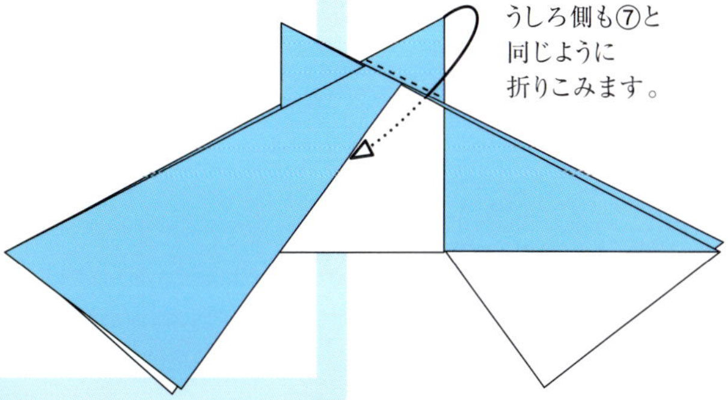

9

残りの5枚も、⑥～⑧と
同じように
組みあわせます。

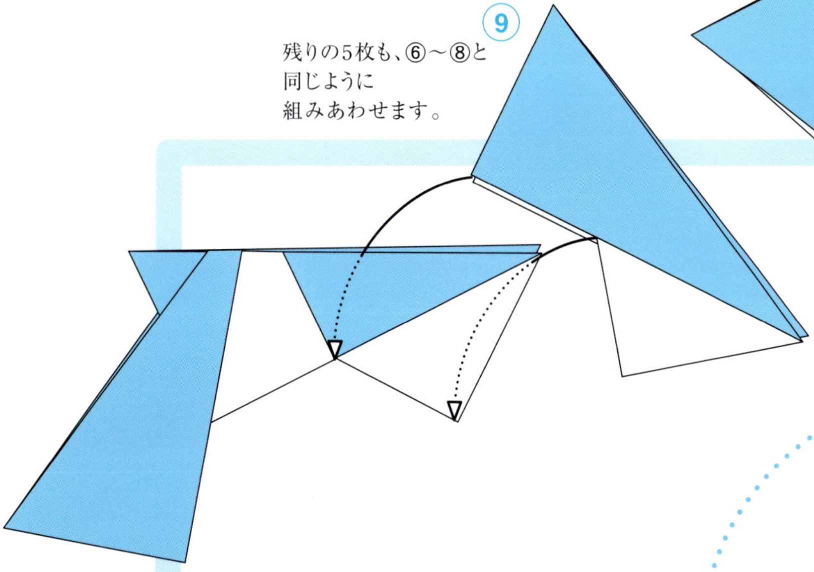

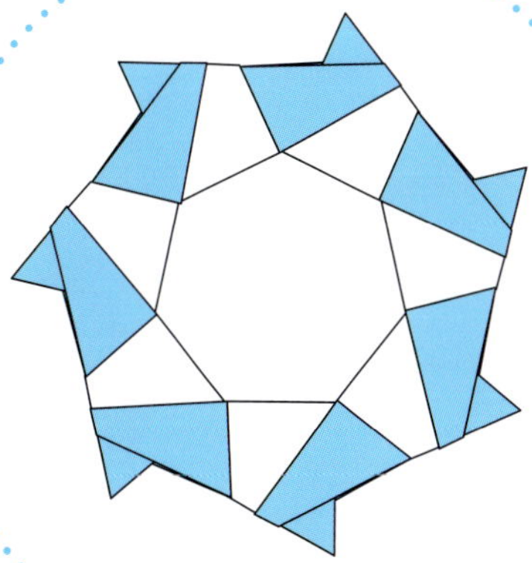

完成

試してみよう!

六角形のリースを作る。

72ページの〈使用する紙の作り方〉を参考にして、
紙を6枚用意します。
折り方、組みあわせ方、ともに
七角形のリースと同じですが
少し小さいリースができます。

※82ページで作った用紙を2枚つなげた比率の紙を5枚用意して同じように組みあわせると**五角形のリース**もできます。

くす玉【伝承作品】

昔から伝わる作品なので、ご覧になったことがあるかたも多いと思います。
これは一度折ったものをすべて開いてもういちど裏返しに折ることでパーツが完成します。
パーツは34～38個折り、組みあわせるときに形がきれいにおさまる数でつなげてください。

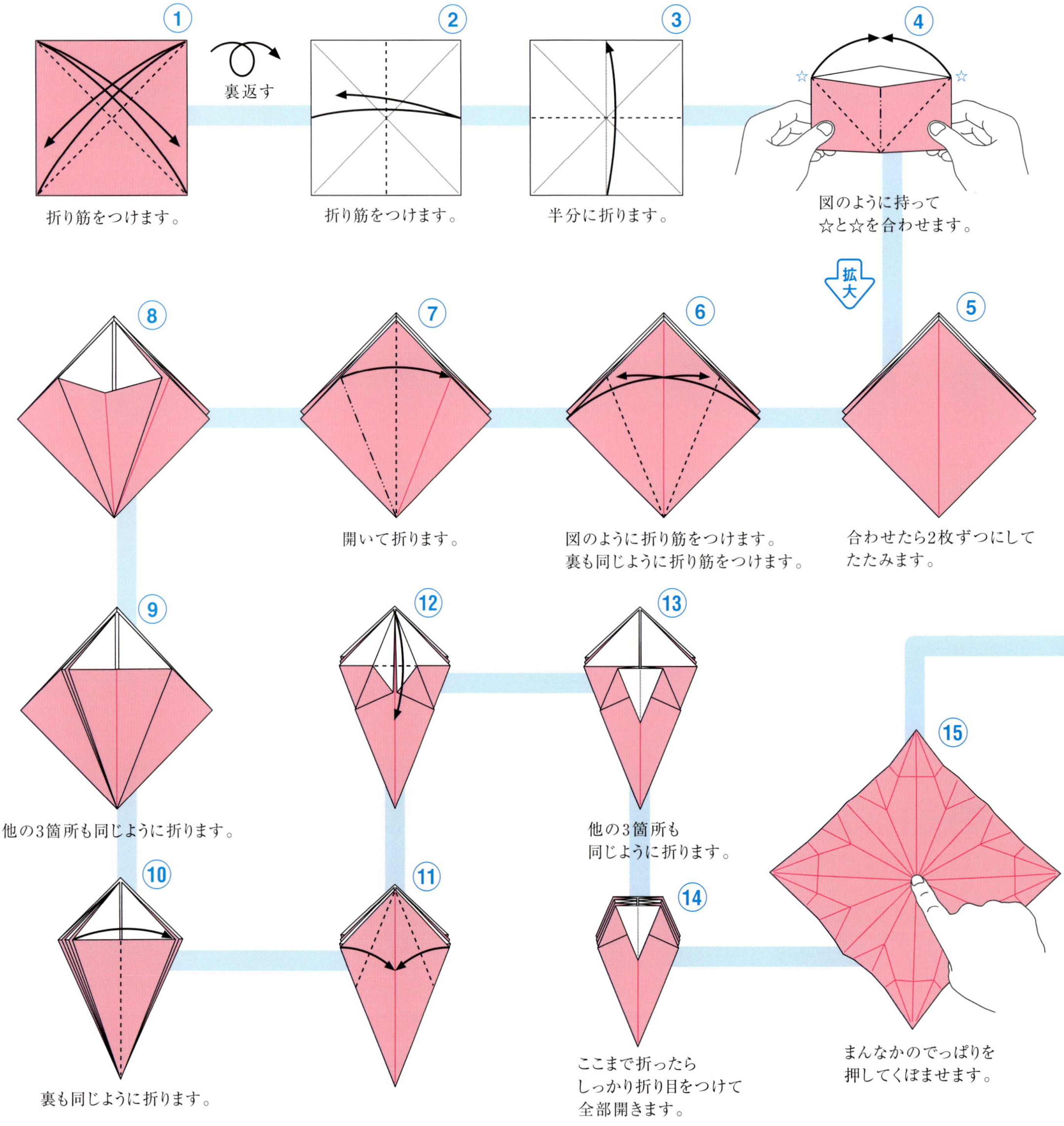
1
折り筋をつけます。
裏返す
2
折り筋をつけます。
3
半分に折ります。
4
図のように持って
☆と☆を合わせます。
拡大
5
合わせたら2枚ずつにして
たたみます。
6
図のように折り筋をつけます。
裏も同じように折り筋をつけます。
7
開いて折ります。
8
9
他の3箇所も同じように折ります。
10
裏も同じように折ります。
11
12
13
他の3箇所も
同じように折ります。
14
ここまで折ったら
しっかり折り目をつけて
全部開きます。
15
まんなかのでっぱりを
押してくぼませます。

⑯〜㉓までは手に持って
折り目通りに折ってゆきます。

⑯

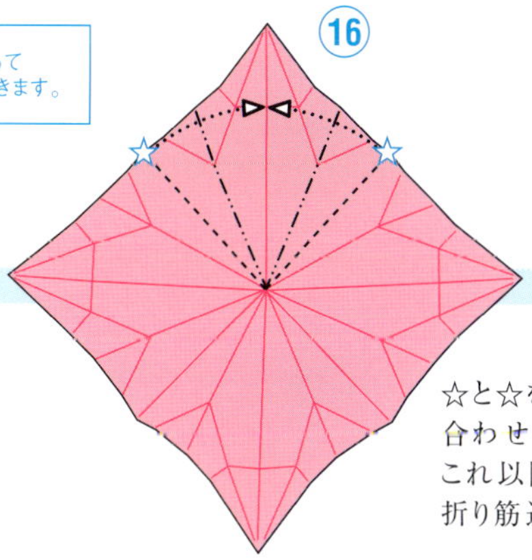

☆と☆をうしろで
合わせます。
これ以降は⑭までにつけた
折り筋通りにたたんでゆきます。

⑰

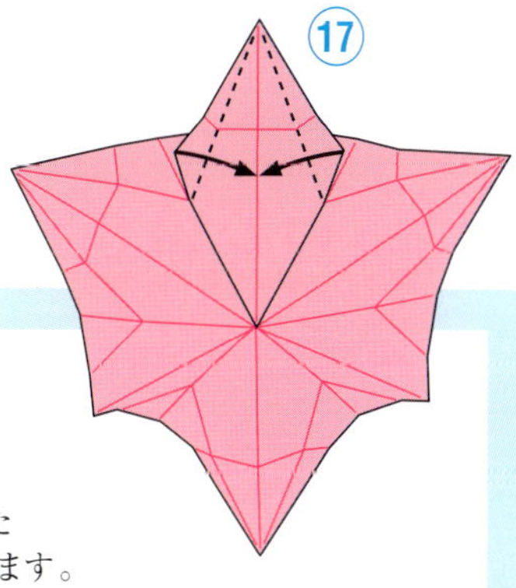

⑱

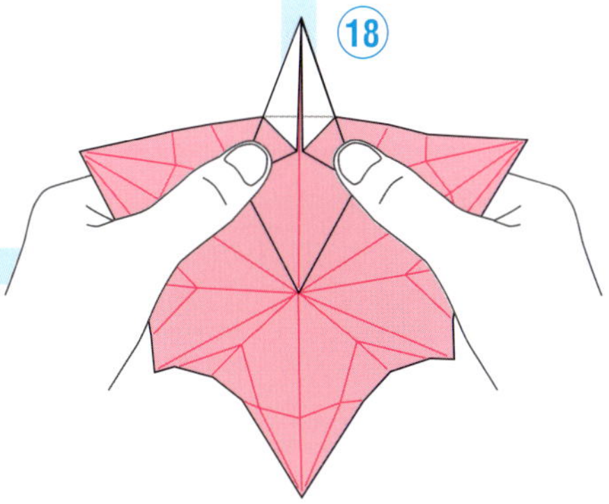

⑲

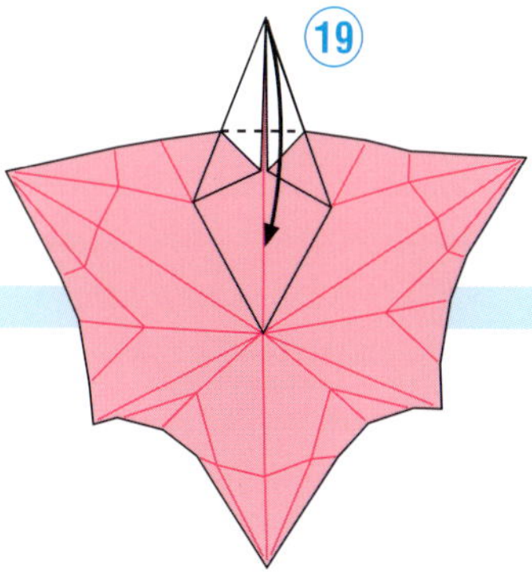

⑳

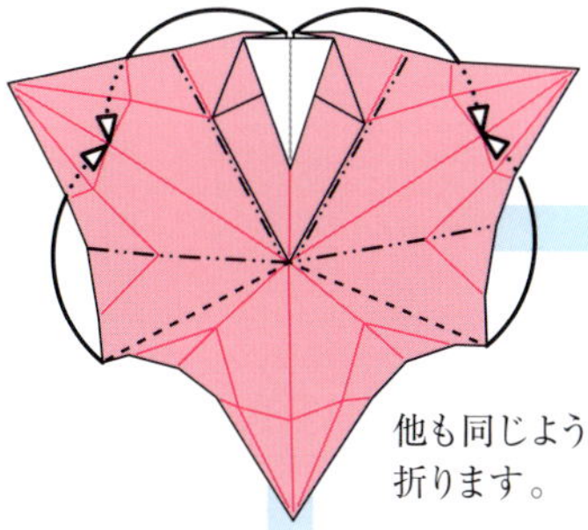

他も同じように
折ります。

㉑

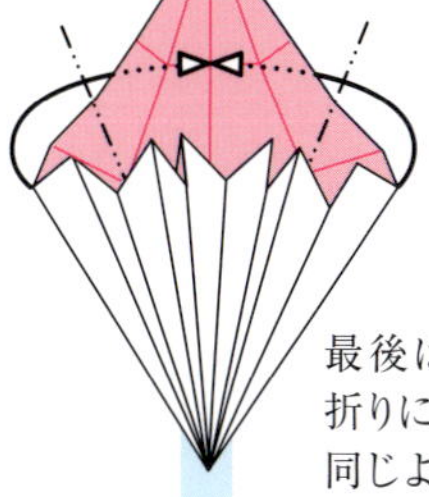

最後は少し
折りにくいけれど
同じように折ります。

㉒

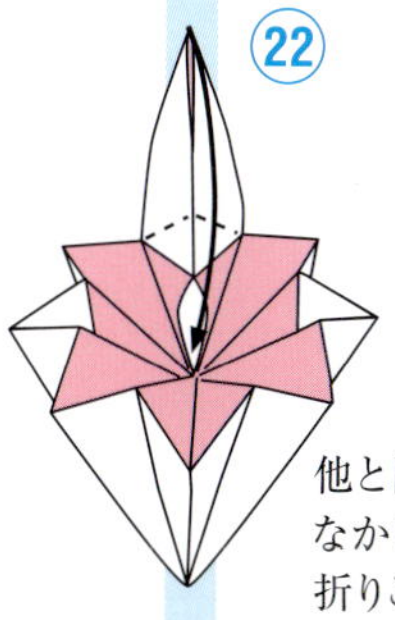

他と同じように
なかに
折りこみます。

㉓

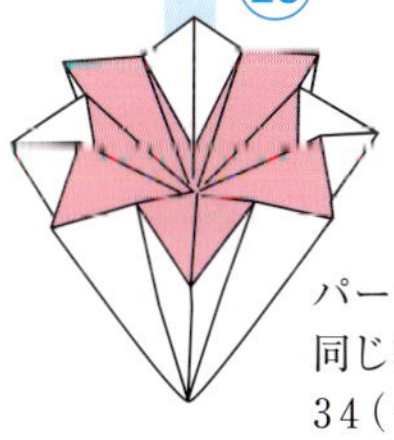

パーツが完成。
同じものを
34(〜38)個折ります。

組みたてかた

パーツ6個と10〜12個を
それぞれ糸で輪につなぎ、2組ずつ用意します。
きつくつながないで
少し余裕をもたせるようにします。

パーツ6個
《2組》

パーツ10〜12個
《2組》

完成

糸で1から順番に組みたてます。

6
パーツ1個
最後の1個はとがった先から
糸を通すか
またはのりでとめます。

5
パーツ6個

4
パーツ
10〜12個

3
パーツ
10〜12個

2
パーツ6個

1
パーツ1個

折って飾る

ランプシェード

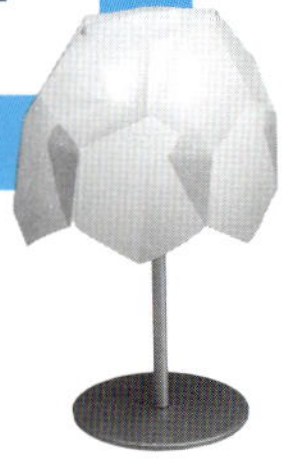

使用する紙は正六角形です。折り筋をたくさんつけるので、
混乱しないよう折り図の右隣に折ったときの状態がわかるような図をそえました。
丈夫な和紙で折り、天井の部分に穴をあけてランプシェードに。
また逆さまにして鉢カバーにと使いみちを工夫してください。

〈正六角形用紙の作り方〉 正方形の紙を使用します。

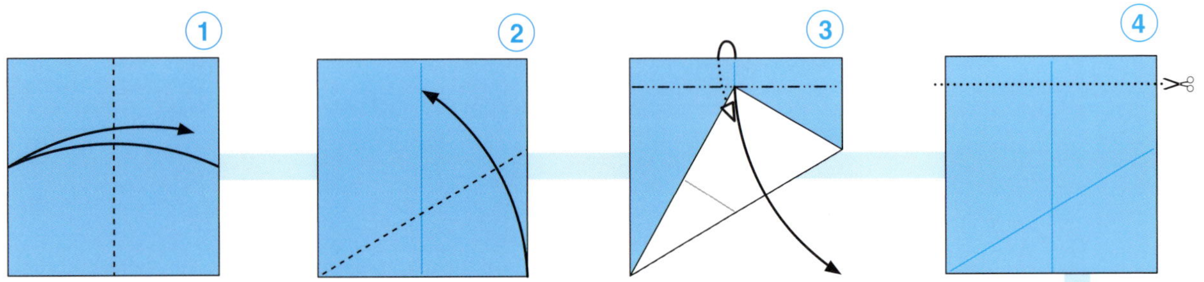

① 縦に半分に折り、折り筋をつけてもどします。

② ①でつけた折り筋に右下のカドを合わせます。

③ 交わったところに印をつけて山折りします。

④ ③でつけた折り筋で切ります。大きいほうの紙を使用します。

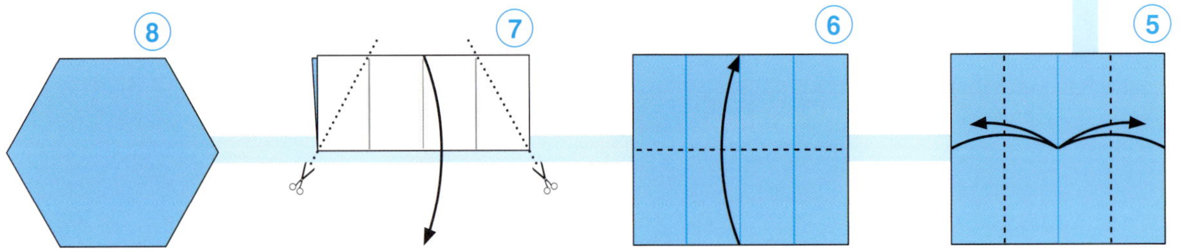

⑤ 両端をまんなかの線に合わせて折り、もどします。

⑥ 横に半分に折ります。

⑦ 切ってから開きます。

⑧ 正六角形のできあがり。

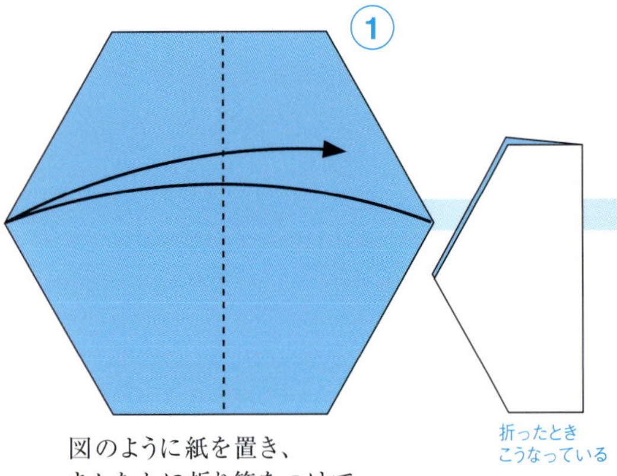

図のように紙を置き、
まんなかに折り筋をつけて
もどします。②〜③も同じに折ります。

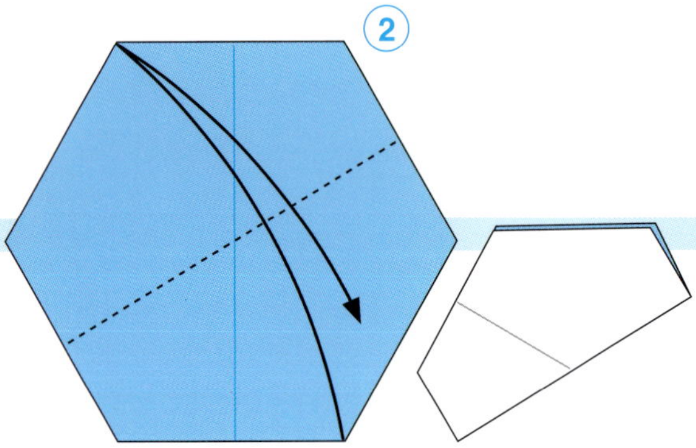

3

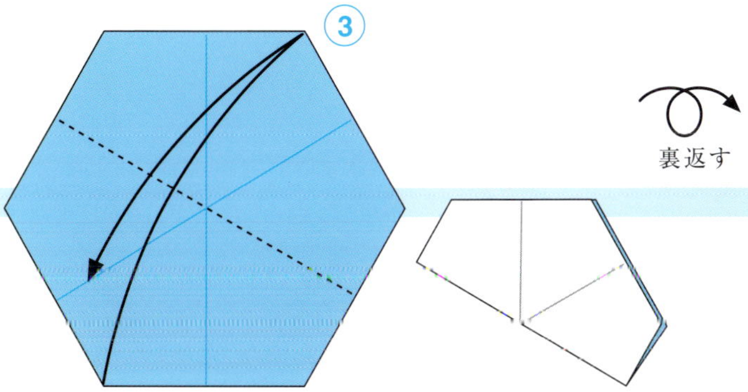
裏返す

4

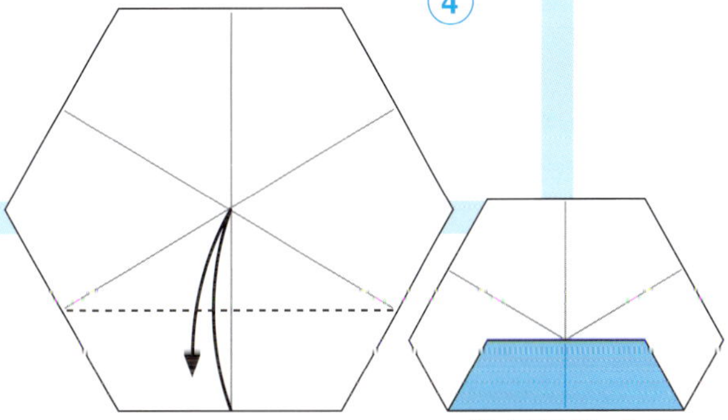
折ったときこうなっている

手前のふちの中点を中心に
合わせて折り筋をつけます。

5

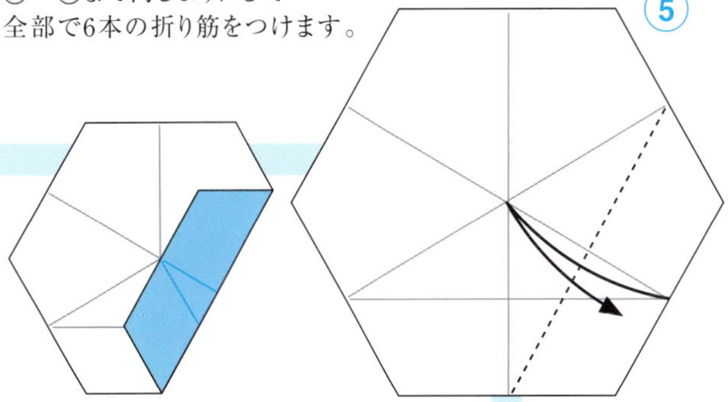

④と同じように中心に合わせて折り筋をつけます。
⑥～⑨まで同様に計6本の折り筋をつけます。

6

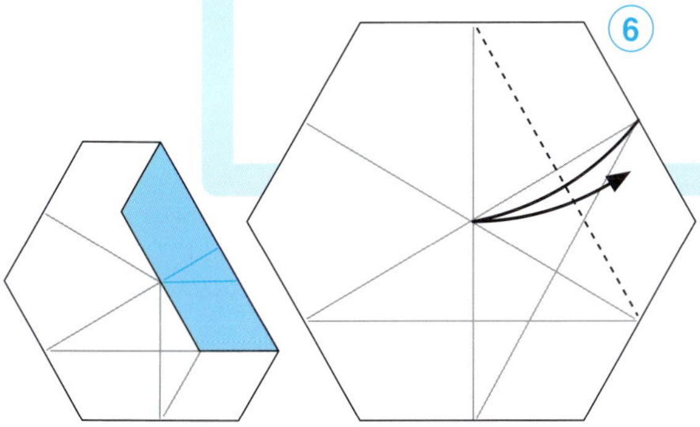

7

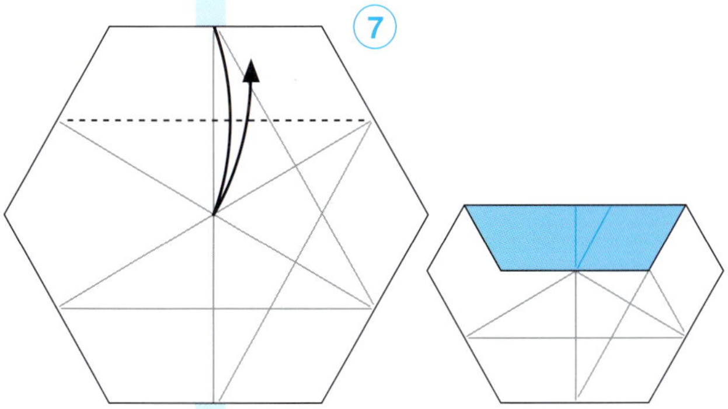

8

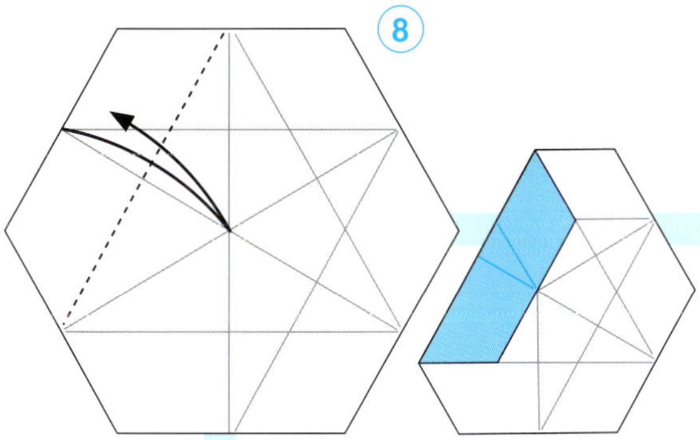

9

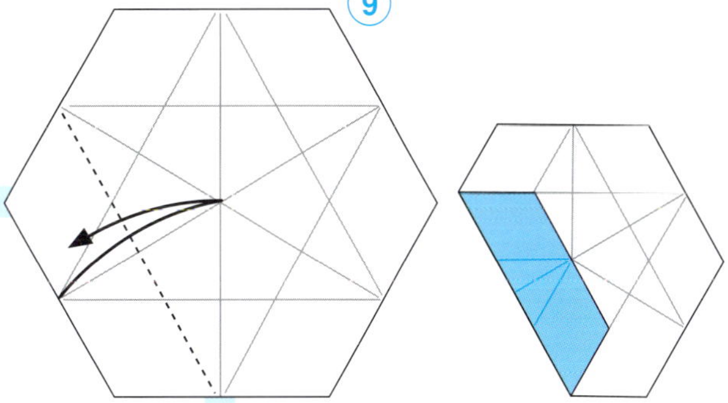

次の
ページに
つづく

10

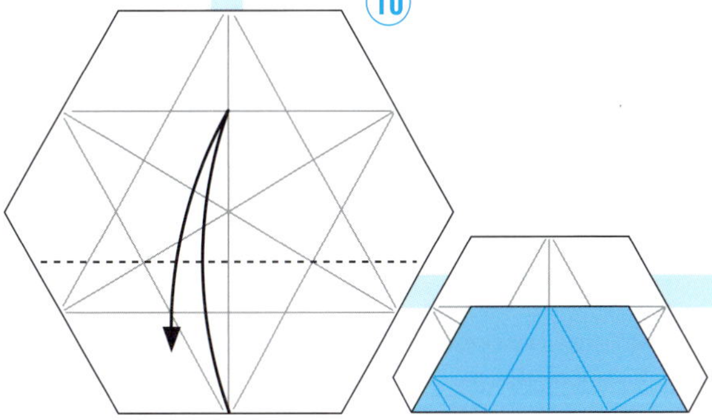
折ったときこうなっている

手前のふちを④～⑨でつけた
折り筋に合わせて谷折りしてもどします。
⑪～⑮まで同じようにして
全部で6本の折り筋をつけます。

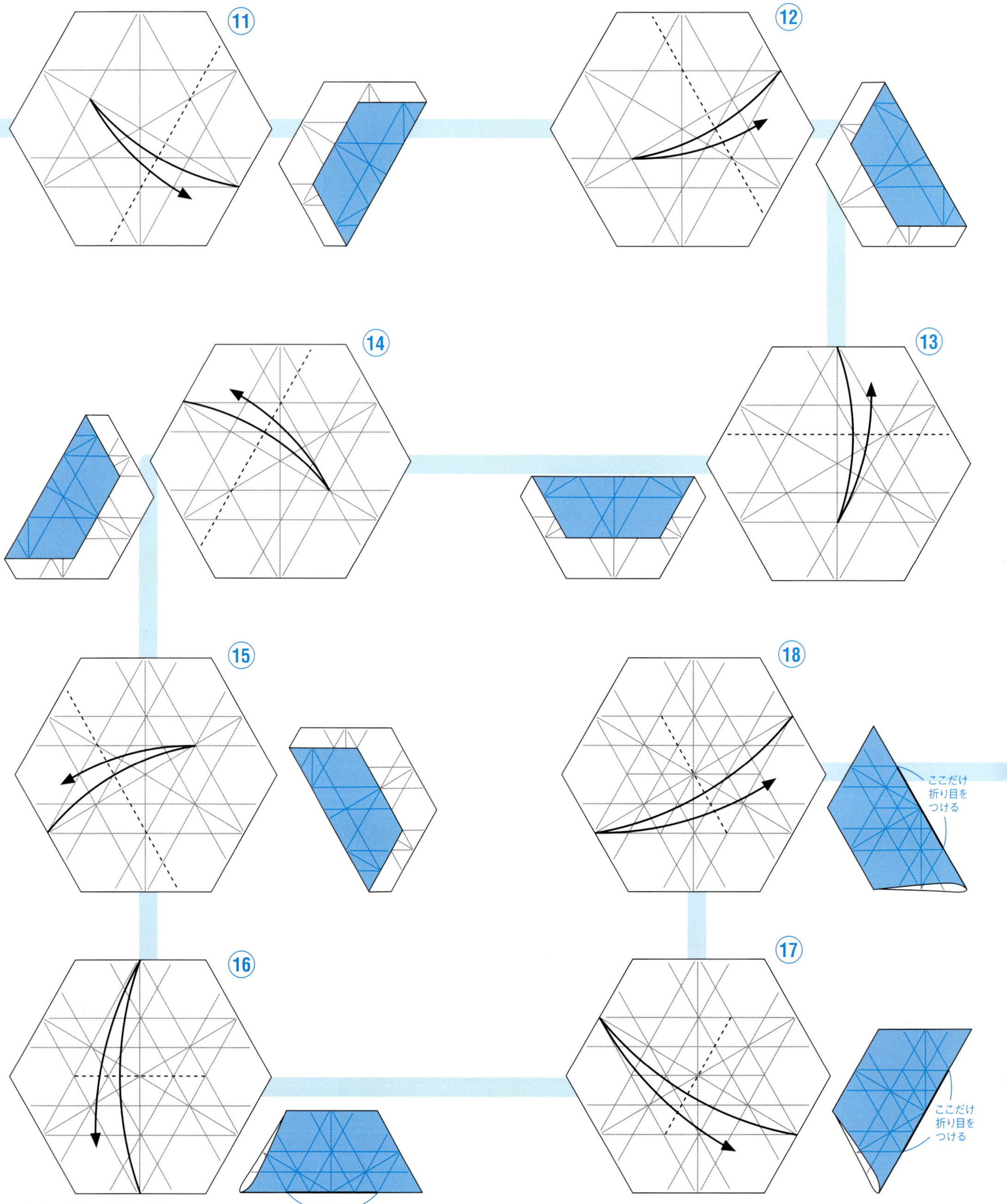

半分に折り、もどします。
このときまんなかだけ折り筋をつけます。
⑰～⑱も同じに折ります。

⑲

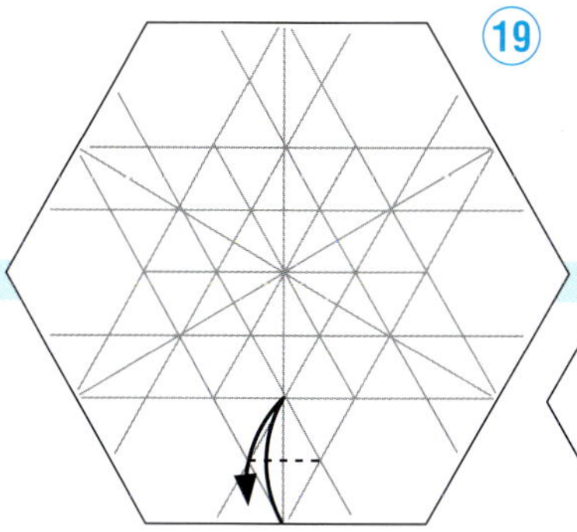

手前のふちを④～⑨でつけた
折り筋に合わせて、
図の位置にだけ折り目をつけます。

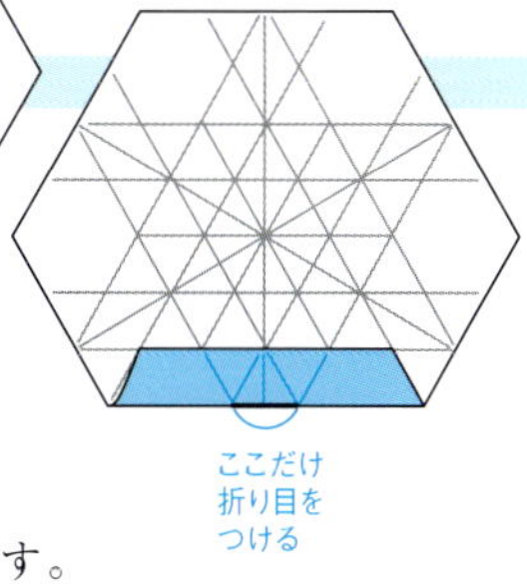
ここだけ
折り目を
つける

⑳

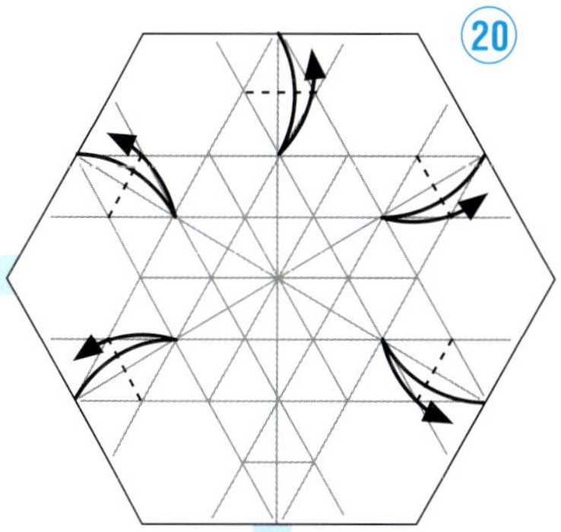

⑲と同じように
5箇所に折り目をつけます。

㉑

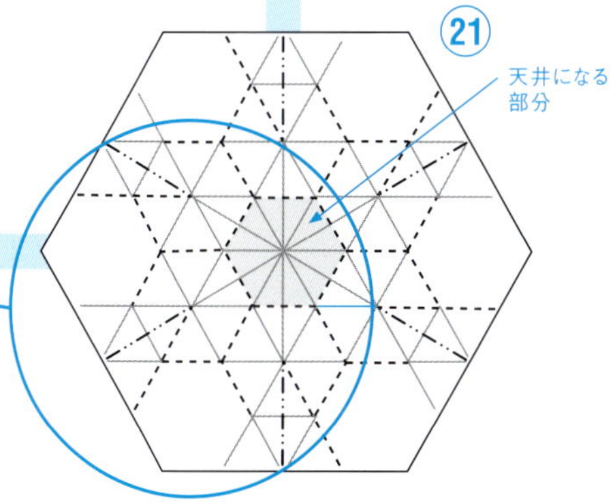
天井になる
部分

①～⑳でつけた折り筋のうち
特に図の山折り線・谷折り線を
使って折ってゆきます。

㉒

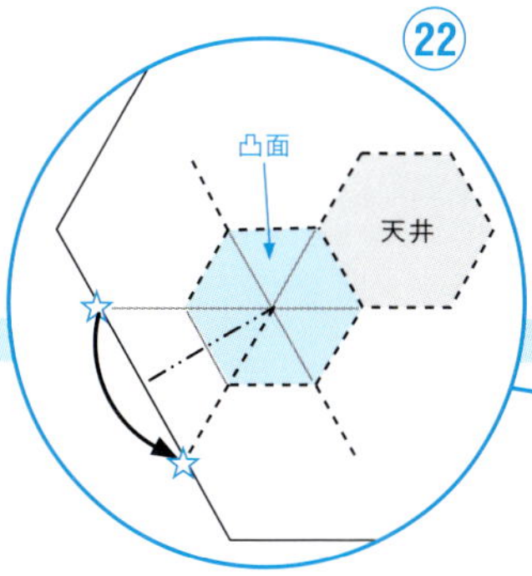
凸面
天井

三角形のまんなかで山折りして
☆と☆を合わせます。
このとき▭の部分全体は
五角形の凸面になります。

㉓

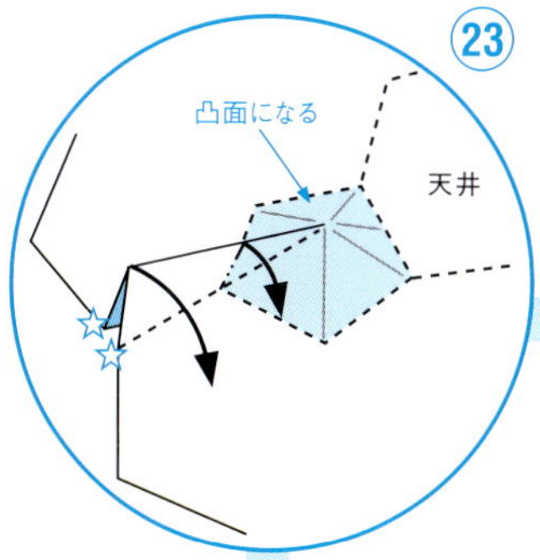
凸面になる
天井

☆と☆を合わせたら図のように
矢印のほうに倒して谷折りします。

㉔

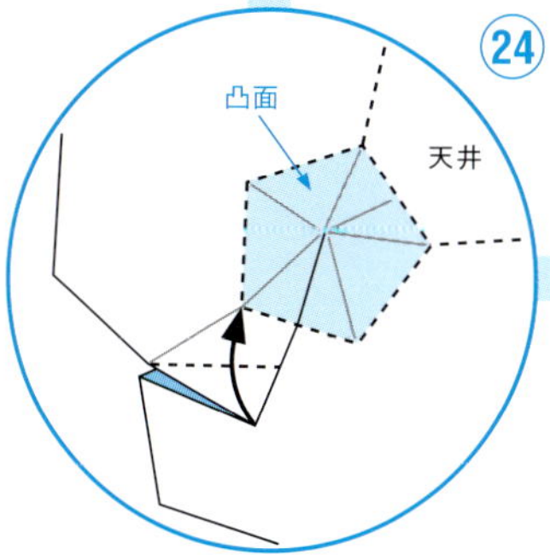
凸面
天井

㉓で折ったところが
ずれないように
図のように谷折りします。

㉕

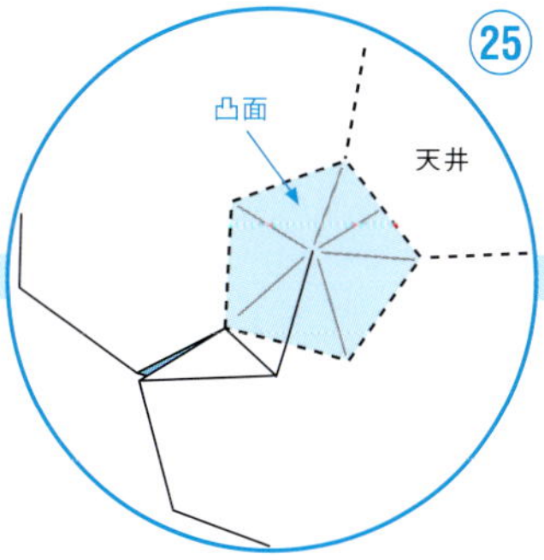
凸面
天井

ぴったり重なると、もともとの六角形が
五角形に変わります。辺がひとつ
減ることで作品に凹凸ができます。

㉖

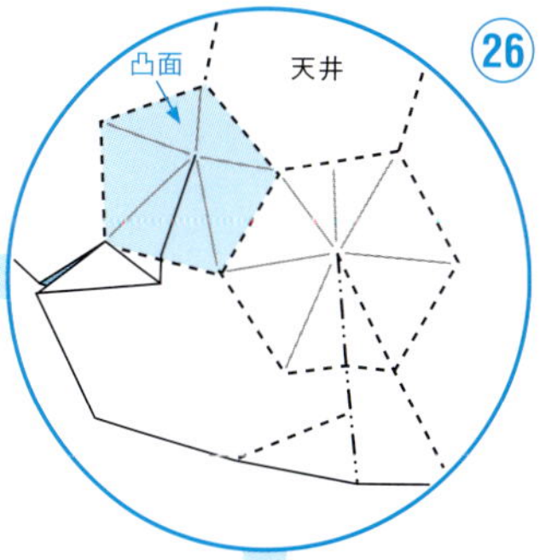
凸面
天井

となりの六角形を㉒～㉕と
同じように折ります。

㉗

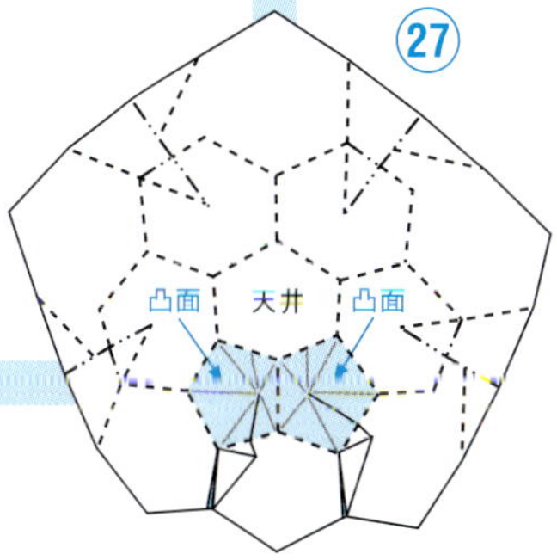
凸面
天井
凸面

他の4箇所も㉒～㉕と
同じに折ります。

㉘

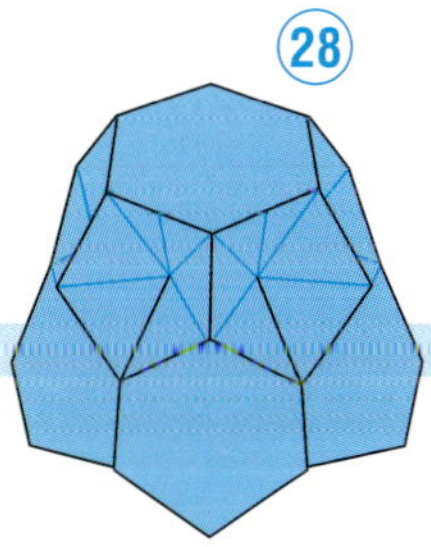

6箇所をすべて折ると
こんなふうになります。

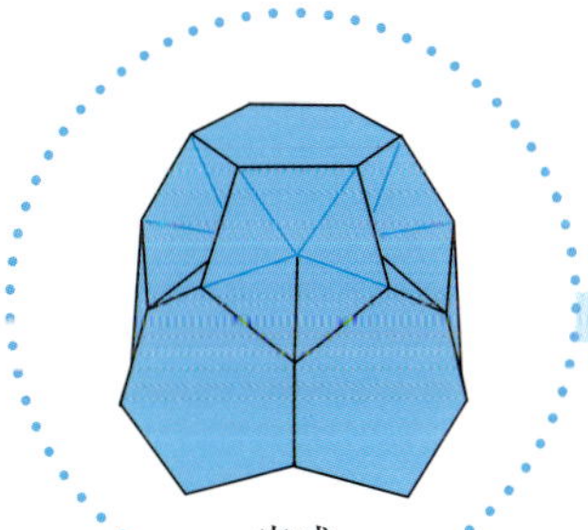

完成

実際に使用する
ときには熱が内側に
こもらないように
天井に穴を
あけてください。

特殊な大きさの紙をまとめて作る

A4（210ミリ×297ミリ）やB4（257ミリ×364ミリ）などの規格用紙を使うと56ページ、70ページ、72ページ、74ページ、76ページの紙を、いちどにまとめて作ることができます。

①

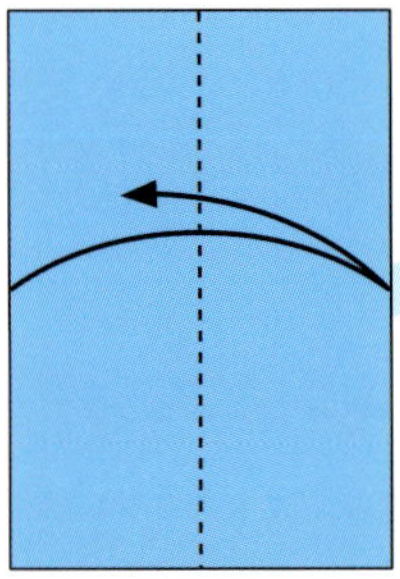

まんなかで谷折りしてもどします。

②

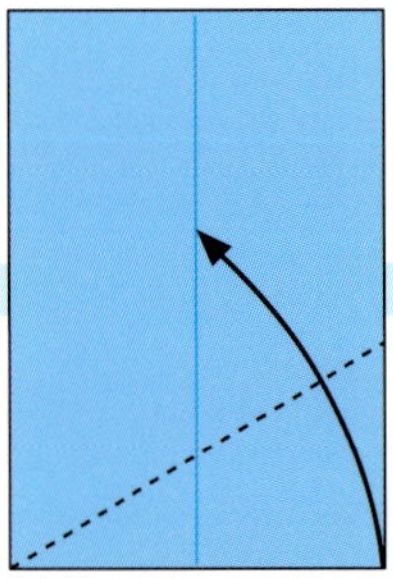

右手前のカドをまんなかの線に合わせるように谷折りします。

③

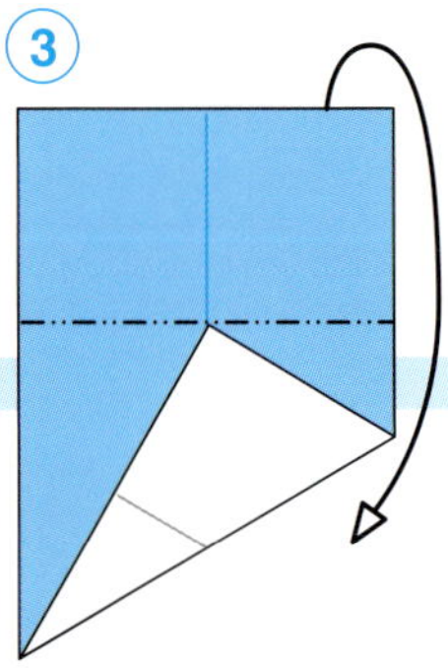

②で合わせた位置を目印にして図のように山折りします。

④

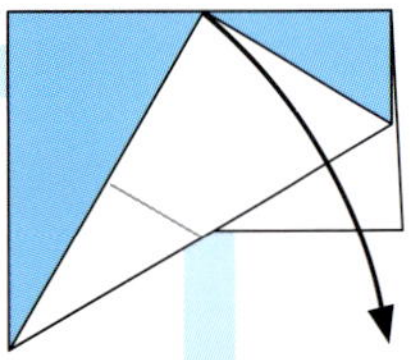

②で折りあげた三角をもどします。

⑤

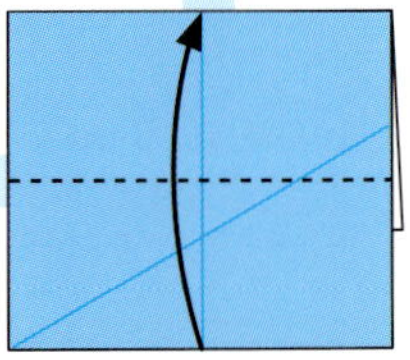

下のふちを上に合わせて半分に折ります。

⑥

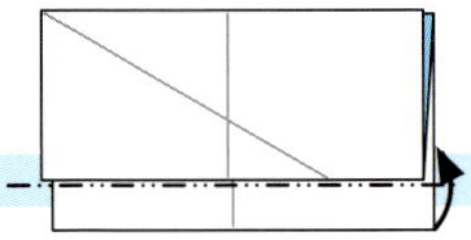

下側を図のように山折りします。

⑦

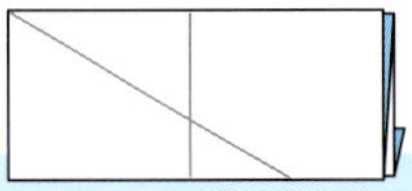

このように折り目がついたら全部開きます。

⑧

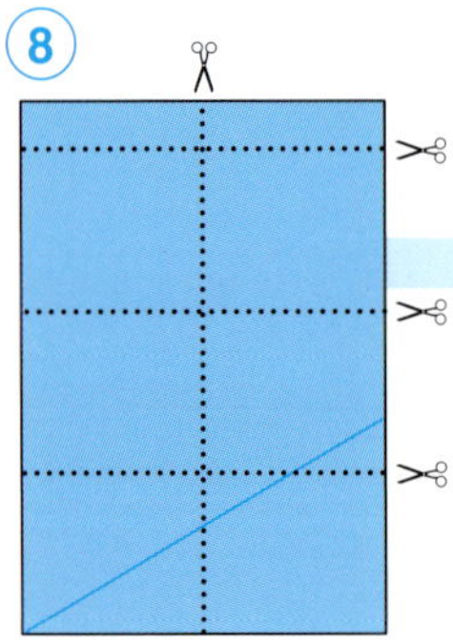

図のように折り筋がついたらはさみで切ります。72ページで使用する紙が6枚できました。

次に56ページ（六角形のコースター）、70ページ（1枚の紙で折る正四面体）、74ページ（1枚の紙で折る正二十面体）、76ページ（正三角形ユニットとこんぺいとうユニット）で使用する紙をまとめて12枚作ります。

⑨

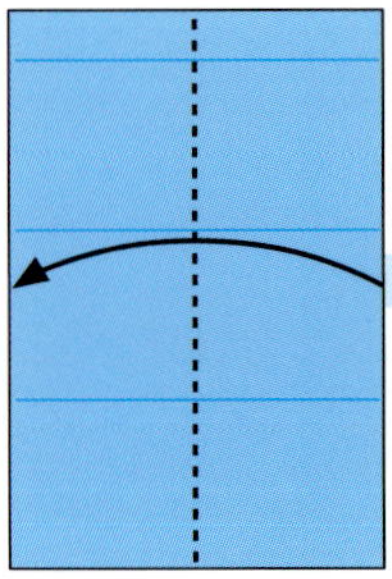

上記⑧まで折り筋をつけたら切らずに、まんなかで折り筋通り谷折りします。

⑩

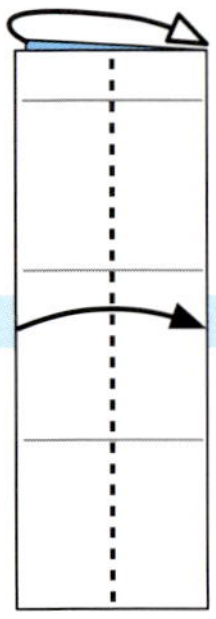

まんなかで谷折りします。裏側も同じに折ります。

⑪

全部開きます。

⑫

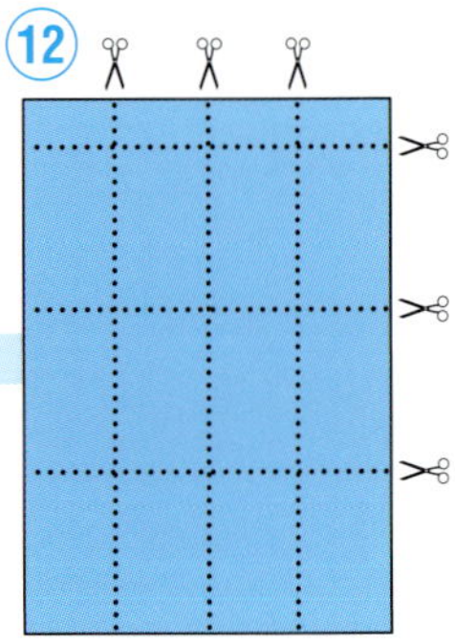

はさみで切ります。

あとがき

“おりがみ”は日本の伝承文化のひとつであるばかりでなく、今では世界中に知られており、ORIGAMIで通じます。

作品の幅も広く、芸術作品のように、その人でなければ折れないものから、幼児が楽しめるものまであります。

本書では、図と説明を見れば誰でも同じに作れるものだけを集めました。他の折り紙の本と少し違うところは、

1：昔は和紙で折っていたものを洋紙で折るようになったのに、基本の折り方がそのままになっているものは、洋紙用に合理的な折り方に変えました。

代表例　ふうせんの基礎折り　重ね箱

2：用紙形を変えるだけで、同じ折りで伝承作品を変化させる例も紹介しています。これを参考にして、皆様も既成作品の発展形を考えてみてください。

代表例　ゴンドラ

3：和紙ではやりにくかった、先に全部の折り筋をしっかりつけておいて立体に組みあげる作品をいくつかのせました。

代表例　1枚の紙から折る正多面体　ランプシェード

4：正方形用紙にこだわらず、ある比率の長方形用紙で折ると、簡単できれいに折れるものも多くとりあげました。

代表例　コースター

正方形用紙にこだわる方も多いのですが、作品の幅をよりひろげるためにもいろいろなサイズの用紙を自由に使いました。

本書では扱いませんでしたが、「紙を折る」という作業を、定規・コンパス・筆記具を使った幾何学の作図と考えると、折り紙の可能性はさらに飛躍すると思います。幾何の作図の条件に筆記具がないのは不十分ではないでしょうか？折り紙では紙さえあれば筆記具もいりません。

阿部　恒

阿部　恒（あべ　ひさし）
昭和4年（1929年）1月19日東京生まれ。
『数学セミナー』（1980年7月号）でユークリッド幾何学では、作図不可能な問題である〔任意の角の三等分〕が折り紙の技法で可能なことを発表。その後、同じギリシャ三大作図不可能な問題である体積が二倍の立方体の一辺の長さの作図も折り紙の技法で可能であることを証明。元日本折り紙協会事務局長。
主著に『おりがみ大集合』『HELLOKITTYおしゃれなパッケージおりがみ』（サンリオ出版）『かんたんおりがみ全5巻』（小峰書店）『すごいぞ折り紙』『母と子の会話 ことばは折り紙』（日本評論社）『かならずおれる おりがみえほん』（瑞雲舎）ほか多数。

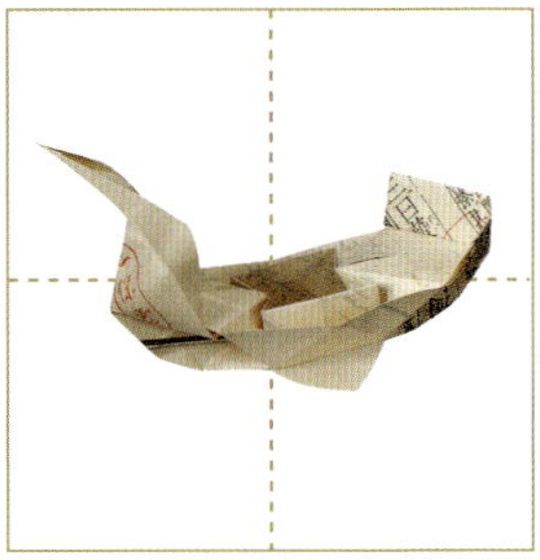

【包装紙提供協力】
株式会社 一保堂茶舗（P.8宝船）
六花亭製菓 株式会社（P.24ふたつきの箱）
株式会社 虎屋（P.53重ね箱）
その他、包装紙を使わせていただきましたお店の皆さまに
心より感謝申しあげます。

大人の折り紙
遊ぶ・楽しむ・考える　2007年3月3日 初版第1刷発行

著　者　阿部　恒
発行者　井上富雄
発行所　株式会社　瑞雲舎
〒108-0074　東京都港区高輪2-17-12
ニューシティレジデンス高輪302
TEL.03-5449-0653 FAX.03-5449-1301
www.zuiunsya.com
写　真　河野隆行
デザイン　井上泰治事務所
編　集　巖谷さゆり
印刷・製本　精興社

 ISBN 978-4-916016-68-3